Hoffman
Das Arbeitsbuch zur Trance

Kay Hoffman

Das Arbeitsbuch zur Trance

KAILASH

KAILASH

Eine Buchreihe herausgegeben von Hajo Banzhaf

Die Deutsche Bibliothek – CIP-Einheitsaufnahme
Hoffman, Kay:
Das Arbeitsbuch zur Trance / Kay Hoffman. – München:
Hugendubel, 1996
(Kailash)
ISBN 3-88034-904-5

© Heinrich Hugendubel Verlag, München 1996
Alle Rechte vorbehalten

Umschlaggestaltung: Zembsch' Werkstatt, München,
unter Verwendung eines Bildes von Kay Hoffman
Produktion: Tillmann Roeder, München
Satz: SatzTeam Berger, Ellenberg
Druck und Bindung: Huber, Dießen
Printed in Germany

ISBN 3-88034-904-5

Inhalt

Vorwort   7
Dank   10
Zu diesem Buch   11
Einführung   13
  Was ist Tance?   13
  Geschichte der Trance   14
  Allgemeine Prinzipien der Trance   18
    Trance als ein Prozeß   18
    Fokussierung in der Trance   19
    Monoideismus und Monotonie: Prinzipien der klassischen Hypnose   20
    Neurologische Trance-Induktionen   21
    Archetypische Trance-Ebenen   22

Teil I: Praxis
  Der Nutzen von Trance   23
    Zweck der Trance-Reisen   23
    Zugang zu drei Daseinsebenen   24
    Potentiale durch Trance erschließen   25
  Befreiung aus negativen Trancen   27
    Übungsteil: Den Bann der negativen Zaubersprüche brechen   28
  Lösen von Alltagsproblemen durch Trance   37
    Schmerzbewältigung durch Trance   38
    Trance als schöpferische Pause   40
    Streßabbau durch Trance   41
    Schlafstörungen durch Trance beheben   44
    Hilfe bei Suchprozessen durch Trance   46
    Konzentrationsfähigkeit und Entscheidungsfindung durch Trance   47
    Beziehungsprobleme durch Trance lösen   49
  Kreativer Umgang mit Trancen   52
    Die Prinzipien der Kreativ-Trancen   53
      Die visuelle Kreativ-Trance des Drudelns   54
      Die auditive Kreativ-Trance des Brabbelns   55
      Die kinästhetische Kreativ-Trance der Visionssuche   56
  Wege in die Trance   58
    Über die Sinne zum Übersinnlichen   65
      Der auditive Typ   66
      Der visuelle Typ   67
      Der kinästhetische Typ   68
    Trance-Induktionen durch Atmen   70

Trance-Induktionen durch Räuchern, Rauchen und Riechen   77
Trance-Induktionen durch Schmecken   80
Trance-Induktionen durch Sehen   85
Trance-Induktionen durch Tasten   97
Trance-Induktionen durch Hören   103
Kombinierte Trance-Induktionen   114

Teil II: Traditionen und Rituale
Rituelle Trancen   117
  Wasser-Trancen   118
  Erde-Trancen   126
  Feuer-Trancen   135
  Luft-Trancen   143
  Zeit- und Raum-Trancen   151

Teil III: Funktion der Trance in den Religionen
Trance und Spiritualität   155
  Die ökologische Trance und der Schamanismus   157
  Die ekstatische Trance, die Mystik und charismatische Religionsbewegungen   160
  Trance als Mittel zur Transformation   164
  Trance und Selbsterkenntnis   168
  Trance, Transzendenz und das Erwachen   171
  Trance und spirituelle Entwicklung   172

Nachwort: Trance – Versöhnung mit dem Unbewußten   173
Glossar   174
Literatur   181
Autorenseite   182

Vorwort

Als ich begann, mich mit Trance zu beschäftigen, sah ich darin eine lockende Exotik, die uns Menschen in der westlichen Zivilisation weitgehend verlorengegangen war. Trance, das war für mich der Zugang zu fernen Ländern und einer »Anderen Wirklichkeit«, die sich unauflöslich mit dem Zauber fremder Kulturen vermischte. Erinnerungen an meine Reisen und Aufenthalte in Marokko, Mexiko, Brasilien, Kuba, Westafrika und an die weiten Himmel der nordamerikanischen Wüste Arizonas, Utahs, Neu Mexikos wurden wach, wenn ich darüber schrieb. Es war mir ein Anliegen, die vielfältigen Techniken, die ich studiert, erfahren und geübt hatte, einem westlichen Publikum zu vermitteln. Ich meinte, die ekstatische Erfahrung am eigenen Leib könne die Achtung vor alten Kulturen – die über Jahrhunderte einen ökologischen Lebensstil auf Grund ihres Austausches mit der Umwelt gepflegt hatten – wachrufen und ins Bewußtsein bringen, daß unsere Zivilisation zwar viel Fortschritt gebracht, aber auch viel verloren hatte. Besonders in der Verfolgung der vorchristlichen Kulturen in Mitteleuropa, in ihrer Ächtung und Verteufelung ihrer Sitten und Gebräuche, und zuletzt in der Abwertung all dessen, was jenseits einer eindimensionalen Rationalität und Funktionalität lag, sah ich das Übel, dem ich durch eine zweite Aufklärung der »Entzauberten Welt« entgegenwirken wollte.

In einer Zeit der Neuorientierung fand ich zurück zur Meditation, die ich bei Graf Dürckheim kennen und schätzen gelernt hatte. Diesmal war es weniger der japanische Zen-Buddhismus, der mich als junges Mädchen durch seine große Nüchternheit abgeschreckt hatte, sondern der tibetische Buddhismus, der mich faszinierte. Natürlich waren es zuerst die sinnlichen Eindrücke, die mich gefangen nahmen, die farbenprächtigen Zeremonien, die Maskentänze, die ausdrucksstarken Gottheiten, die mächtige Musik, die mich durch und durch ergriff. Aber nach und nach kam ich auf den Geschmack der feinsinnigeren Inhalte, die sich durch eine Literatur vermittelten, die speziell für den westlichen Leser geschrieben war. Für mich war es von Bedeutung, daß diese Religion, die mehr eine Philosophie war, auch im Exil bestehen konnte, und daß ich daran teilnehmen durfte. Sicher war auch der Anteil an philosophischer Reflexion dafür verantwortlich, daß ich mich hier zu Hause fühlte. Hier fand ich eine Antwort auf die Frage, die mich als Kind schon in naiver Weise und später als Studentin der Philosophie beschäftigt hatte: Gibt es wirklich nur eine Wirklichkeit? Und: Wie kann ich sicher sein, daß meine Wirklichkeit die wirkliche ist?

Durch meine Begegnung mit der Psychiatrie beziehungsweise Anti-Psychiatrie in Italien ebenso wie durch meine Erfahrungen mit psychoaktiven

Substanzen hatte ich so viele Wirklichkeiten kennen gelernt, daß es mir intolerant und zudem ignorant schien, von nur einer Wirklichkeit zu sprechen. Ich hatte gelernt, jeden Menschen in seinem Glaubenssystem zu schätzen, so fremd, unkonventionell oder verrückt es auch ist. Und nun hörte ich, daß die Wirklichkeit nicht irgendetwas da draußen ist, sondern in uns selbst entsteht. Wir selbst sind Schöpfer, Teilnehmer und Beobachter unserer Wirklichkeit. Wir erschaffen sie, wir nehmen an ihr teil und teilen sie anderen mit, und gleichzeitig haben wir die Fähigkeit, uns selbst bei diesem Treiben zu beobachten.

Unsere Erkenntnis ist bestimmt von unseren Interessen, und diese sind wiederum von unseren Prägungen, die wir im Lauf des Lebens erhalten haben, beeinflußt. Die Gewohnheit ist zur zweiten Natur geworden, wie Pascal sagt, und ersetzt nur zu oft die erste Natur, die wir unmittelbar berühren könnten, wenn wir dies zulassen würden. Häufig aber sind wir verwoben in die Machenschaften unseres eigenen Geistes, der ständig dabei ist, aus den flüchtigen Eindrücken ein sinnvolles Ganzes anzuordnen, um im Leben einen Sinn zu finden. Dieser »gemachte« Sinn gibt Halt und Struktur, und er hat sicher seine Aufgabe. Aber um wieviel größer ist das Abenteuer des Geistes, wenn der Sinn nicht gemacht wird, sondern sich einfindet, ganz von selbst, in einem Augenblick der Gnade und des Glücks. Diese Augenblicke geben einen Einblick in die wahre Natur des Geistes, der offen und grenzenlos ist. Wenn dieser Einblick einmal ungeahnte Perspektiven eröffnet hat, ist es schwer, in das selbstgemachte und selbstgewählte Gefängnis des selbstgemachten Lebenssinnes zurückzukehren.

In meiner Ausbildung in der Hypno-Therapie nach Milton Erickson konnte ich meine neu gewonnenen Einsichten, die mir der Buddhismus vermittelt hatte, gut integrieren. Ich begann über mich zu lachen, immer mehr kam ich mir auf die Schliche. Ich ertappte mich dabei, wie der Macher in mir die Wirklichkeit zusammenstrickte und bastelte, Wahrnehmungen vorgaukelte, Gefühle heraufbeschwor, sich in Weltanschauungen hineinsteigerte. Ich lernte den inneren Teilnehmer kennen, der an allem, was der Macher machte, teilnahm, bis er sich vollkommen damit identifizierte. Der Teilnehmer wurde zu einem Mitspieler gegen sein besseres Wissen und Gewissen, so sehr war er von dem Spiel gefangen genommen. Nur zu oft warnte eine andere innere Stimme davor, schon wieder gute Miene zu bösem Spiel zu machen, aber der Mitspieler wollte kein Spielverderber sein, und so spielte er immer wieder mit. Letztlich war es dann am Beobachter, die Katastrophen, die sich daraus ergaben, schweigend zu notieren und mit arroganter Besserwisserei zu honorieren. Der Beobachter hatte die lästige Angewohnheit, immer dazwischen zu reden. Alles mußte er kommentieren. Und immer war er einen Schritt voraus, nie im vollen Genuß der Gegenwart. Und doch konnte er das Verhängnis der Selbstverstrickung nicht abwenden, auch wenn er es schon lange vorausgesehen hatte. Das erinnerte mich an einen hinduistischen Schöpfungsmythos, in dem die Götter selbst die Welt erschaffen und dann vergessen, daß sie die Schöpfer waren. Sie spielen mit sich selbst Versteck, und das alles nur, um sich ein wenig zu amüsieren.

Eines Tages entschied ich mich, mich mit meinem inneren Kommentator zu verbünden und bat ihn, mich ab und zu darauf aufmerksam zu machen, wenn ich mal wieder dabei war, mich in einer voreingenommenen Ansichtsweise zu verfestigen, oder wenn ich eifrig Beweise für meine Vorurteile sammelte, um mich darin bestätigen zu können. Der Trick dabei war, diese Leistung vom Beobachter vor den Konsequenzen des Handels und nicht danach zu fordern. Meine Aufmerksamkeit wurde dadurch erhöht. Es schob sich ein Keil zwischen die Abschnitte der Selbstverzauberung, es bahnte sich ein Weg hindurch, es tat sich die Möglichkeit auf, hinter die Kulissen zu schauen. Ich nahm immer mehr wahr, wie ich im Alltag von einer Trance in die nächste glitt. Nun ging es darum, behutsam den Bann des Zaubers zu lösen und aufzuheben. Die Hypno-Therapie nach Milton Erickson half mir dabei. In dieser Therapie geht es nicht nur, wie man dem Namen nach meinen könnte, darum, die menschliche Gabe der Autosuggestion dafür einzusetzen, sich in direkten Kontakt mit dem Unbewußten zu begeben und dessen heilende, schöpferische und selbstorganisierende Kräfte zu nutzen, und auch nicht ausschließlich darum, Entpannungs-Techniken zu lernen, sogenannte Alpha-Zustände herbeizuführen und sich in ein optimistisches Lebensgefühl zu versetzen. Ebenso wichtig ist es, sich all der pessimistischen und lebensverneinenden Selbstprogrammierungen bewußt zu werden, um endlich aus diesen negativen Trancen aufzutauchen. Dies beinhaltet also ein Training in Entzauberung, in De-Hypnotisierung. Nicht umsonst benannten die Sannyasin deshalb die Hypno-Therapie in eine De-Hypno-Therapie um. Dies setzt allerdings ein transzendentales Verständnis der Ebenen des Daseins voraus, das heißt, der buddhistische Ansatz der Selbstbefreiung ist darin eingeschlossen. Wenn es nichts gibt außer Trance, ist es schwer, sich dessen bewußt zu werden, geschweige denn, sich davon zu befreien und aus dem Dämmerschlaf der Alltagsgewohnheiten aufzuwachen. Die transzendentale Perspektive, die die Vision eines freien und bewußten Menschen ermöglicht, zeigt auf, daß es noch etwas anderes gibt als das fatale Ausgeliefertsein des Menschen an seine eigenen Bewußtseinsinhalte. Es öffnen sich neue Räume außerhalb des Bewußtseins, die auch außerhalb eines dumpfen, unbewußten Überlebens sind. Aber nur wenn wir auf den Geschmack der Freiheit gekommen sind, können wir die Spiele unseres eigenen Unbewußten und unseres Bewußtseins als interessante Abwechslung betrachten, ohne sie weder allzu ernst zu nehmen noch sie verewigen zu wollen.

Nur in dieser spielerischen Weise ist es möglich, ein Arbeitsbuch über Trance zu schreiben.

Arbeiten heißt hier soviel wie: den kompetenten Umgang lernen. Unter Trance-Zuständen verstehe ich jene Gemütslagen, Gefühlsstimmungen, Launen, Tunnelvisionen, Tagträume, kurzum Zustände des Bewußtseins und auch des Unbewußten, alle jene inneren Filme, die sich in uns abspulen und abspielen, wobei es wichtig sein wird, zu beobachten, wie wir in den Bann solcher Zustände geraten, bis wir uns vollständig mit ihnen identifizieren. Wenn wir uns den Zugang bewußt machen, werden wir auch den Ausgang erkennen. Wir werden lernen, den Bann zu brechen, aus dem faulen Zauber auszusteigen und negative Lebensprogramme, die uns an einem erfüllten Leben hindern, zu löschen. Es liegt an uns zu entscheiden. Niemand kann uns diese Entscheidung abnehmen. Das Arbeiten mit Trance geschieht in Freiheit und setzt diese voraus. Wir sind unser eigener Hypnotiseur und unser eigener Held, der uns zu Hilfe kommt, um uns zu befreien.

Im Wechsel zwischen leichteren und tieferen, angenehmeren und unangenehmeren Trancen mag es sein, daß wir letztlich in Kontakt kommen mit Ebenen unseres Seins, die uns verborgen geblieben waren. Sie offenbaren sich erst nach dem Abtragen aller jener Schichten, die wir für unser wahres Selbst hielten, und die doch nur die Aussicht auf die großen Dimensionen im Leben verstellten. Auch das gehört zum Arbeiten mit Trance.

Möge dieses Buch viel Spaß und viel erfrischende Einsicht bringen!

Norfolk, im Juni 1996 *Kay Hoffman*

Dank

Mein Dank geht an meine Lehrerinnen und Lehrer:

Felicitas Goodman (archaische Ekstase-Techniken)
Evi Laurich (Schamanische Trance-Techniken nach Michael Harner)
Varda Hasselmann und Ninshanto Schäfer (Medialität durch Trance)
Jon Turner (Whole-Self Psychology)
Jacques Donnars (Terpsichoretrancetherapie)
Jabrane Sebnat (Trancetanz und Sufismus)
Reinhard Flatischler (Rhythmus)
Tarab Tulku (Energiearbeit im tibetischen Buddhismus)
Gunter Schmidt (Hypno-Therapie nach Milton Erickson)
Rudl Kapellner (Mind Machines und MindManagement)
Bernd Isert und Martin Haberzettl (NLP)
Bettina Spencer (systemische Familientherapie)
Ernst Lawrence Rossi (neue Ansätze der Dynamik und Selbstorganisation in der Hypno-Therapie)
Matthias Varga von Kibed (kreatives Querdenken)

Von allen habe ich wichtige Anregungen bekommen, in meine Arbeit integriert und weitergegeben.

Zu diesem Buch

Die Fülle der Informationen und der neuen Begriffe sollen diejenigen, die sich zum erstenmal mit dem Bereich der Trance beschäftigen wollen, nicht davon abhalten, weiter zu lesen und sich langsam einen Einblick in dieses fremde Gebiet zu verschaffen. Die Übungen warten darauf, ausprobiert zu werden. Ein Glossar erläutert die wichtigsten Begriffe. In der Einleitung wird auf die vielfältigen Erscheinungsformen des Phänomens Trance hingewiesen und in einem kurzen geschichtlichen Abriß die Entwicklung der Methoden dargestellt. Trotzdem bleiben sicher eine Menge Fragen offen, die erst durch die Erfahrung mit der Trance beantwortet werden. Sie können sich einfach in das Lesevergnügen hineinstürzen und damit einen ersten Schritt in Richtung eines besseren Verstehens tun. Es wird jedoch nicht bei den ersten Schritten bleiben, die sich ja mit dem Interesse an Trance schon vollzogen haben. Es wird Ihnen bald von selbst offenbar werden, daß es hier um eine Art Tanz geht. Dieses Buch kann nämlich vor- und rückwärts und auch »von der Seite« wie zufällig angelesen werden, ohne daß dies seinem »Wahrheitsgehalt« Abbruch täte. Denn: in Sachen Trance geht es nie um den Glauben oder das Dran-glauben-Müssen, sondern um das Erleben am eigenen Leib. Übungen und Experimente können sich dabei durchaus mit einer theoretischen Auseinandersetzung mischen und gegenseitig ergänzen, und nie gibt es einen Punkt, zu dem das Wissen um Trance abgeschlossen ist, da schon das nächste Trance-Erlebnis wieder alles anders erscheinen läßt. So ist das eben, wenn man einmal begonnen hat, Trance als wichtigen Bestandteil der eigenen Bewußtwerdung zu betrachten. Das Leben hört nicht auf, ein einziger Traum und ein großes Wunder zu sein. Sie tun gut daran, sich beim Lesen dieses Buches ohne festgelegte Erwartungen einfach überraschen zu lassen.

Einführung

Was ist Trance?

Im herkömmlichen Sinn wird Trance immer noch, unter anderem auch im Duden, als ein Zustand herabgesetzten Bewußtseins definiert. Doch mehr und mehr setzt sich die neuere anthropologische Definition durch, die von »altered states of consciousness« (Charles Tart) spricht. Das sind also veränderte Zustände des Bewußtseins. Ob sie tiefer oder leichter, besser oder schlechter sind als das gewöhnliche Alltagsbewußtsein, bleibt zunächst offen. Das Alltagsbewußtsein als »common sense« steht also nicht mehr an erster Stelle einer Werteskala, die in den letzten Jahrzehnten immer häufiger in Frage gestellt wurde.

Eigentlich müßten wir von Trancen sprechen, denn es gibt nicht nur einen veränderten Bewußtseinszustand, der sich merklich vom Alltagsbewußtsein unterscheidet. In manchen Sprachen gibt es für die verschiedenen Zustände entsprechende Begriffe. In Kulturen, in denen Trance sowohl im sozialen als auch religiösen Kontext als selbstverständlich, zum Menschen gehörig und unter Umständen heilend, inspirierend, kultivierend im weitesten Sinn erfahren wird, wird natürlich mehr differenziert als bei uns, wo das Wort Trance immer noch unheimliche Assoziationen weckt.

Trancen können sehr leicht oder sehr tief sein. Sie können auffallende, geradezu dramatische Auswirkungen haben oder sich im verborgenen vollziehen. Trancen treten spontan auf oder werden bewußt eingeleitet. Trancen können durchaus unter Kontrolle gehalten und kontrolliert eingesetzt werden. Sie können sich aber auch verselbständigen und aus der Kontrolle geraten.

Trancen sind ein allgemeinmenschliches Phänomen. Wir alle sind schon in Trance gewesen und kennen diesen Zustand gut, wenn wir beispielsweise nicht bei der Sache sind, die Autobahnausfahrt verpassen oder von einem Theaterstück so gefesselt sind, daß die Zeit stehenzubleiben scheint. Es kann aber sein, daß unser Wachbewußtsein nicht an diese Bewußtseinszustände und die damit verbundenen Erinnerungen angeschlossen ist. In Trance gelingt es uns, den ursprünglichen Kontakt wieder herzustellen oder diesen neu zu knüpfen. In Trance sind wir aber auch der Macht der Gewohnheit wie nie sonst ausgesetzt und unterliegen einer Fremdbestimmung, die von niemandem anderes verursacht wurde als von unserer eigenen Natur.

Im Umgang mit Trancen ist es wichtig, die eigene Natur, die aus gutem Grund zur Bildung von Automatismen neigt, zu achten. Nichts ist hinderlicher als eine Verachtung der eigenen Fähigkeit, sich dem Fluß des Lebens zu überlassen, Hingabe zu pflegen und für begrenzte Zeiten sich zu entgrenzen. All das ist auch Trance. Trance wird in diesem Zusammenhang als heilend, stärkend, entspannend, inspirierend, erweiternd und beruhigend erfahren.

Wer sich längere Zeit mit Trance beschäftigt, wird nicht umhin können, sich mit der eigenen Spiritualität, mit der eigenen Verbindung zur Quelle der Lebendigkeit auseinanderzusetzen. Trance kann nur begrenzt für »weltliche« Belange eingesetzt werden. Trance im Management und Coaching, Trance zur Selbstorganisation kann sehr förderlich sein. Aber über kurz oder lang wird sich irgendwann einmal die Frage nach dem übergeordneten Ganzen stellen und Trance als Fähigkeit zu einer Sicht aus überfliegender Perspektive den Kontakt zum Höheren und Ganzen herstellen.

Trance kann also nicht nur beschränkt auf bestimmte nützliche Funktionen eingesetzt werden. Trance strebt von sich aus immer zum größeren Ganzen. Deshab ist das Arbeiten mit Trance im Zuge eines ganzheitlichen Welt- und Selbstverständnisses so aktuell.

Geschichte der Trance

Das beliebteste Beispiel für eine alte Heilungsmethode, die sich der Trance bediente, ist der antike Heilschlaf im Tempel. Es ist ein religiöses Ritual, das Heilung und Lösung von Problemen verspricht, wie etwa auch das altgriechische Orakel. Der Mensch auf der Suche pilgert an einen heiligen Ort, an dem schon andere vor ihm Heilung erfahren haben. Ein solcher ist der Tempel zu Epidaurus, der noch heute zu besichtigen ist. Dort erwartet den Suchenden ein Priester, der ihn empfängt, willkommen heißt und segnet. Jedoch ist nicht der Priester die Lösung des Problems. Er übernimmt hier nur die Funktion eines Zeremonienmeisters. Der Pilger soll sich geborgen fühlen, so daß er sich ganz auf die Heilungsprozesse konzentrieren kann. Auch die Erwartungshaltung wird geschürt, alles wird getan, die hoffnungsvolle Spannung zu erhöhen. Der Pilger weiß, daß er einen heilsamen Traum haben wird, während er im Tempel schläft. Der Kontakt zu der inneren Weisheit ist wieder hergestellt. Das ist die eigentliche Lösung. Sie wurde im Schlaf gegeben. Heute wendet man statt des Heilschlafs leichte Trancen an, die während der Stunde beim Therapeuten dem Klienten ermöglichen, in Kontakt mit sich selbst zu kommen.

Natürlich wurde Trance zu allen Zeiten und in allen Kulturen eingesetzt, insbesondere in denjenigen, in denen die Tradition nicht durch schriftliche Zeugnisse weitergegeben wurde. Märchen und Mythen wurden von Generation zu Generation weitererzählt und erhielten ihre Lebendigkeit durch die ständige Neuschaffung im Augenblick des Erzählens. Das Erzählen von Geschichten selbst ist, wie wir alle noch aus unserer Kindheit wissen, eine mächtige Trance-Induktion. Doch müssen die Geschichten bestimmte Bedingungen erfüllen, um uns zu verzaubern. Sie müssen uns erreichen, uns berühren, und deshalb in der Sprache verfaßt sein, die uns entspricht. Es kann also durchaus sein, daß Geschichten, die im Mittelalter in Form von Heiligenlegenden die Menschen zutiefst erschütterten und sie aus der Begrenzung ihres Alltagsbewußtseins heraushoben, heute nur noch historischen Wert haben. Welches aber sind die Legenden von heute, die den Sorgen und Begrenzungen des Alltags ein Gegengewicht entgegensetzen können?

Noch deutlicher wird uns die Notwendigkeit einer Neugestaltung unseres Zugangs zum Höheren, der uns Sinn im Leben gibt, wenn wir unsere Rituale anschauen. Welche von ihnen können uns wirklich noch verzaubern, entrücken, und uns Sinnhaftigkeit vermitteln?

In bestimmten Kulturen wurden die religiösen Einsichten ausschließlich auf der Ebene des rituellen Handelns, des kultisch-zeremoniellen Wirkens tradiert. Heute erfahren solche Kulturen eine Renaissance. Vielleicht wird uns bewußt werden, wie sehr wir nach sinnerfüllenden Ritualen und Kulten verlangen. Wie uns aber die Anthropologen und Ethnologen (zum Beispiel Felicitas Goodman) sagen, gibt es kein traditionelles Ritual, keinen Kult, der wirklich wirkt und die Wirklichkeit verändert und der ohne Trance abläuft. Trance ist anscheinend eine notwendige Voraussetzung für solche transformatorischen Prozesse, wie sie durch Rituale und Kulte ausgelöst werden. Es ist anzunehmen, daß auch die Rituale, die wir aus unserem eigenen religiösen Kontext kennen, einstmals in einem veränderten Bewußtseinszustand gefeiert wurden. Nicht nur der Priester, die ganze Gemeinde ging in Trance und erlebte wahrhaftig und sinnhaftig, leibhaftig das heilige Geschehen.

Es fällt auf, daß gerade von Anthropologen und Ethnologen heute die Botschaft ausgeht, Trance als Bedürfnis und Fähigkeit der menschlichen Natur wieder mehr zu leben. Die Bücher von Carlos Castaneda lösten Anfang der siebziger Jahre eine Flut von Forschungen, Veröffentlichungen, Vermarktungen jener Traditionen aus, in denen der Schamanismus noch lebendig ist. Michael Harner, der selbst bei Indios im Amazonasgebiet lernte, gründete eine Schule, die viele Neoschamanen ausbildete. Ich hatte die Möglichkeit, modernen Schamanen und Schamaninnen zu begegnen – wie etwa Eva Laurich – und viel von ihnen zu lernen. Felicitas Goodman ist eine weitere Persönlichkeit, die sich um das Ansehen der sogenannten primitiven Kulturen verdient gemacht hat. Auch sie konnte darüber hinaus zeigen, daß Trance überzeitlich, transkulturell und grenzübergreifend wirkt.

Doch zurück zu unserer eigenen Kultur, die von der Aufklärung geprägt ist. Durch die Epoche des Rationalismus, der bis heute unsere Wissenschaft und Politik beeinflußt, war zunächst eine Absage an jene finsteren Zeiten gegeben, in denen Menschen unbeschränkt ihre Macht ausleben konnten, ihre eigenen Gefühle jedoch wenig beherrschten. Die Aufklärung machte sich im Kampf gegen Verfolgung und Unterdrückung verdient und führte in Frankreich zur Revolution. Doch während noch der Rationalismus seinen zweifelhaften Triumph in Form von Despotie, von Überwachung, erneuter Verfolgung und Unterdrückung feierte, entstand schon die Gegenbewegung. Der Irrationalismus fand in der Romantik seine eindrücklichste und überzeugendste Gestaltung. In vielen Gruselgeschichten der »Gothic Novel« bewegten sich die Figuren traumwandlerisch in Trancezuständen befangen ihrem fatalen Ende entgegen. Diese Bewertung und Interpretation von Trance hat einen wichtigen Akzent in der Kulturgeschichte gesetzt und wirkt bis heute in unsere Vorstellungen von Horror hinein.

Der deutsche Arzt F.A. Mesmer (1734-1815) entwickelte eine Methode, die nach ihm benannt wurde: der Mesmerismus. Es gibt dazu eine englische Wortschöpfung, »to mesmerize«, was bezaubern, hypontisieren bedeutet. Unter Mesmerismus versteht man eine Art Heilmagnetismus, mit der Mesmer das vorrevolutionäre Paris begeisterte. Er verkündete die Entdeckung eines subtilen Fluidums, das alle Körper durchdringt und umgibt. Es badet das ganze Universum in diesem »Agens der Natur«. Krankheit, so sagte Mesmer, sei das Ergebnis von Hindernissen für den Fluß des Fluidums durch den Körper, der einem Magneten gleichkäme und durch »Ausstreichungen« kuriert werden könne. Es brauche nur die Kontrolle über die Pole und damit verbunden eine Massage, die die natürlichen Wirkungen des Fluidums unterstützen. Die heilende Wirkung dieses Mesmerismus war nur allzuoft von Konvulsionen begleitet, unter denen sich der gefangene Körper befreite. In der künstlich hervorgerufenen Krise stellte sich dann die Gesundheit oder die Harmonie des Menschen mit der Natur wieder her. Kein Wunder, wenn der Mesmerismus bald zur Mode, aber auch zur fragwürdigen Sensation wurde. In eigens gegründeten Zirkeln der Harmonie pflegte das befreite Volk nach der Revolution dieses Geschenk der Natur. Eine neue Körperlichkeit setzte sich durch, die allerdings mit einer gewissen Hysterie verbunden war. Damen kippten reihenweise in den Seancen um, da die Macht des Fluidums sich offensichtlich als eine unverträgliche Überdosis auswirkte. Der Rapport, das heißt der heilende Kontakt zwischen dem Mesmerist und dem Patienten, war geradezu ein Freibrief für unkontrolliertes Verhalten außerhalb aller Normen. Auch hier lassen sich gewisse Vorurteile gegen Trance auf ihren geschichtlichen Ursprung zurückverfolgen.

Helena Blavatsky (1831-1891) war als Begründerin der Theosophie eine geschichtlich bedeutsame Gestalt, die den Umgang mit dem neuentdeckten Trance-Phänomen in ganz neue Wege leitete. Sie selbst war ein Trance-Medium mit außergewöhnlichen Fähigkeiten, die sie in der Pariser Kult-Szene einzusetzen versuchte, jedoch von der dort herrschenden Scharlatanerie abgestoßen wurde. Sie durchschaute die zunehmende Vermarktung der Ausnahmezustände und wandte sich deshalb den außereuropäischen Religionen zu, vor allem der indischen Philosophie, und lernte bei Lehrern, die in ihrem geistigen, körperlosen Zustand nur durch Trance und Traum zu kontaktieren waren. Dadurch setzte sie ein Exempel und zeigte, daß Trance nicht nur Heilung, sondern auch einen Informationszuwachs bewirken kann. In Trance empfing sie Botschaften aus dem »Jenseits«, die sie dann in vielen Schriften veröffentlichte. Die Theosophie war ursprünglich eine Gesellschaft, die außergewöhnlich sensitiv Begabte zusammenfinden und ihre Fähigkeiten im Dienste eines höheren Wissens nutzen ließ. Madame Blavatsky zeigte durch ihre eigene Disziplin und Integrität, daß sie nicht von »niederen« Geistern, von »astralem Spuk« beherrscht wurde, sondern diese selbst beherrschte, und überdies Kontakt zu Wesenheiten der höheren Ebenen aufnehmen konnte, die offenbar mehr Weisheit und Information besaßen.

Doch der profane, sensationslüsterne Umgang mit Trance ging weiter. Um die Jahrhundertwende kam diese Entwicklung zu einem Höhepunkt. Auf den Jahrmärkten entstanden die ersten »Freak-Shows«, wo körperliche Mißbildungen als Attraktion ausgestellt wurden. Alles Abnorme übte eine ungeheure Faszination aus. Dazu gehörte auch das Phänomen der Hypnose, die auf der Bühne präsentiert wurde. Menschen, die gackernd wie Hühner herumflattern oder kataleptisch erstarrt eine lebende Brücke zwischen zwei Stühlen bilden, so daß der Hypnotiseur darauf gehen kann – all das gehört zu den fragwürdigen Sensationen, mit denen ein glaubenswilliges Publikum geködert wurde. Thomas Mann beschreibt das in der Novelle »Mario und der Zauberer«. Von Magie und übernatürlichen Kräften war bei solchem Budenzauber die Rede, und ist es noch bis heute. Dabei handelt es sich vielmehr um Ausübung von Macht. Der Mißbrauch potentiell heilender Vorgänge hat aber von jeher der klinischen Hypnose geschadet, da diese Jahrmarktsveranstaltungen gleichzeitig auch den therapeutischen Umgang mit Trance und Autosuggestion in ein zweifelhaftes Licht stellt.

Zuletzt seien noch zwei weitere Persönlichkeiten genannt, die das Image der Trance bestimmt haben.

Der Franzose Kardec lebte im 19.Jahrhundert. Noch heute stehen immer frische Blumen an seinem Grab auf einem Pariser Friedhof. Menschen aus aller Welt pilgern dorthin, um in stiller Andacht sein Andenken zu ehren. Besonders in Brasilien hat sich der Spiritismus unter seinem Einfluß entwickelt und als volkstümliche Heilmethode erhalten. Vermischt mit den Besessenheitskulten der afroamerikanischen Religionen (z.B. Macumba) bildet er eine Volksbewegung, die sich als Alternative zu den teuren Ärzten versteht. Aber auch Menschen aus den Schichten, die es sich leisten könnten, zum Arzt zu gehen, wenden sich immer mehr an spiritistische Heiler. Der Spiritismus mit seinem Angebot von Hingabe, Demut und Stärkung des Glaubens macht den Menschen offensichtlich Mut. Beschworen werden die guten Geister, die im Kampf gegen die bösen antreten. Die weisen Ahnen kommen den Lebenden zur Hilfe, auch hier wird Information aus jenseitiger Quelle empfangen.

Der Amerikaner Edgar Cayce (1876-1944) lieferte das beste Beispiel einer durch Selbsthypnose eingeleiteten »Schlaf-Trance«. Er brachte es fertig, vor den Augen des Publikums in einen schlafähnlichen Zustand zu fallen und dann mit veränderter Stimme Botschaften von Verstorbenen und Geistern zu überbringen. Es ist typisch für solche Schlaf-Trancen, daß er sich später an nichts mehr erinnerte.

Heute gibt es viele Trance-Medien, die »channeln«, das heißt, Kanal werden für Informationen, die aus der nicht-alltäglichen Wirklichkeit kommen. Manche arbeiten in Schlaf-Trance, wobei das Ich völlig ausgeschaltet ist und kein Bewußtsein, keine Erinnerung bestehen bleibt (totale Amnesie). Diese Schlaf-Trancen haben sich jedoch als äußerst belastend für den Gesamtorganismus herausgestellt, so daß die sogenannte Wach-Trance bevorzugt wird. Das Medium ist dabei in einer leichteren Trance, die dem Ich erlaubt, als Zeuge im Hintergrund zu bleiben und das Geschehen zu verfolgen. Die Person bleibt bei Bewußtsein und hat Kontrolle über sich. Sie kann die Trance stoppen, wenn sie das will, und jederzeit aus dem Informationsfluß aussteigen. Sie ist sich auch ihres eigenen körperlichen Zustands und der Vorgänge bewußt und kann darauf reagieren, wenn es notwendig erscheint. Soweit ich es selbst beurteilen kann, erscheint mir dieser Zustand als einer der höchsten Konzentration, der zwar anstrengend ist, aber als sehr intensiv und somit lustvoll erlebt wird. Körperlich wirken sich solche Wach-Trancen unter Umständen auch erfrischend aus. Im Alpha-Training stellt sich durch Konzentration und Tiefenentspannung das Gehirn auf Alpha-Wellen ein. Auch in tiefer Meditation wie etwa im Rahmen des Zen-Buddhismus wurden vermehrt solche Alpha-Wellen gemessen. Die Grenzen zwischen Meditation und Trance sind fließend.

Mit Milton Erickson, dem 1980 verstorbenen Begründer der Hypno-Therapie, fand die Trance beziehungsweise Hypnose ihren Eingang in das klinische Vokabular der Schulmedizin und Psychotherapie, wobei ein Unterschied zur traditionellen klinischen Hypnose besteht. Das heute so beliebte NLP, das Neurolinguistische Programmieren, versteht sich als eine Weiterentwicklung der Hypno-Therapie nach Milton H. Erickson, die von ihrem Namensgeber allerdings mit keiner orthodoxen Methodik ausgestattet wurde. Erickson versetzte seine Klienten durch kleine Geschichten in Trance und überraschte sie mit den Folgen der Ablenkung. Während er das Ich der Persönlichkeit beschäftigte, wandte er sich mit heilenden Botschaften direkt an das Unbewußte, dem er ein gutes Maß an Selbstheilungskräften zutraute. So hatte er sich selbst von der Lähmung geheilt, die ihn als jungen Menschen befiel, und deren Opfer er zu guter Letzt doch wurde. Er vertraute seinem Unbewußten immer mehr als dem Ich-Bewußtsein. Und was für ihn selbst galt, wendete er auch bei den Menschen an, die hilfesuchend zu ihm kamen.

In den neuen Spielformen, die sich von der klassischen Hypnose abgrenzen, hat sich das Selbstverständnis des Menschen verändert. Er ist nicht mehr nur das Opfer von wirkenden Kräften, sondern auch Schöpfer und Gestalter seiner Wirklichkeit. De-Hypnotisieren heißt also, durch Trance zur Befreiung zu gelangen. Ich erkenne, daß ich ständig in Trance bin und daß auch das gewöhnliche Wachbewußtsein im Alltag nichts anderes ist als ein verblendetes und befangenes Dahindämmern. Ich erlebe für Sekunden, Minuten vielleicht eine Überwachheit, von der ich jedoch weiß, daß ich sie nicht auf längere Zeit halten und leben kann. Das jedoch genügt, um in mir eine Vision innerer Weiten und Möglichkeiten zu erwecken.

Allgemeine Prinzipien der Trance

Da das Wort Trance mit besonderen und meist übertriebenen Erwartungen aber auch Ängsten belastet ist, tut man gut daran, sich einige allgemeine Merkmale noch einmal vor Augen zu führen.

Trance als ein Prozeß

Dieser Prozeß hat, wenn er kontrolliert eingeleitet wird, einen Anfang und ein Ende. Das gilt insbesondere für alle rituellen Trancen in einem sozialen und religiösen Kontext, aber auch für therapeutische Trancen. Der Prozeß der Trance kommt einem Ein- und Aussteigen aus einem Fluß gleich, wobei im Gegensatz dazu die Alltagswirklichkeit als starr und unbeweglich empfunden wird. In der Trance ist das Bewußtsein ein Fluß von Informationen, ein Strom. In der Literaturgeschichte spricht man vom »stream of consciousness«, den in Worten nachzubilden sich vor allem James Joyce bemüht hat. Ein fast unmögliches Unternehmen, wenn wir davon ausgehen, daß der Bewußtseinsstrom mit einer Geschwindigkeit von mehr als 200.000 Nervenreizen pro Sekunde fließt. Jeder Versuch, diesen Fluß anzuhalten, um ihn genau zu registrieren, ist nicht nur äußerst anstrengend, sondern auch gegen die natürliche Kapazität der bewußten Wahrnehmung, die nicht so schnell soviel aufnehmen kann. Ich bin also potentiell in jeder Sekunde meines Erlebens in Trance, da ich immer an diesen großen Strom des Lebens angeschlossen bin. Manche Menschen behaupten, sie könnten nicht in Trance gehen. Das heißt jedoch nur, daß sie nicht fähig sind, sich bewußt dem Strom anzuvertrauen, der sie unbewußt schon immer getragen hat.

Fokussierung in der Trance

Trancen unterscheiden sich nicht nur in ihrem Grad der Kontrolle, die das Ich über die vegetativen Vorgänge in seinem Organismus behält oder nicht, sondern auch durch den Grad an Fokussierung und an Bewußtheit. Wir können einen Raster erstellen, der durch die zwei Koordinaten bewußt-unbewußt und fokussiert-defokussiert bestimmt ist. Mit Hilfe dieses Rasters können wir Trancen in vier Kategorien einordnen:

– bewußt und fokussiert
– bewußt und defokussiert
– unbewußt und fokussiert
– unbewußt und defokussiert.

Die Variante bewußt-fokussiert entspricht unserem Wachbewußtsein, jedoch in seiner idealtypischen Form, denn meist sind wir zwar wach, aber keineswegs in jener Art der konzentrierten Fokussierung, wie sie uns nur Höchstleistungen abfordern. Bei vielen Menschen ist die Konzentrationsfähigkeit kaum ausgebildet, denn diese Fähigkeit muß entwickelt, geschult und eingesetzt werden, um wirklich zur Verfügung zu stehen, wenn sie gebraucht wird. Sie ist keine natürliche Begabung, und sie ist auch kein natürlicher Dauerzustand. Sie entspricht auf körperlicher Ebene einem Zustand erhöhter Muskelanspannung, der ja ebenfalls nicht als Dauerzustand wünschenswert ist, jedoch ab und zu das richtige Verhalten ermöglicht, nämlich in Situationen, in denen schnelle Entscheidungen das Überleben sichern.

Meistens befinden wir uns jedoch in einem angenehm »gepufferten« Zustand des Dahinträumens und Dämmerns, der mehr der bewußt-defokussierten Variante entspricht. Das Ichbewußtsein ist voll da, aber der Fokus ist nicht eng, sondern weit gestellt. Damit verbindet sich ein Gefühl angenehmer Entspannung und Gelöstheit, das als Wohlbefinden erlebt wird. Allerdings kann dieses sich in einen Alptraum verwandeln, sobald das Ichbewußtsein die Kontrolle verliert, der wolkig-flockige Zustand die einzige Erlebensmöglichkeit ist und das Ich keine andere Wahl hat, als hilflos zuzusehen, daß sein Bewußtsein, seine Identität und Integrität sich immer mehr auflöst. Das kann unter Einfluß von Drogen geschehen oder durch Krankheit ausgelöst werden, aber auch schon durch Müdigkeit, Schwäche oder andere überwältigende Einflüsse bewirkt werden. Dieser Zustand entspräche der dritten Variante: unbewußt-defokussiert und betrifft Zustände der Desorientierung und Desintegration, der Derealisation und Depersonalisation, wie sie zum Beispiel nach einem Schock oder als Folge von großen emotionalen Belastungen auftreten. Manchmal können sie chronisch werden und zu geistiger Verwirrung führen. Hier haben wir es mit Fällen von Trancen im üblichen Sinn zu tun, während die Variante des bewußten Defokussierens als leichte Trance meist unter Tagträumen, Dösen, selbstvergessenes Sinnen gebucht und nicht so ernst genommen wird. Auch hier haben wir es mit Trance zu tun, und zwar mit jener Trance, die im therapeutischen Kontext kontrolliert angesteuert und eingesetzt wird, um innere Suchprozesse auszulösen und unbewußtes Wissen um mögliche Lösungen abzufragen.

Die letzte Variante, unbewußt-fokussiert, ist auch eine Trance, die wir alle kennen. Es ist die Trance, die uns in Bann hält und besessen macht, die uns fesselt und uns unter Zwang setzt, antreibt, zwingt, geradezu fremdbestimmt, ohne daß wir den Zauber lösen könnten. Hierher gehört jedes Suchtverhalten, alle Zwanghaftigkeit, jede Form von Besessenheit, auch diejenige, die zunächst als durchaus positiv gewertet wird, zum Beispiel die Arbeitswut. Diese Art von Trance, die sich in Form von Tunnelvision, zäher Verbissenheit, erstaunlicher Durchhaltefähigkeit und Belastbarkeit, unermüdlicher Ausdauer und der Mobilisation von überdurchschnittlichen

Kräften zeigt, ist deshalb so gefährlich, weil sie unmerklich eine Eigendynamik entwickelt und bald den ganzen Organismus beherrscht. Wahnvorstellungen und Psychosen verleihen ja bekanntlich den Zugang zu außerordentlichen und ungewöhnlichen Energien und versetzen den Menschen in einen Zustand intensiven Erlebens. Der Preis für eine solche außerordentliche Intensität ist jedoch hoch, der Zusammenbruch absehbar.

Wollen wir Trancen kontrolliert zu unserem eigenen und anderer Wohle einsetzen, müssen wir also das Kunststück vollbringen, die guten Seiten einer bestimmten Trance zu nutzen und die Gefahren zu meiden. Dazu müssen wir die Vorteile ebenso wie die Gefahren kennen. Der erste Schritt in einem lebenslangen Prozeß des Kennenlernens ist der, sich selbst zu beobachten. Sie werden erstaunt sein, wie bald Sie sich schon bei der ersten Trance ertappen! Und wenn Sie einmal ihr inneres Suchprogramm darauf angesetzt haben, werden Sie immer mehr und immer öfter ganz bewußt und scharf fokussiert wahrnehmen können, wie gern Ihr Bewußtsein schwindet und wie leicht der Fokus verschwimmt. Sie werden dies nicht nur immer mehr schätzen lernen, sondern auch genießen können und allmählich die Angst verlieren. Sie werden in Kontakt kommen mit etwas, was sie ganz wesentlich berührt: mit dem Gefühl, im Leben zu stehen und doch getragen zu sein; sich auf die Wirklichkeit verlassen zu können und sich in ihr zurecht zu finden, obwohl oder gerade weil Sie im Fluß bleiben. Das mag paradox klingen. Aber wenn Sie erst beginnen, sich dem Strom der Lebensenergie anzuvertrauen, werden Sie sich fragen, an was Sie sich eigentlich bis jetzt gehalten haben.

Monoideismus und Monotonie: Prinzipien der klassischen Hypnose

Monoideismus wirkt nach dem Prinzip »immer mehr von immer demselben« (eine einzige Idee), Monotonie nach dem Prinzip »immer nur das eine« (Gleichtönigkeit). Beide Arten der Induktion wirken durch das Prinzip der Einschläferung, das das unterscheidende Wachbewußtsein außer Kraft setzt. Bei der Monotonie wird alles gleich, weil die Reize sich kaum voneinander unterscheiden und das Bewußtsein zu dem Schluß kommt, es sei immer dasselbe. Damit schaltet sich das Bewußtsein aus. Bei dem Monoideismus wird dem fokussierten Bewußtsein immer nur das Gleiche vorgesetzt. Auch hier führt Reizarmut zum Abschalten der unterscheidenden Funktion. Allerdings erhalten wir dieselbe Wirkung, wenn wir statt Reizarmut auf Reizüberflutung setzen. Die Reaktion ist dieselbe. Reizarmut und Reizüberflutung kennen wir beide aus dem Alltag. Wir kennen auch ihre Folgen – die sogenannten Alltagstrancen.

Nun aber haben sich im Laufe der Zeit ästhetische und therapeutische Bedürfnisse nach Trance-Zuständen entwickelt und neue Techniken hervorgebracht. Die Glitzerwelt der Techno-Disco beispielsweise bietet sehr ästhetische Reize an, die für manche Menschen äußerst stimulierend wirken, selbst wenn sie nicht in Trance gehen. Der ästhetische Reiz an sich ist Zauber genug.

Einige Wege in die Trance werden durch Monotonie und Monoideismus bestimmt. Es gibt jedoch auch andere Wege, in Trance zu gehen. Ein solcher Weg ist die bewußte Entscheidung dafür und die gekonnte Lenkung des eigenen Bewußtseins in den gewünschten Zustand.

Neurologische Trance-Induktionen

Es kann gut sein, daß Monotonie und Monoideismus als Einstieg in die Arbeit mit Trance-Zuständen durchaus geeignet sind, ab einem bestimmten Punkt aber überflüssig werden, weil sowohl das Bewußtsein als auch der Organismus sich daran gewöhnt haben, aufgrund von Signalen sich von selbst in den Zustand der Trance zu versetzen. Die Information darüber, was der Stimulus bedeutet, wird wichtiger als die tatsächliche Stimulation auf neurologischer Ebene. Dies ist der Augenblick, an dem wir nicht mehr abschalten müssen, sondern umschalten können.

– Abschalten heißt: das Bewußtsein außer Kraft setzen.

Das Bewußtsein ist Kind oder auch Sklave des Unbewußten, diesem untergeordnet, und wird bei der ersten Gelegenheit von dem Größeren Ganzen, dem Übergeordneten überwältigt. Um so stärker ist die Angst vor Überwältigung – eben weil das Bewußtsein sich schwach und verletzlich weiß. Die Nähe zum großen allumfassenden Unbewußten ist bedrohlich und wird vermieden, wo immer es geht.

– Umschalten heißt: das Bewußtsein in seiner Funktion der Steuerung und Ausrichtung einsetzen.

Das Bewußtsein ist gleichberechtigter Partner des Unbewußten. Beide arbeiten zusammen und erreichen dadurch unglaubliche Erfolge, indem sie beispielsweise »gelenkte Wachträume« auf ein gewünschtes Ziel hin ausrichten und dadurch die Wirklichkeit zu beeinflussen suchen.

Zwischen Bewußtsein und Unbewußtem gibt es eine bestimmte Arbeitsteilung, die sich als sehr effektiv erwiesen hat. Das Bewußtsein arbeitet langsam, verglichen mit allen anderen Prozessen, die im Gehirn ablaufen. Die Kapazität des Gehirns wird durch die Interaktionen der Neuronen bestimmt. Milliarden möglicher Interaktionen laufen in jedem Augenblick ab. Das Denken ist immer »hinten dran«, als ein Nach-Denken, auch wenn es plant und Neues kombiniert.

In manchen Situation ist es also angemessener, wenn unser Verhalten auf »Auto-Pilot« gestellt wird, autonom gesteuert verläuft und somit unbewußt geschieht. In anderen Situationen wäre eine solche autonome Steuerung katastrophal oder zumindest eine große Einschränkung. Gewohnheiten können nie verändert werden, wenn sie sich einmal als solche festgesetzt haben. Jede Veränderung ist abhängig von einer bewußten Mustererkennung und gewollten »Musterdurchbrechung«. Manche Trancen setzen auf diesen Zustand autonomer Steuerung, in dem alles von selbst geht. Für uns Zivilisationsmüde mag das eine gewisse Faszination haben. Wir glauben, zurück in eine Ursprünglichkeit und Natürlichkeit versetzt zu werden, die wir verloren glaubten. Wir kommen mit etwas in Kontakt, das zu unserer Grundausstattung als Menschen gehört, das im Lauf der Evolution jedoch auch bei anderen Lebewesen entwickelt wurde. Im Gehirn entsprechen diese Funktionen der autonomen Verhaltenssteuerung den Bereichen des Stammhirns und des »limbischen Systems«.

Die Großhirnrinde hingegen ist eine evolutionär neue Errungenschaft, deren Konsequenzen wir noch nicht abschätzen können. Werden wir unsere Intelligenz in Form eines Selbstbewußtseins zu nutzen und angemessen einzusetzen wissen?

»Großhirn-Trancen« können zweifellos dazu beitragen, mehr Information zuzulassen und zu verarbeiten, Kommunikation besser zu gestalten, Aktionen und Interaktionen den Anforderungen der jeweiligen Situation entsprechend abzustimmen. Hier spricht uns die Trance nicht als Gewohnheitstier an, sondern hilft uns, aus Bahnen der Gewohnheit auszusteigen. Die Trance vermittelt Visionen von

Neuland. Wenn Ihnen plötzlich ein Licht aufgeht, Sie Aha-Erlebnisse haben und Sie von Einfällen überflutet werden, haben Sie das einer Gehirntätigkeit zu verdanken, die durchaus auch auf eine Trance zurückzuführen ist, obwohl Sie nicht im üblichen Sinn in Trance gingen oder sich in Trance fühlten.

Archetypische Trance-Ebenen

Von all den hier genannten Trancen werden Ihnen manche vertrauter vorkommen und leichter fallen, wenn Sie sie bewußt einsetzen. Es ist wichtig, sich selbst genau zu kennen, um aus der persönlichen Vorliebe, Neigung und Fähigkeit Nutzen zu ziehen. Versuchen Sie nicht, gegen Ihre eigene Natur zu gehen und sich das aufzuzwingen, was Ihnen am wenigsten liegt und was Ihnen am meisten fremd ist, nur um sich selbst zu beweisen, daß Sie nicht in Trance gehen können. Gehen Sie mit Ihrer eigenen Natur, lassen Sie sich von ihr führen. Spielen Sie nicht den Besessenen, wenn Sie zum Reflektieren geboren sind. Und zwingen Sie sich nicht zum Sinnieren, wenn Sie ein Mensch des Handelns und des Ausdrucks sind. Letzteres können Sie durch Trancen der Bewegung oder des Gestaltens ausleben. Allgemein lassen sich drei Ebenen unterscheiden, auf denen sich Trancen vollziehen können:
– die Ebene der Inspiration (»Sinnieren«, Tagträume)
– die Ebene der Expression (Zeremonien, Rituale, künstlerischer Ausdruck)
– die Ebene der Aktivität (zielgerichtetes, aber gelassenes Handeln, das nicht ausschließlich vom bewußten Ich-Willen motiviert ist und von ihm seine Kraft bezieht – also unter dem Einfluß von Kräften steht, die oft als fremd und außenstehend bezeichnet werden, »Besessenheit«).

Ganz allgemein scheint sich eine geschichtliche Entwicklung abzuzeichnen:
– von dem archaischen Trance-Stil des Schamanismus und einer hohen Expressivität (die die Funktion hat, durch ein überzeugendes Schauspiel dem Kollektiv den Zugang zu der »Anderen Wirklichkeit« zu ermöglichen)
– die zu den Besessenheitskulten führt, die wiederum einen Versuch darstellen, bewußt und fokussiert (magisch) den Einfluß von Kräften einzusetzen, um zu bestimmten Handlungen fähig zu sein. (Wobei das Kollektiv die Fremdbestimmung in der Besessenheit als einen Kontakt mit übermenschlichen, dämonischen oder göttlichen Kräften begreift. Dieses ist der Stoff von Mythen.)
– und die schließlich in dem unauffälligen und leisen Einsatz von Intuition gipfelt, der nichts braucht als die Erlaubnis, nach innen zu gehen. Auch das ist Trance.°

° Siehe die Kulturphilosophie von Jean Gebser mit ihrer Einteilung von archaisch, mythisch, magisch, mental und integral.

Teil I
Praxis

Der Nutzen von Trance

Der bewußte Einsatz von Trance geschieht kontrolliert und fokussiert. Er dient einem bestimmten Zweck und Ziel und hat seine Grenzen. Er findet seinen entsprechenden Rahmen, der ihm seine Funktion zuweist, ihm Wert und Sinn verleiht und gleichzeitig Entgrenzung verhindert. Das Umschlagen in Rausch, Wahnsinn, Krankheit wird so gebannt.

Trance ist kein »Trip«, wie manchmal in Hippie-Kreisen gesagt wurde, sondern eine Reise mit Rückfahrschein. Es ist keine Reise ins Blaue, kein Ausflug ins Unbekannte. Die Ausrichtung ist festgelegt und gibt dem Prozeß, der durch die Trance ausgelöst wird, eine Orientierung. Der Prozeß wird genutzt, um bestimmte Bewußtseinsorte und innere Räume aufzusuchen. Der Reisende ist mit einer Landkarte, der »Psychogeographie«, ausgestattet.

Alle Kulturen, die mit Trance arbeiten, verfügen über traditionelle Landkarten des menschlichen Bewußtseins, das auch das Unbewußte, das Noch-nicht-Bewußte und Nichtmehr-Bewußte umfaßt. Solche Landkarten kennen wir zum Beispiel aus dem Schamanismus. Auch der Hypnotherapie liegen Zuordnungen des menschlichen Bewußtseins vor: durch Zeitreisen etwa reisen wir in die Vergangenheit und in die Zukunft. Durch Reisen zu Ursprung und Ziel lernen wir etwas über den größeren Rahmen kennen, durch die unser Leben Sinn erhält. Auf den Reisen zu unseren Ressourcen und Potentialen erfahren wir etwas über unsere Möglichkeiten, und indem wir Tagträume bewußt träumen, um nach verborgenen Wünschen zu suchen, reisen wir in das Land unserer geheimsten Phantasien.

Zweck der Trance-Reisen

Durch Körperreisen befragen wir die Teile unserer Persönlichkeit, die mit Lebensenergie und Gesundheit, aber auch mit Signalen, die auf Störungen hinweisen, zu tun haben.

Durch den Besuch unserer Gefühlswelt befragen wir die Teile unserer Persönlichkeit, die mit dem Verarbeiten von Informationen beschäftigt und zu ersten Ergebnissen in Form von Gefühlen gekommen sind.

Durch geistige Höhenflüge erhalten wir einen größeren Überblick und Ausblick in die Weite, bis an den Rand unseres Horizonts, der sich durch eben solche Unternehmungen in Trance noch mehr erweitern kann.

Bei der fokussierten und kontrollierten Trance handelt es sich also gleichzeitig um einen Kraftakt und um ein Kunststück.

Kraft muß aufgebracht werden, um die Trägheit des Gewohnten zu überwinden, »abzuheben« und genug Beschleunigung aufzubringen, um sich über die Grenzen des Alltagsbewußtseins hinaus zu schwingen. In eine fokussierte und kontrollierte Trance zu gehen ist anstrengend und sollte deshalb keinesfalls in geschwächtem Zustand unternommen werden. Man könnte hier von einer »aktiven« Trance sprechen. Etwas anderes ist die passive Trance, die einfach geschieht, ähnlich wie ein Fieber: Sie kann durchaus auch im geschwächten Zustand erfrischen und heilen, ja, sie wird sogar oft zur Heilung eingesetzt. Bei der passiven Trance läßt sich der Reisende mitnehmen oder mitreißen, und es obliegt dem Heiler (dem Schamanen) oder Therapeuten, die Kraft aufzubringen, den Klienten aus dem Bann der Alltagstrance zu befreien und in die Weiten seiner eigenen Möglichkeiten zu entführen.

Die Kunst besteht darin, zwei im Grunde sich widersprechende Prinzipien in sich zu vereinen: Trance ist grundsätzlich ein Prozeß der Verflüssigung, Auflösung und Entgrenzung. Wie kann sich ein solcher Zustand der Offenheit mit festgelegten Grenzen, mit Vorstellungen, Zielen und Rahmenbedingungen in Einklang bringen? Hier liegt der Schwerpunkt auf »Arbeit«, wobei es besser wäre, von Kunst oder Spaß zu sprechen. Gemeint ist die Freude an Eleganz und Grazie, an selbstverständlicher Leichtigkeit und Schönheit, die im Augenblick ihres Ausdrucks sofort überzeugt und verzaubert.

Die fokussierte und kontrollierte Trance zeichnet sich vor allen anderen Trancen dadurch aus, daß sie uns Zugang zu sonst ausgegrenzten Bereichen verschafft. Sie ist wie ein Schlüssel zu verschlossenen Türen, die in Räume führen, von denen wir normalerweise nicht einmal träumen.

Zugang zu den drei Daseins-Ebenen

Trance verschafft
Zugang zur Weisheit des Organismus (organismisches Wissen) und zu den autonomen vegetativen Vorgängen im Körper (selbstorganisierende Weisheit des Körpers).

Zugang zur Es-Ebene, auf der die Prozesse vorherrschen, alles im Fluß ist und auch ein Kontinuum ebenso wie chronisch gewordene Zustände unter diesem Aspekt betrachtet werden können. Diese Ebene ist bestimmt durch das Es-Geschehen im Gegensatz zur Ich-Identifikation: Während das Es neutral durch die Prozesse hindurchgeht und seine Energie bewahrt, bildet sich das Ich durch Identifikation und läuft somit ständig Gefahr, Prozesse als Abstraktion zu betrachten, um ihnen einen Namen geben und sie als Dinge abhandeln zu können (Nominalismus und Verdinglichung).

Zugang zum Unbewußten, das hier als sämtliches Wissen gelten soll, zu dem ich im Augenblick keinen Zugang habe. Das Bewußtsein ist also ein sehr begrenzter und beschränkter Bereich, in dem der Fokus der Aufmerksamkeit den jeweils gerade bewußten Gegenstand in den Mittelpunkt der Betrachtung stellt, während die Flut des möglichen Wissens im Unbewußten abgespeichert wird, um eine Reizüberflutung zu verhindern. Das Bewußtsein kann sich jedoch durch Trance fokussiert und kontrolliert zu eben jenem Wissen Zugang verschaffen.

Ausführlich stellen sich diese drei Ebenen folgendermaßen dar:

Potentiale durch Trance erschließen

Körperliches Wohlgefühl durch
- Abbau von Verspannungen,
- den richtigen Umgang mit Belastung und Streß,
- Aktivierung des Immunsystems und der Selbstheilungskräfte,
- Erholung und Regeneration,
- Ausgleich und Harmonisierung durch Zentrierung und Erdung,
- Zugang zu den Sinnen und der eigenen Sinnlichkeit,
- Sensibilisierung, Steigerung der Wahrnehmung und eines gesunden Instinkts,
- Selbstvertrauen und Selbstwertgefühl,
- ein positives Verhältnis zum eigenen Körper,
- innere und äußere Schönheit,
- rasche Überwindung von Müdigkeit und Erschöpfung,
- Aufbau von Spannkraft,
- Steigerung von Ausdauer, Feinmotorik, Rhythmus,
- Steigerung der Ausdruckskraft und persönlichen Ausstrahlung,
- Selbstsicherheit im Auftreten, Eleganz und Grazie in Haltung und Bewegung.

Emotionale Ausgeglichenheit durch
- besseren Kontakt zum Unbewußten,
- Distanz zu vergangenen Gefühlen, Bezugnehmen auf das gegenwärtige Fühlen,
- Verflüssigung festgefahrener Erlebensmuster,
- Erinnerung und Vergegenwärtigung schon gemachter Erfahrungen,
- Zugang zu vergessenen positiven Erlebnisqualitäten (Glück, Befriedigung, Erfolg, Erfüllung),
- Verarbeitung von Schlüsselerlebnissen, die bislang unbewußt die Wahrnehmung filterten,
- Aufhebung generalisierter Erfahrungen durch vermehrte Erlebnisfähigkeit,
- Auflösung von existentieller Entfremdung durch Erfahrungen der Lebendigkeit und Gegenwärtigkeit,
- Auflösung von neurotischen Mustern des Schuldgefühls ebenso wie der Beschuldigung,
- Auflösung der negativen Beweisführung, des Fatalismus, selbsterfüllender Prophezeiungen,
- angemessenen Umgang mit Trauer, Schmerz, Angst,
- angemessenen Umgang mit Situationen und Gefühlen der Auswegslosigkeit, der Verzweiflung, der Depression und Sinnlosigkeit,
- Verflüssigung festgefahrener Situationen,
- Bejahung von Leben als ständiger Veränderung und Erneuerung,
- das Ja zur eigenen Entwicklung, ebenso zur Entwicklung anderer Personen oder Situationen,
- Erlaubnis zur Transformation,
- Abbau von Fremdbestimmung, Aufbau von Selbstverantwortung,
- Abbau von extremen Ohnmachts- und/oder Allmachtsgefühlen,
- Abbau von polarisierter Entweder-Oder-Haltung, von Schwarzweißzeichnung,
- Aufbau von Toleranz, seelischer Belastbarkeit, Feinfühligkeit (Differenzierung und Nuancierung der Gefühlspalette),
- Zulassen von Komplexität in Form von gemischten Gefühlen,
- erweiterte Gewissenserforschung, bei der

alle Anteile der Persönlichkeit beteiligt werden,
- Hinterfragen übernommener Wertesysteme und Glaubenssätze,
- Klärung verdeckter Konflikte, Bewußtmachung unbewußter Interessen, Beachtung eigener Bedürfnisse (insbesondere nach Nähe und Distanz, nach Kontakt und Autarkie),
- Entwicklung von Selbstachtung und Achtsamkeit,
- Entwicklung von Kontakt-, Beziehungs- und Liebesfähigkeit,
- Steigerung der Erlebensbreite und Erlebenstiefe, Zulassen von Verschmelzung und Entgrenzung bei Wahrung der eigenen Identität und Integrität,
- Zulassen von Intensität und Ekstase.

Entwicklung von mentaler Kompetenz, intuitiver Erweiterung und spiritueller Öffnung durch
- unkonventionelle Herangehensweise, die gewohnte Muster durchbricht,
- Akzentverschiebung, Überraschungseffekt,
- Perspektivenwechsel,
- Einführung der Meta-Ebene, die Distanz ermöglicht –
und einen Überblick über das Ganze gewährt.
- Zugriff auf das ganze Wissen, das sowohl im Bewußtsein als auch im Unbewußten gespeichert ist,
- ganzheitlichen Ansatz, der Flüssigkeit des Lernens und neuartige ganzheitliche Verknüpfungen bedingt,
- bewußten Einsatz des Potentials der rechten Hemisphäre des Hirns mit seinem ganzheitlichen, bildhaften, analogen Erfassen von Sachverhalten,
- bewußte Verbindung mit der linken Hemisphäre, die das Erfaßte ordnet und in Begriffe bringt,
- Training von Synchronizitätsergebnissen,
- Anregung von bewußten und zielorientierten Suchprozessen, ausgelöst durch Fragestellungen, die sich über den Bereich des Logisch-Rationalen hinaus gehen,
- das Spiel mit Hypothesen und das Experiment mit Glaubenssätzen, die die Konstruktion der Wirklichkeit als selbsterfüllende Prophezeiung aufzeigen,
- die gewünschte Transformationsprozesse bewußt und gezielt einleiten;
- das Lernen von neuen Programmen und das Ent-Lernen von alten Konditionierungen,
- Erfolg, Glück, Lernangebote und Visionen betreffend, die Selbstwertschätzung und Selbstverantwortung mit einschließen,
- Meisterschaft des kompetenten Umgangs mit Wahlmöglichkeiten und Entscheidungsprozessen,
- ständige Aktivierung und Aktualisierung des menschlichen Potentials,
- Zulassen von Synchronizität und Synergie,
- evolutionäre Ausrichtung eines neuen Menschenbildes an der Ganzheit universaler Zusammenhänge,
- Überschreitung und Auflösung konventioneller Grenzlinien zwischen Mensch und Kosmos, Mensch und Schöpfer, Materie und Geist, Energie und Form,
- Verflüssigung des Weltbilds,
- ein erweitertes Verständnis von Ökologie, die Innen- und Außenwelt umfaßt, die die Gesamtheit der Evolution in Form von verfügbaren Informationen in global vernetzte Interaktionen umsetzt und Stabilität in Veränderung, Harmonie in Abstimmung, Komplexität der Struktur, Kontinuität des offenen Prozesses aufrechterhält.

Befreiung aus negativen Trancen

Der Mensch ist ein Gewohnheitstier. Aber nur zum Teil. Wir alle kennen die Macht der Gewohnheit. Aber meistens sind wir uns nicht bewußt, wieviel wir dieser Fähigkeit zur Verselbständigung bestimmter eingefahrener und eingefleischter Handlungsabläufe verdanken. Vieles, was wir einmal mühsam lernen mußten, ist uns so geläufig, so sehr in Fleisch und Blut übergegangen, so sehr zur zweiten Natur geworden, daß wir nicht mehr darüber nachdenken brauchen. Das spart Zeit und Energie. Ohne die Fähigkeit zur Ausbildung von Gewohnheiten wären wir völlig überfordert von den Anforderungen, die unser Alltag an uns stellt. Zudem geben uns Gewohnheiten das behagliche Gefühl, in uns selbst zu Hause zu sein. In den Gewohnheiten läßt es sich gut wohnen. Auch im englischen Wort »habit« steckt das lateinische Wort »habitare«, wohnen. Und ein Habit, also eine bestimmte vorgeschriebene Kleidung, schützt, ähnlich wie eine Maske, ein Kostüm oder eine Uniform das formlose, offene Innenleben und bewahrt es davor, sich ständig ausdrücken, ausweisen und erklären zu müssen. Auch das spart Zeit und Energie.

Die Macht der Gewohnheit wird also erst dann zum Hindernis, wenn eine notwendige Veränderung stattfinden sollte. Alte Gewohnheitsmuster spiegeln alte Konditionierungen wider, durch die wir früher einmal gelernt haben, uns an die damalige Umwelt anzupassen, um den damaligen Anforderungen nachkommen zu können. Wir haben das getan, so gut wir konnten. Aber die Zeiten ändern sich, und mit ihnen die Umweltbedingungen, die Anforderungen. Manchmal steht es an, einen rigorosen check-up durchzuführen. Wir sollten uns immer wieder fragen, welche unserer Gewohnheiten uns noch nützen oder welche eigentlich überaltert sind. Sind die Gewohnheiten für uns da oder wir für sie? Handeln wir noch selbstbestimmt, oder sind wir Opfer unserer eigenen Konditionierungen geworden? Und hier zeigt sich der eigentliche Grund, warum Gewohnheiten soviel Macht über uns haben. Es ist die Angst vor Neuem, denn oft sagen wir uns: Lieber das bekannte Unbehagen als das Unbekannte wagen. Das Wagnis, neue Lösungen zu alten Problemen und Konflikten zu suchen, erscheint zu anstrengend, das Risiko zu groß, der Einsatz es nicht wert. Und so bleibt alles beim alten – das ist auch eine Lösung. In den wenigsten Fällen ist es nicht die beste Lösung, aber sie ist uns bekannt und vertraut, und so bleibt es dabei. Um jedoch nicht ständig das nagende Gefühl der Unsicherheit, Unentschiedenheit und dadurch Unentschlossenheit zu haben, reden wir uns selbst ein, daß dies die einzig mögliche Lösung ist. Dadurch sichern wir uns gegen das mögliche Neue ab, indem wir uns gegen das Neue entscheiden, und betreiben diese altbewährte Selbstprogrammierung mit großer Entschiedenheit. Um jedoch nicht allzuviel Kraft dafür aufwenden zu müssen, versetzen wir uns in eine Dauertrance, die unsere Wachheit und Offenheit dem Neuen gegenüber einschlafen und träumen läßt. Im Traum erscheinen dann wie auf einem Spruchband Sätze wie: »So ist es nun einmal. Da kann man nichts machen. Und außerdem läßt sich sowieso nichts ändern.« So sind und bleiben wir im Bann unserer eigenen Zaubersprüche.

Übungsteil: Den Bann der negativen Zaubersprüche brechen

Es geht nun darum, den Bann der Zaubersprüche zu brechen.

Die Zauberspüche folgen einer bestimmten Logik, die sich in sprachlichen Formulierungen widerspiegeln. Die Psycho-Logik der Grundmuster ist in bestimmten Redewendungen und gebräuchlichen Formulierungen zu entdecken.

Eine starke Trance, der wir unterworfen sind, ist die Man-Trance: Man sagt, man tut, man tut nicht, man weiß, man glaubt, man lebt und lebt ganz in der Gesellschaftstrance der Man-Identität.

Übung:

a) Ersetzen Sie eine Zeitlang das Wort »man« durch das Wort »Ich«, und beobachten Sie, wie sich die Bedeutung des Satzes verändert.

b) Nehmen Sie sich einen Augenblick Zeit und überlegen, wie sich diese Veränderungen in Ihrem Alltag auswirken, wenn Sie Konsequenzen daraus ziehen würden.

c) Notieren Sie Ihre Beobachtungen und führen Sie darüber Tagebuch.

....

....

....

....

Eine andere Quelle ständiger Autosuggestion besteht darin, sich innerlich und unbewußt immer wieder zu sagen: »Ich bin eben so.« Eine Identität wird immer wieder neu programmiert, ohne daß Veränderungen, die sich eventuell aus neuen Erfahrungen ergeben könnten, in diese Identitätsprogramme einfließen und sie somit verändern könnten. Die Identität wird zementiert. Sie wird zu ihrem eigenen Mythos.

Übung:

a) Vervollständigen Sie Sätze, die mit der Aussage beginnen: Ich bin eben ...
b) Nehmen Sie sich einen Augenblick Zeit und kontrollieren Sie, ob es nicht Ausnahmen gibt. Notieren Sie diese.
c) Überlegen Sie sich, welche Auswirkungen es auf Ihr Selbstbild haben würde, wenn Sie diese Ausnahmen in Ihre gewohnte Identität miteinbeziehen würden. Bilden Sie Sätze »Manchmal bin ich ..., und manchmal bin ich ...« Lassen Sie dies auf sich wirken. Wie fühlt sich das an?
d.) Benennen Sie diese beiden Identitäten. Vielleicht entdecken Sie noch weitere Ausnahmen und noch mehr Identitäten. Geben Sie diesen ebenfalls Namen. Notieren Sie sie.

....

....

....

....

Oft erstreckt sich die Macht der Gewohnheiten, die auf diese Weise zu Mythen geworden sind, nicht nur auf einzelne Personen, sondern auf ganze Gruppen: auf Familien, Clans, Stämme, Klassen und Rassen, Nationen. Daraus entstehen Vorurteile, die unsere Wahrnehmung bedingen und verhindern, so daß wir die Dinge und Menschen immer wieder neu und unvoreingenommen auf uns wirken lassen. Wir lassen uns durch negative Mythen beeinflussen und bestimmen. Eine solche Ausrichtung mit ihren negativen Programmen steuert unbewußt unser Verhalten und bedingt unsere Haltung. Sie bestimmt unsere Erwartungen, unsere Perspektiven, den Radius unseres Horizonts. Sie führt zu Glaubenssätzen innerhalb von Glaubenssystemen.

Übung:

a) Können Sie solche Mythen und Glaubenssätze bei sich selbst entdecken? Was für Sätze fallen Ihnen ein, wenn Sie Ihre Ursprungsfamilie (die Familie, aus der Sie kommen und in der Sie aufgewachsen sind) beschreiben? Bilden Sie Sätze, in denen Sie Ihre Herkunft schildern.
b) Schmücken Sie Ihre Schilderung mit möglichst bildhaften Mythen aus, als würden Sie ein Märchen erzählen oder ein Ahnenlied singen.
c) Verstärken Sie den melodramatischen Tenor. Deklamieren Sie den Text. Verkünden Sie ihn lautstark und mit übertriebenem Ausdruck. Und? Kommen Sie sich auf die Spur?
d) Notieren Sie die Spuren. Bis wohin lassen sich die Sätze zurück verfolgen? Wer hat solche Sätze immer gesagt? Beschreiben Sie diese Person und machen Sie sich Ihr Verhältnis zu ihr bewußt.
e) Was würde nun geschehen, wenn Sie dieser Person sagen würden, daß Sie ab sofort nicht mehr mitmachen, daß Sie aussteigen aus dem Glaubenssystem, daß Sie die Aus-

nahme im System sind? Wie würde die Person Ihrer Meinung nach reagieren? Und was für Konsequenzen hätte das für Sie? Notieren Sie.

....

....

....

Mythische und mystifizierende Aussagen setzen sich selbst absolut und verwenden deshalb gerne die Wortkombinationen:
– Schon immer ...
– Von jeher, seit Menschengedenken ...
– Auf der ganzen Welt, wo man auch hinschaut ...
– Überall ...
– Nur ... allein ...

Übung:

Vervollständigen Sie diese Sätze spontan, ohne lange nachzudenken.

....

....

....

....

Werden Sie leicht Opfer einer bestimmten Pseudo-Logik, die wie eine starke Trance ihre Gedanken in Bann hält?

Übung:

Vervollständigen Sie Sätze, die folgende Elemente enthalten:
– Das hat es noch nie gegeben, daß

....

– Das kommt nirgends vor, daß

....

– Niemals ....

– Niemand ....

– Entweder .... oder ....
 Etwas Drittes gibt es nicht.

– Entweder .... oder ....
 Etwas anderes kommt für mich nicht in Frage.

– Entweder .... oder ....
 Dazwischen findet sich keine Lösung.

Notieren Sie schnell und assoziativ das, was Ihnen als erstes einfällt. Lassen Sie die vervollständigten Sätze auf sich wirken. Spüren Sie nach, welchen Einfluß diese Logik auf Sie hat. Wann fühlt sich die Aussage irgendwie falsch an? Wie und woran erkennen Sie, daß Sie einer »Pseudo-Logik« auf den Leim gegangen sind? Wie wirken die absolut ausschließenden Worte »nie«, »niemand« und »niemals« auf Sie? Wie fühlen Sie sich, wenn Sie Sätze mit der Struktur des Entweder – Oder denken, formulieren, aussprechen?

....

....

Übung:

– Sagen Sie und ein Gesprächspartner abwechselnd Entweder-Oder-Sätze und beobachten Sie die Auswirkungen. Machen Sie die sich ausschließenden Positionen und Aussagen deutlich, betonen Sie die harte absolute Abgrenzung und Ausgrenzung und lassen Sie sie auf sich wirken. Spüren Sie nach: Stimmt das, was Sie sagen? Fühlt es sich stimmig, rund, abgeschlossen an?
– Findet sich eine Lücke, ein Einwand, ein Zögern? Drücken Sie dies non-verbal durch eine Körperhaltung, durch eine Gebärde oder Geste, eine Bewegung aus. Verstärken Sie den non-verbalen Körperausdruck. Was will er Ihnen sagen? Was sagt er Ihrem Partner?
– Notieren Sie Ihre Beobachtungen, Eindrücke, Assoziationen und vergleichen Sie die Ergebnisse.

....

....

– Tauschen Sie sich über ihre Gefühle aus. Welche Gefühle entstehen bei dieser zwingenden Argumentation der Logik beziehungsweise Pseudo-Logik? Und welche Gefühle könnten diese ausschalten und besiegen, überwinden oder eine Alternative aufzeigen?
– Aus welchen Alltagssituationen kennen Sie eine solche Logik?
– Welche neuen Lösungen können Sie Sich in dieser Alltagsproblematik vorstellen?
– Was spricht gegen solche neuen Lösungen?

....

....

Bei einer weiteren negativen Alltagstrance stellt sich ein chaotischer Zustand ein und wird als Status quo aufrecht erhalten. Konfusion ist ein Prozeß, der sich manchmal gar nicht verhindern läßt, da er von einer Ordnung in die andere, von der alten in die neue Ordnung überführt. Konfusion wörtlich ist das Zusammenfließen von Gegensätzlichem. Es kann also ein durchaus fruchtbarer, schöpferischer Prozeß sein, der zu einer neuen Synthese führt – allerdings nur, wenn wir den Prozeß durchlaufen und nicht darin stecken bleiben. Die Verwirrung läßt sich durch folgende grammatikalische Strukturen nachbilden:

1. Sowohl – Als auch
2. Einerseits – Andrerseits
3. Weder – Noch
4. Und – Und

Es sollte sich dabei immer um das Zusammenkommen von Gegensätzlichem handeln, das gewöhnlicherweise getrennt und unterschieden wird und sich gegenseitig ausschließt. Es ist, als würden mehrere Stimmen auf einen einreden und jeweils gegensätzliche Botschaften übermitteln.

Es entsteht ein Gefühl von Zwei- oder Mehrdeutigkeit, die äußerst destabilisierend wirken kann. In der Psychologie wird von Ambivalenz gesprochen, wenn beispielsweise ein Mensch körperlich etwas anderes ausdrückt, als er in Worten sagt. Daraus entsteht für den Empfänger solcher ambivalenten Botschaften, Anweisungen oder sogar Befehle der Eindruck, daß er alles, wie er es auch macht, nur falsch machen kann. Meist reagieren wir mit Frustration und Resignation auf Ambivalenz, was wiederum dazu verleitet, in dem chaotischen Zwischenzustand zu verharren. Jede Energie scheint aufgebraucht, jede Motivation verschwunden zu sein, und die notwendige, Not wendende Veränderung, die aus aus diesem Zustand führen könnte, rückt als Wunschziel in weite Ferne.

Übung: Bewußte Konfusion als heilende Trance-Technik

Finden Sie Zeit und Raum, um eine etwa zehnminütige Trance-Übung zu machen. Setzen Sie sich bequem hin. Atmen Sie tief durch, atmen Sie in den Bauch und konzentrieren Sie sich für eine Weile nur auf Ihren Atem. Spüren Sie, wie der Atem in die Hände, in die Handflächen fließt, wie das Blut pulsiert, wie der Fokus Ihrer Aufmerksamkeit sich auf Ihre Hände richtet und diese zu den Protagonisten des Trance-Spiels werden. Spüren Sie, wie getrennt Links und Rechts, wie verschieden die beiden Körperhälften, die beiden Hände sind. Als wären es zwei Welten! Welche Hand fühlt sich stärker, gesünder, zuversichtlicher, entspannter, besser an? Welche Hand ist verwirrt und unschlüssig, träge, dunkel, passiv oder gar ganz lahmgelegt? Manchmal gibt es klar erkennbare Unterschiede, manchmal auch nicht. Dann wählen Sie nach Belieben eine Hand aus, die Sie aufbauen wollen. Ihr schreiben Sie die Rolle des Guten zu. In dieser Hand liegt all Ihr Potential zur Klärung, Lösung, zur richtigen Entscheidung. Stellen Sie sich vor, es sei wie bei einer Waagschale: auf die eine Seite kommt das Potential, auf die andere das Problem. Es kann auch ein Konflikt sein oder das Gefühl, festzusitzen, stecken zu bleiben, nicht ein oder aus zu wissen, nicht voran zu kommen, unfähig zu sein. Ihre ganze Unfähigkeit und Verwirrung, ihre Konfusion legen Sie in diese andere Hand. Machen Sie rigoros Unterschiede zwischen Besser und Schlechter. Sie wissen, beides gehört zu Ihnen, zu Ihrer Situation, zum Leben, so wie die beiden Hände zum Körper gehören. Und nun, nachdem Sie sich ganz auf die Unterschiede konzentriert haben, schließen Sie die Augen und führen mit geschlossenen Augen die Handflächen zueinander, bis sie sich berühren. Lassen Sie sich dafür Zeit – dies ist ein wichtiger Prozeß, und es ist wichtig, daß Sie ihn ganz bewußt wahrnehmen. Es handelt sich um die Wahrheit, daß alles irgendwie zusammengehört und zusammenpaßt, auch wenn das Bewußtsein sich noch nicht ganz erklären kann, wie. Es ist zunächst ein Prozeß, eine Art Annäherung. Dann kippt es und wird ein Zustand. Plötzlich fühlen Sie, wissen Sie: nun bin ich angekommen in dem Zustand der Ganzheit. Die Hände – Besser und Schlechter – sind zusammen. Da geht es nicht um einen faulen Kompromiß, sondern um ein Körpergefühl der Ganzheit. Sie fühlen sich ganz und zusammen, und deshalb fühlen Sie sich »in Ordnung«, auch wenn Sie noch genauso konfus sind wie vorher. Sie ahnen, daß die Konfusion ein Übergang zu einer neuen, größeren Ordnung ist. Sie fühlen auch, wie zufrieden es Sie macht, zumindest als Körpergefühl diese neue Ordnung gefunden zu haben, denn plötzlich fühlen Sie sich »in Ordnung«.

Während Sie also die Handflächen aneinander pressen und die innige Vereinigung der beiden Seiten spüren, atmen Sie tief in den Bauch, um das Gefühl von Einheit in Ihrem Körper tief zu verankern.

Übung: Körpertrance »In-Ordnung-Sein«

Bei dieser Trance-Induktion geht es darum, daß Sie einfach dieses Gefühl des »In-Ordnung-Seins« in sich heraufbeschwören und vergegenwärtigen. Es ist ein Körpergefühl. Sie spüren es körperlich, wenn Sie in diesem Trance-Zustand angekommen sind. Sie merken es daran, daß Sie sich ausgewogen, zufrieden, entspannt, mit sich selbst versöhnt fühlen. Es geht hier nicht um eine Ordnung, wie es Ihnen vielleicht diktiert oder befohlen wurde und wie Sie den Vorstellungen anderer, den Eltern, dem Partner, dem Chef entspricht. Es ist Ihre eigene Ordnung, die Sie als Körpergefühl immer herstellen können, so sehr Sie sich auch im Widerspruch, im Ungleichgewicht, in Unfrieden und Verspannung, im Krampf und Kampf mit der Außenwelt erleben, wie sehr Sie auch mit der Welt und dem Schicksal hadern. Durch die Beschwörung dieses Gefühls, sich grundsätzlich und ganz in der Tiefe Ihres Bewußtseins in Ordnung zu wissen, verzaubern Sie sich selbst.

Der Zauberspruch lautet: »Wie auch immer, wo auch immer, mit wem und wann auch immer ich bin, bin ich, so wie ich bin, in Ordnung.« Wenn Sie ein gläubiger Mensch sind, wird Ihnen diese Selbstverzauberung leichter fallen, weil Sie glauben, daß Gott Sie so annimmt, wie Sie sind. Aber auch wenn Sie skeptisch und mißtrauisch sind, können Sie sich diesem Gefühl annähern, indem Sie immer wieder feststellen, daß es Ihnen einfach gut tut. Und nicht nur das – es wirkt sich auch gut auf Ihre Umwelt aus. Und wenn Sie noch so pessimistisch sind, können Sie sich für bestimmte Stunden diesen Optimismus erlauben, und wenn er nicht in Ihr Konzept paßt, bezeichnen Sie ihn einfach als Trance-Übung und wichtige Gesundheitspflege, ähnlich wie das Zähneputzen. Wichtig ist nur: Sie setzen sich ab und zu hin, Sie atmen in Ihren Bauch, Sie sagen sich, Sie seien in Ordnung, und atmen tief durch. Meistens stellt sich der erleichterte tiefe Atem von selbst ein.

Setzen Sie sich selbst zum Abschluß der Übung das tiefe, befreite Durchatmen zum Zeichen dafür, daß Sie sich mal wieder ganz und gar in Ordnung fühlen, und daß Ihr Organismus dies schon längst gemerkt hat, auch wenn Sie bzw. Ihr Ich dies noch lange nicht glauben mögen.

Einige Glaubenssätze negativer Alltagstrancen

Durch bestimmte Sätze neigen wir dazu, uns immer wieder neu zu beeinflussen. Durch das Äußern der Sätze verändert sich auch die grundsätzliche Ausrichtung.

1. »Ich kann einfach nicht anders.«
(Autosuggestive Selbstprogrammierung zur Aufrechterhaltung von negativen Trancen)
Positiver Spruch als Gegenzauber:
HEUTE KANN ICH MAL GANZ ANDERS.
Fügen Sie hier Ihren persönlichen Zauberspruch ein:

....

....

2. »Wer A sagt, muß auch B sagen.«
(Programme, die Pseudo-Kontinuität aufbauen, indem sie Konsequenzen vorschreiben)
Positiver Spruch als Gegenzauber:
HEUTE MAL BÄÄÄÄHHH STATT B.
Fügen Sie hier Ihren persönlichen Zauberspruch ein:

....

3. »Plötzlich bin ich wieder klein, schwach und hilflos wie als Kind!«
(Altersregression)
Positiver Spruch als Gegenzauber:
HEUTE BIN ICH ERWACHSEN UND HABE GANZ ANDERE MÖGLICHKEITEN ALS DAMALS.
Fügen Sie hier Ihren persönlichen Zauberspruch ein:

....

....

4. »Und dabei dachte ich, es wären nur fünf Minuten gewesen«
(Zeitverzerrung)
Positiver Spruch als Gegenzauber:
DIE ZEIT VERGEHT, UND ICH GEHE MIT. ICH BIN HIER UND JETZT.
Fügen Sie hier Ihren persönlichen Zauberspruch ein:

....

....

5. »Manchmal bin ich einfach nicht richtig da.«
(Absenzen)
Positiver Spruch als Gegenzauber:
ICH BIN VOLL UND GANZ DABEI, WAS AUCH IMMER ICH WO IMMER AUCH TUE.
Fügen Sie hier Ihren persönlichen Zauberspruch ein:

....

....

6. »Ich weiß auch nicht, wie ich dazu gekommen bin.«
(Tran, Trott und andere eingefahrene Gewohnheitsmuster)
Positiver Spruch als Gegenzauber:
MEIN ICH MUSSTE MAL AUSSPANNEN, UND MEIN UNBEWUSSTES IST NOCH NEU HIER IM BETRIEB.
Fügen Sie hier Ihren persönlichen Zauberspruch ein:

....

7. »Es schien alles wie im Film abzulaufen.«
(Fremdbestimmung durch Automatismen)
Positiver Spruch als Gegenzauber:
DIE WELT IST BÜHNE; DAS LEBEN EIN THEATER, UND ICH SCHREIBE BEI DEM DREHBUCH MIT. MEIN UNBEWUSSTES SORGT FÜR MEINE UNTERHALTUNG.
Fügen Sie hier Ihren persönlichen Zauberspruch ein:

....

8. »Da hat mich der Teufel geritten.«
(Fremdbestimmung durch starke Emotionen)
Positiver Spruch als Gegenzauber:
DEM TEUFEL SEI DANK, DASS ICH ENDLICH MAL DAS GETAN HABE, WAS ICH IMMER SCHON TUN WOLLTE, OHNE DIREKT DAFÜR VERANTWORTLICH ZU SEIN.
Fügen Sie hier Ihren persönlichen Zauberspruch ein:

....

9. »Aller Anfang ist schwer.«
(Hemmungen und Blockaden in Prozessen und Übergängen)
Positiver Spruch als Gegenzauber:
ALLEM ANFANG WOHNT EIN ZAUBER INNE.
Fügen Sie hier Ihren persönlichen Zauberspruch ein:

....

10. »Ich kann einfach nicht aufhören.«
(Entgrenzung)
Positiver Spruch als Gegenzauber:
EINE SCHÖPFERISCHE PAUSE VERSTÄRKT DIE DYNAMIK DER SCHAFFENSKRAFT.
Fügen Sie hier Ihren persönlichen Zauberspruch ein:

....

11. »Ich frage mich manchmal, was das alles mit mir zu tun hat.«
(Entfremdung)
Positiver Spruch als Gegenzauber:
DIES HIER IST EIN SO GUTER FILM, DASS NUR ICH IHN ERFUNDEN HABEN KANN.
Fügen Sie hier Ihren persönlichen Zauberspruch ein:

....

12. »Wenn ich ein Vöglein wär'...«
(Illusorische Phantasien, ausweichendes Tagträumen)
Positiver Spruch als Gegenzauber:
ALS VÖGLEIN WÄRE ICH AUCH NICHT ANDERS ALS EIN MENSCH AUF HÖHENFLUG.
Fügen Sie hier Ihren persönlichen Zauberspruch ein:

....

....

Lösen von Alltagsproblemen durch Trance

Je mehr Sie sich mit Trance befassen und sich darin üben, bewußt Ihr Unbewußtes anzusprechen, kontrolliert die Kontrolle aufzugeben und sich in der Disziplin des Gehenlassens, des In-Trance-Gehens üben, desto leichter wird es Ihnen fallen, bei ganz banalen Problemen im Alltag die Übersicht zu behalten und entsprechend den Anforderungen richtig zu handeln.

Betrachten Sie Ihre Fähigkeit, in Trance zu gehen, als eine der Möglichkeiten, das Beste für sich und alle Beteiligten zu tun. Üben Sie diese Fähigkeiten, um von ihnen Gebrauch machen zu können, wenn Notsituationen es erfordern. Aber warten Sie nicht damit, bis die Not sich einstellt. Üben Sie dann, wenn es Ihnen gut geht und Sie sich so entspannt fühlen, daß Sie gelassen das Unbekannte in sich betreten.

Wie das Wort »Lösung« schon sagt, liegt die Lösung oft schon im Loslassen. Das Loslassen ist aber nicht nur eine Handlung, wie etwa das Loslassen von etwas, das ich in der Hand halte. Es ist ein Zustand, in dem sich die ganze Person, ihr Organismus und das Bewußtsein befinden. Bei leichter Entspannung und einem Zustand von entspannter Wachheit herrscht eine Aktivität der sogenannten Alpha-Wellen vor, und zwar in der rechten Hemisphäre des Gehirns, die für Intuition, Kreativität und ganzheitliches Erfassen zuständig ist. Bei tieferen Trancen, die eine tiefe Entspannung einleiten, treten Theta-Wellen auf, die Imaginationen und Visionen fördern. Bei schlafähnlichen Zuständen werden Delta-Wellen gemessen, die für Prozesse der Regeneration und Selbstheilung verantwortlich gemacht werden.

Deshalb gelten Trancen an sich schon als heilend und erholend. Es ist allerdings schwierig, dies genau zu beweisen.

Bei einigen Alltagsproblemen ist der Einsatz von Trance jedoch eindeutig positiv. Deshalb sollen sie hier als Beispiele angeführt werden.

Jedes Beispiel enthält mehrere Vorschläge für verschiedene Trance-Induktionen. Achten Sie darauf, welche Induktion Ihnen spontan am meisten zusagt, denn daraus können Sie ableiten, auf welche Induktionen Sie generell am besten ansprechen.

Schmerzbewältigung durch Trance

Schmerz ist, ebenso wie Angst, ein wichtiges Signal. Durch Trance den Schmerz einschläfern oder trüben zu wollen, wäre kein guter Dienst an sich selbst. Schmerzbewältigung ist erst dann angesagt, wenn die Botschaft des Schmerzes angenommen, verstanden, und eine Entscheidung diesbezüglich getroffen wurde. Erst dann tritt die unumgänglich wichtige Entspannung und Lösung ein, die eine Trance erst möglich macht. Der Organismus muß spüren, daß das Bewußtsein etwas tut, um auf das Schmerzsignal angemessen zu reagieren und die äußeren (oder auch inneren) Bedingungen zu verändern. Erst dann erklärt sich das Ich bereit, Kontrolle aufzugeben und sich den heilsamen Prozessen des Unbewußten anzuvertrauen. Erinnern Sie sich an das letzte Mal, als Sie Schmerz fühlten. Wahrscheinlich gab es eine erste Phase der Beunruhigung, in der die Ursache des Schmerzes gefunden werden wollte. War die Ursache festgestellt, forderte sie sogleich zu einer Reaktion heraus, und das schloß eine Entscheidung ein. Nehmen wir an, Sie haben sich dann entschlossen, Ihre Angst vor dem Zahnarzt zu überwinden und einen Termin zu vereinbaren. Wie fühlte sich dann der Schmerz an? Sicher war er nicht weggezaubert, aber er hatte eine andere Bedeutung bekommen. Wenn er zunächst die Bedeutung einer diffusen Bedrohung hatte, war er nun zu einem deutlichen Signal geworden, zu einer Aufforderung, etwas zu tun. Kaum kamen Sie dieser Aufforderung nach, veränderte sich die Bedeutung des Schmerzes und damit vielleicht auch seine Qualität. Es kann sein, daß Sie dann zu der Stimme des Schmerzes eine andere Stimme entwickelten, die auf den Alarm, den die erste Stimme schlug, beruhigend antwortete: »Es ist alles getan worden, um das Signal des Schmerzes zu verstehen und entsprechend zu reagieren, und es wird alles wieder in Ordnung sein, sobald der Zahnarzt den Zahn säubert und füllt.« Meist kann sich diese zweite Stimme gegen die erste durchsetzen, und der Schmerz ist zwar noch da, aber weniger im Vordergrund. Ist der Sinn des Schmerzes erkannt, läßt die Erkenntnis und das Vertrauen auf Behebung der Ursache den Schmerz in den Hintergrund treten, als ob er sagen wollte: »Ich habe meinen Solo-Auftritt gehabt, und nun kehre ich in den Chor zurück.« Und der Chor singt beruhigend: »Alles das gehört zum Leben.«

Dies ist noch keine Trance-Induktion im eigentlichen Sinn. Aber die Schilderung dieses Ablaufs veranschaulicht, was ganz von selbst bei den meisten von uns passiert, wenn Schmerz auftritt. Natürlich ist der Fall anders, wenn es sich um chronischen Schmerz handelt. Doch wir können einige Prinzipien verallgemeinern.

– Schmerz als Alarmsignal ist ein Reiz, der nach Reaktion verlangt. Trance als Betäubung dieses Reizes ist weder anzuraten noch wirksam, es sei denn, es handelt sich um einen chronischen, nicht identifizierbaren Schmerz oder um einen Schmerz, auf den es keine angemessene und somit heilsame Reaktion gibt, wie beispielsweise bei der Folter.

– Schmerz hat seine Bedeutung. Ist diese erkannt, verändert sich die Qualität des Schmerzes. Ich kann dabei noch einen Schritt weiter gehen und von der Bedeutung zu einer Umdeutung gelangen. Ich kann also entweder den

Schmerz bejahen und geradezu genießen (z.B. der leichte, wohltuende Schmerz bei Dehnungsübungen oder Massagen, der das verklebte und verhärtete Gewebe wieder durchblutet), ich kann den Schmerz annehmen als Zeichen meiner Lebendigkeit und der Fähigkeit zur Selbstheilung (z.B. der kribbelnde juckende Schmerz verheilender Wunden).

– Bei der Schmerzbewältigung haben wir es mit dem Deuten des Schmerzes als Alarmsignal zu tun. Die ist Aufgabe des kognitiven Wachbewußtseins. Wenn der Schmerz erkannt und eingeordnet worden ist, kann ich mit der Umdeutung beginnen. Diese Umdeutung beruht auf meinem freiwilligen Einverständnis, mich in einen Trance-Zustand zu begeben, der den Schmerz in den Hintergrund treten läßt.

– Nun kann ich von der Deutung zur Umdeutung übergehen. Ich kann bestimmte Geräusche, die ich gewöhnlich mit Schmerz und Angst verbinde, ausblenden und durch andere, angenehme Geräusche, die Entspannung und Erholung bedeuten, ersetzen. Das Ausblenden der unangenehmen Geräusche (oder anderer Sinneseindrücke) geht also mit dem Einblenden der angenehmen Geräusche einher. Indem ich mich ganz auf die angenehmen Geräusche (oder andere Eindrücke wie Berührungen, innere Bilder und Erinnerungen) konzentriere, überlagere ich die unangenehmen Eindrücke und blende sie aus. Dies geschieht in Trance-Induktionen, wie sie immer öfter von Zahnärzten eingesetzt werden. Das Geräusch des Bohrers wird ausgeblendet und durch Vogelzwitschern, Wasserplätschern, Meeresrauschen aus dem Kopfhörer ersetzt. Aber dies setzt erstens die Kompetenz des Zahnarztes voraus, überzeugend eine solche Trance-Induktion einleiten zu können, und zweitens ist die Fähigkeit des Patienten, in Trance zu gehen und Vertrauen zu dem Arzt zu haben, unbedingt erforderlich. Und selbst dann braucht es das Einverständnis aller meiner inneren Stimmen, um mich in Trance zu einer solchen Umdeutung bewegen zu lassen. Das heißt, ich als Patient muß schon ein gewisses Maß an trancetherapeutischer Vorarbeit geleistet haben und mit mir eins sein. – Was man von den meisten Patienten nicht erwarten darf.

– Ablenkung ist Umlenkung. Die meisten Trance-Induktionen der Schmerzbewältigung arbeiten mit dem Prinzip der Ablenkung. Jeder aber weiß, daß eine Ablenkung nach dem Motto »Ist doch nicht so schlimm« lange nicht so wirksam ist wie der Ausruf »Huuuh, schau mal, da geht ein echter Löwe auf dem Trottoir«. Die Ablenkung ist umso wirksamer, je größer der Reiz ist, auf den die Aufmerksamkeit umgelenkt wird. Wenn es »nur« eine gewöhnliche Taube ist, die da draußen herumspaziert, wird der Schmerz den größeren Reiz darstellen. Besteht aber die Ablenkung in etwas, was für die Person ganz besondere und außergewöhnliche Bedeutung erhält – beispielsweise »ist das aber ein schöner Mann, der da zum Fenster hoch schaut!« – dann ist der Reiz der Ablenkung größer und kann die Aufmerksamkeit tatsächlich umlenken. Daraus ergibt sich die Notwendigkeit, größere Überraschungseffekte zu erzielen und vor allem, ganz auf die Person abgestimmt, den Reiz zu finden, der stärker ist als der Schmerz. Eine solche Vertrautheit und ein individuelles Eingehen auf die persönliche Wunschstruktur ist wiederum nicht von Zahnärzten zu erwarten – am besten, man macht das selbst und träumt sich während der Behandlung in die denkbar reizvollste Phantasie hinein.

Trance als schöpferische Pause

Dem Unbewußten eine Chance geben – die Dinge überschlafen.

Es hat sich erwiesen, daß Pausen wirklich schöpferisch sein können, auch oder besonders wenn wir schlafen. Dieses Wissen ist im Organismus selbst schon verankert, der sich ab und zu das holt, was ihm allzu lange verweigert wird: eine Pause. Er holt sich dies durch Zustände der Müdigkeit (auch wenn wir eigentlich genug geschlafen haben), durch Phasen der Erschöpfung (auch wenn wir glauben, wir hätten doch gerade Urlaub gemacht und uns dabei gut erholt), durch Krankheit (auch wenn wir uns noch so stark und immun fühlen) oder durch Gefühle der Verwirrung, der Konfusion, der Gleichgültigkeit und inneren Distanzierung, als könnte uns nichts mehr richtig berühren. Dahinter steht die Einsicht, daß es Zeit ist, mal Pause zu machen, »die Dinge erst mal ruhen zu lassen und zu überschlafen«. Was wir da unwillkürlich und kaum oder überhaupt nicht bewußt gesteuert tun, ist genau das richtige: Wir schaffen uns einen Raum, in dem das Bewußtsein abschalten und das Unbewußte wirken kann. Das Unbewußte läuft auf Hochtouren, auch wenn wir es nicht merken. Es sucht nach Lösungen, es wägt Möglichkeiten ab und peilt Entscheidungen an, es aktiviert Selbstheilungskräfte und strebt eine Ganzheit, eine Fülle und Präsenz an, die wir auf dem analytischen Weg des Nachdenkens nicht finden und erfinden können.

Hier gilt als wichtigstes Prinzip: Abschalten ist Umschalten

Immer wenn Sie abschalten wollen, denken Sie um und stellen Sie sich vor, daß es ein Umschalten ist, um das es geht. Stellen Sie sich einen Schalter vor, wenn Ihnen diese Vorstellung angenehm und anschaulich erscheint, lassen Sie eine innere Stimme, ein Signal, einen Aufruf oder eine Botschaft in Ihrem Kopf ertönen, wenn Sie merken, daß Sie eine Pause brauchen, oder wählen Sie eine bestimmte Musik aus, die Ihnen pünktlich wie eine Fabriksirene signalisiert, daß nun erstmal Feierabend ist. Vielleicht gibt es auch eine bestimmte Erinnerung – zum Beispiel an einen schönen Urlaub, an eine erhebende Reise, an erfüllende Natureindrücke –, die Sie sich vergegenwärtigen, wenn Sie abschalten wollen. Sie schalten einfach um auf das innere Programm der schöpferischen Pause.

Am wirkungsvollsten freilich ist es, sich körperlich noch einmal die Glücksgefühle, die Momente von tiefer Erholung zu vergegenwärtigen. Denn als sinnliche Körpergefühle speichern sie diejenigen Informationen, die zu dem Programm »Schöpferische Pause« gehören, sie erfassen sie direkt und vollkommen, sie prägen Ihre gegenwärtige Stimmung unmittelbar, so als würden Sie diese Körpergefühle jetzt noch einmal erleben. Und das tun Sie auch – indem Sie sich erinnern, ganz in die Erinnerung gehen, Ihr Unbewußtes einstimmen auf diese Stimmung, die für Sie so wohltuend ist.

Sie versetzen sich selbst in eine Trance. Es ist eine Trance, die Ihnen guttut und die innere Prozesse der Problem- und Konfliktlösung, der Entspannung ebenso wie der Entscheidung bewerkstelligt. Indem Sie eine schöpferische Pause einlegen, übergeben Sie dem Unbewußten die Aufgaben, die Sie bewußt nicht bewältigen konnten. Eine solche Trance kann wie eine Delegation an das Unbewußte sein. Natürlich brauchen Sie auch da ein gewisses Maß an Vorschubvertrauen in sich selbst und in das Wirken Ihres Unbewußten. Und nirgends können Sie dieses Vertrauen besser fassen, stärken und erhalten als im Zulassen von Zuständen, in denen Sie sich »gehen lassen«, »es geschehen lassen« und doch achtsam und wach dabei sind. Es ist, als würden Sie sich selbst, Ihrer gewohnten Ich-Identität wohlwollend über die Schulter schauen lassen, so daß für eine Weile der Fluß des Lebens ganz von selbst fließt, ohne daß ihm nachgeholfen wird.

Streßabbau durch Trance

»Ich bin einfach überfordert.« – »Alles wächst mir über den Kopf.« – »Ich kenne mich nicht mehr aus.« Streß – wer hat das nicht schon am eigenen Leibe erlebt?

Streß ist eine starke Beanspruchung des ganzen Menschen. Streß gehört zum Leben. Der Organismus ist darauf eingestellt, bei entsprechenden Situationen mit Streß zu reagieren. Ursprünglich hatte Streß eine Überlebensfunktion – als wir noch vor den wilden Tieren weglaufen, unsere Beute erjagen und auf Katastrophen in der Außenwelt mit intelligentem Anpassungsverhalten reagieren mußten. Flüchten oder jagen, hieß die Devise. Fressen oder Gefressenwerden. Das waren die Grundbewegungen, die unser Leben bestimmten und vom Organismus instinktiv geregelt wurden.

Ist es heute, in einem modern, zivilisierten und abgesicherten Leben, anders geworden? Einerseits ja, andererseits nein. Denn der Organismus reagiert immer noch auf Anforderungen, die die Außenwelt stellt, auch wenn sie nicht mehr in der Weise an uns herangetragen werden wie früher. Aber es geht oft auch um das Überleben, wenngleich sich unser Verständnis davon, was es heißt, zu leben und zu überleben, verändert hat. Der Prozeß der Kultivierung und Zivilisation hat bestimmte Einschränkungen mit sich gebracht, sehr zum Wohle unserer selbst und unserer Gesellschaft, aber nicht unbedingt zum Wohle unseres Organismus, der sich immer noch mit wilden Tieren und Sturmfluten auseinanderzusetzen glaubt. Angreifen ist nicht erlaubt, und Flüchten oft unmöglich. Die gesellschaftlich bedingte Aggressionshemmung und die Blockierung des Fluchtreflexes erlauben dem Organismus nicht, eindeutig und sofort zu antworten. Kognitive Prozesse der Informationsverarbeitung schalten sich ein und verhindern eine Spontaneität, die dem natürlichen Streß auf natürliche Weise begegnen könnte. Der Sympathikus sorgt im Nervensystem dafür, daß bei Gefahr das Herz schneller schlägt, um das Blut an die Peripherie, in die Muskeln zu pumpen, denn zum Kämpfen oder Flüchten braucht es Muskeln, die schnell sprinten oder fest zugreifen müssen.

Wer immer im Streß lebt, kennt keine noch so kurze Unterbrechung, gönnt sich keine Pause. Sie stellt sich auch nicht mehr von selbst ein. Der Streß ist chronisch geworden, die Phase der Regeneration wird übersprungen. Nach einiger Zeit zeigen sich die Auswirkungen: Erschöpfung, Lustlosigkeit, Schwäche, Abbau auf allen Ebenen, Unfruchtbarkeit.

Der bewußte Umgang mit Trance kann hier bewirken, daß Sie Ihrem Unbewußten den Auftrag erteilen, für die Phasen von Ruhe und Erholung zu sorgen. Je besser Ihre Kommunikation mit Ihrem Unbewußten ist, desto angenehmer gestalten sich diese Phasen, die im Falle einer absoluten Abkapselung des Ich von seiner Basis – dem Selbst, dem Unbewußten, dem Organisums mit seiner autoregulativen Weisheit – in Krankheit, Krise oder Katastrophe enden können.

Kommen Sie Krankheit, Krise und Katastrophe zuvor, indem Sie sie durch positive Trancen ersetzen und so verhindern. Verhelfen Sie Ihrem Organismus zu seinem verdienten Recht, und lassen Sie nicht zu, daß dramatische oder extreme Situationen zum äußersten führen.

Praxis

Übung:

- Stellen Sie sich vor, in Ihrem Organismus ist ein Warnsignal eingebaut. Dies kann ein rotes Lämpchen sein, das aufleuchtet, bevor die Sicherungen durchbrennen. Oder es kann eine Sirene sein, die gleich einem Teekessel zu pfeifen anfängt, wenn Sie heiß laufen. Achten Sie auf die Vorboten der Botschaften, auf das Flackern, auf das Wimmern, noch bevor das Signal seine volle Licht- und Lautstärke erreicht hat.
- Stellen Sie sich vor, Sie haben einen Meßanzeiger irgendwo in Ihren Organismus eingebaut. Er zeigt Ihnen genau an, wie es um Ihre Batterie steht. Ist sie voll geladen oder schwach? Stellen Sie sich vor, dieser Anzeiger zeigt auch an, ob Sie jetzt mehr im Bereich von Streß oder Erholung stehen. Er zeigt auch Überforderungen und überfällige Wechsel an.
Sie können sich das bildlich als eine Schlangenlinie vorstellen, die auf und ab führt, wobei das Auf ein Hoch der Anforderungen anzeigt, und das Ab für Pause, Ruhe, keine Verausgabung steht.

Wenn Sie das Gefühl haben, eine Phase der Erholung, und sei Sie noch so kurz, wäre dringend angesagt, stellen Sie sich vor:

- Eine Wellenlinie, die zwischen Auf und Ab vermittelt. Sie wollen von Auf nach Ab. Sie ziehen in Ihrer Vorstellung die Linie von Auf nach Ab und lassen Ihren Organismus dieser Ausrichtung folgen.
- Wenn dieses Bild allein nicht ausreicht, nehmen Sie die körperliche Empfindung des Abwärtsgleitens dazu. Sie erinnern sich an das Schaukeln, an die Phase des Abwärtsgleitens. Sie erinnern sich an Erlebnisse des Abtauchens, Schwerwerdens, Nachgebens. Je bewußter Sie nachgeben können, desto weniger riskieren Sie ein Zusammenfallen, Aufprallen, eine Bruchlandung. Stellen Sie sich eine sanfte Landung Ihres Fallschirms vor, auch wenn Sie nichts davon verstehen. Das Unbewußte versteht das Bild, das Sie sich machen. Finden Sie Bilder des Herunterkommens, die Ihnen entsprechen. Sie können sie hier notieren:

....

....

- Vielleicht aber überzeugt es Sie mehr, sich die stressige Situation als ein ohrenbetäubendes Kreischen vorzustellen. Dann geht es darum, bewußt dieses Störgeräusch abzustellen. Stellen Sie sich also vor, es gibt in Ihrem Organismus nicht nur einen Anzeiger, der Ihnen mitteilt, daß Störung – sprich Krach – herrscht, sondern auch einen Schalter, der wie bei einem Radio den Sender an und abschalten kann.
- Stellen Sie sich einen solchen Schalter vor: vielleicht ist links das Aus/Off angeschrieben, und rechts das An/On. Bei »An« schalten Sie auf Aktivität. Vielleicht ist es auch nur ein Knopf mit der Bezeichnung »Power«, den sie einschalten, wenn Sie die Power brauchen. Vielleicht gibt es auch einen Regler der Lautstärke, der von dem schrillen Kreischen eines ungesunden Maximums zurückschalten kann auf ein tiefes, beruhigendes Brummen, Blubbern oder Brabbeln. Vielleicht erinnert Sie das an bestimmte Geräusche (einer Maschine) oder an bestimmte Stimmen (von Personen). Oder Sie haben eine besondere Musik, die Ihnen sofort signalisiert, daß Sie jetzt umschalten können und in eine Phase der Entspannung eintreten dürfen. Vielleicht reicht auch nur ein einziger Ton, den Sie sich selbst geben, beispielsweise den Ton eines Gongs oder einer Glocke. Machen Sie sich darüber Notizen, wie diese Klänge von Maximum und Minimum beschaffen sind:

....

....

- Vielleicht gibt es auch bestimmte Erinnerungen, in denen Ihnen das Umschalten ganz leicht gefallen ist, weil irgendetwas geschehen ist, was Ihnen dies erlaubte oder es sich ganz natürlich und selbstverständlich ergab, ohne daß Sie sich besonders darum bemühen mußten. Eine solche Situation ist die der Erleichterung. Erinnern Sie sich, wie es sich anfühlt, erleichtert zu sein. Was geschieht in Ihrem Körper, in Ihrem Erleben?

Notieren Sie die entsprechenden Situationen:

....

....

- Ein Beispiel ist die Erleichterung bei oder gleich nach dem Erreichen eines Ziels: einen Bus gerade noch erwischen und sich erleichtert auf den Sitz sinken lassen. Dampf ablassen, ausatmen, durchatmen. Vielleicht gibt es andere Ziele, deren Erreichen nicht so klar erfahrbar ist. Was für Ziele fallen Ihnen ein?

....

....

Und woran merken Sie, daß Ihr Organismus nun umschaltet auf Ruhe, Pause und Erholung? Gibt es bestimmte Merkmale, an denen Sie sich orientieren können?

....

....

Schlafstörungen durch Trance beheben

Auch hier gilt, was zum Streßabbau schon gesagt wurde. Je mehr Sie sich durch Trance mit Ihrem Unbewußten vertraut machen, desto mehr freunden Sie sich auch mit der Nacht, dem Dunkel und jenem Zustand, in dem Ihr Bewußtsein ausgeschaltet ist, dem Schlaf, an.

Je mehr Sie lernen, durch bewußte Trance-Induktionen willentlich Ihre Gehirnwellen zu beeinflussen, indem Sie lernen, durch Trance bestimmte innere Stimmungen hervorzurufen, desto mehr genügt dem Organismus auch ein unscheinbares Signal wie das des Hinlegens, um ab- und umzuschalten. Natürlich gibt es auch weitere Signale, die Ihre Wirkung haben. Das kann das Zuziehen von Vorhängen sein, das Ausbreiten einer Decke oder, bei Erwachsenen wie bei Kindern, eine bestimmte Berührung wie das Streicheln der Wange, der Gutenachtkuß. Es können Signale sein, die das Unbewußte über das Gehör erreichen, so eine einschläfernde Stimme, die Gutenachtgeschichten erzählt oder tief und langsam dazu einlädt, sich auf eine Trance-Reise einzulassen. Es kann eine beruhigende Musik sein oder ein Geräusch, mit dem Sie persönlich angenehme Erinnerungen verbinden, zum Beispiel das Rauschen des Meeres, des Windes. Es können auch innere Bilder sein, die das Signal zur tiefen Entspannung geben. Sie sehen sich selbst, sei es in der Erinnerung oder in Ihrer Phantasie, in einer Situation, die Ihnen das Einschlafen und Durchschlafen erlaubt. Schlafen hat mit Vertrauen zu tun. Erinnern Sie sich, welche Eindrücke für Sie besonders vertrauenerweckend sind. Notieren Sie sie.

....

....

Ein Signal für »richtiges« Einschlafen beziehungsweise Durchschlafen kann auch ein bestimmtes Körpergefühl, eine bestimmte Schlafhaltung sein. Liegt das ganze Gewicht auf? Wird es wirklich ganz zugelassen und dem Boden übergeben? Natürlich wird Ihr Körpergewicht nicht zunehmen, wenn Sie den Kontakt mit dem Boden zulassen. Aber das Körpergefühl verändert sich merklich. Es ist nicht mehr angespannt, festgezurrt, »zusammengenommen« und kontrahiert, sondern läßt mit zunehmender Entspannung wärmende Durchblutung zu, die ein Gefühl vermittelt, weit und breit zu werden, auseinander zu gehen. Im Moment des Einschlafens haben Sie vielleicht schon beobachtet, daß der Körper, der bislang durch die feste Gestalt des Körperbildes im Bewußtsein als eine organische Einheit zusammengehalten wurde und seine Konturen hatte, diese nun verliert. Die Grenzen scheinen weich zu werden, sich aufzulösen. Das Gewicht tropft nach unten ab und verliert genau wie ein Tropfen seine feste Form. Vielleicht merken Sie schon, während Sie diesen Vergleich lesen, wie sich ein einschläferndes Gefühl in Ihnen ausbreitet. Vergegenwärtigen Sie sich genau dieses Gefühl, wenn Sie einschlafen möchten.

»In den Armen des Morpheus liegen« ist eine metaphorische Umschreibung für das Schlafen, denn Morpheus ist der Gott des Schlafes. Wenn Sie jemand sind, für den sprachliche Ausdrücke und Gedanken wichtig sind und Sie nicht einschlafen können, weil Ihnen soviel durch den Kopf geht, dann zählen Sie keine Schäfchen, die über Zäune springen, sondern stellen Sie sich vor, daß Ihnen Morpheus entgegenkommt, Sie abholt, um Sie in das Reich des Schlafes zu geleiten. Stellen Sie sich das Körpergefühl einer Umarmung vor. Beobachten Sie, wie Ihr Körper auf diese Vorstellung reagiert, indem er sich empfänglich macht. Er stellt seine Aktivität des Gebens, Machens und Wollens ein und nimmt eine passive Haltung des Nehmens, des Annehmens, Verwöhntwerdens, Umarmtwerdens, Gewolltwerdens ein. Stellen Sie sich vor, wie der Gott des Schlafes Sie aufnimmt und annimmt und wie jede Minute Ihres Schlafes eine wunderbare Episode aus einer unendlichen Liebesgeschichte erzählt.

Wenn Sie aber Mühe haben, sich solche erotischen, lustvollen Gedanken zu gönnen, dann versuchen Sie es mit Gedanken an die Pflicht. Erinnern Sie sich an das Geräusch des klingelnden Weckers in der Früh – ein Geräusch, das Sie sofort in Alarmstimmung bringt und auf das Sie oft mit Unlust, Müdigkeit und dem Gefühl, unausgeschlafen zu sein, reagierten. Wie wohlig war dann jede Minute, die Sie noch im Bett verbrachten, nachdem Sie den Wecker ausgestellt hatten. Versetzen Sie sich in diesen Zustand des Noch-dürfen-aber-nicht-mehr-lang. Und denken Sie das, was Sie am Morgen unter dem Druck des Aufstehenmüssens denken: »Ich schlafe noch eine Runde.« Eine Runde ist erlaubt. »Eine Runde« ist für den Organismus das Signal, zu seinem Recht zu kommen. Ob die Runde nun fünf Minuten oder eine ganze Nacht ist – Hauptsache, sie ist rund, d.h. sie ist eine organische Phase in dem Auf und Ab zwischen Wachen und Schlafen. Auch hier können Sie sich wieder eine Wellenlinie vorstellen, wobei die Kurve, die in das Wellental abtaucht und wieder herausführt, die »Runde«, die Sie sich genehmigen, sein soll. Sie werden erstaunt sein, wie sehr Ihnen diese Vorstellung helfen kann – vorausgesetzt, Sie nehmen Ihren Wecker ernst, stellen ihn regelmäßig auf eine frühe Uhrzeit und sind in Ihrem Arbeitsleben auf Pünktlichkeit angewiesen.

Hilfe bei Suchprozessen durch Trance

Auch ohne besonders altersschwach oder unkonzentriert zu sein, kennen wir alle die Situation: Wir haben etwas verlegt, wissen, daß es irgendwo ist, aber wo nur, wo! Konfuses Herumirren, Haareausreißen, Beteuern, es müßte doch hier sein, eben war es noch da gewesen, und jetzt sei es plötzlich weg, und dabei sei man so ordentlich und lege alles auf seinen Platz, und das hätte man jetzt davon… Auch wiederholtes Durchforsten der Stapel auf dem Tisch, Ausleeren des Papierkorbs, zunehmend aufgeregtes Wühlen in Schubläden und Schränken, Herumgehen im Zimmer… Logik fruchtet nichts, sondern setzt einfach aus, nirgends gibt es etwas, wo das gewissenhafte Nachdenken einrasten könnte und mit einem Aha-Erlebnis belohnt würde – es scheint wie verhext. Und vielleicht ist es das auch.

– Ich stelle mir vor: Irgendwo ist das, was ich suche, verborgen. Ich weiß, es ist da. Ich weiß nur nicht wo. Es ist wie bei einem Vexierbild: die Gestalt, die ich erkennen will, zeigt sich nicht. Alles liegt vor meinen Augen, und denoch kann ich mir nicht das Bild machen, das Sinn macht. Hier hilft es nicht, sich weiter anzustrengen.

Hier hilft es nur, an das Unbewußte zu appellieren. Das Unbewußte weiß nicht nur, daß das Verlorene und Verborgene irgendwo unter der Oberfläche des Sichtbaren zu finden ist, sondern es legt auch eine Spur des Zugangs dazu. Wie oft haben wir aufgegeben zu suchen und haben dann, mit einem Griff, das Gesuchte »zufällig« gefunden, als wäre es uns geradezu in die Hände gefallen.

Unterstützend bei solchen Suchprozessen, die an das Unbewußte delegiert werden, ist die Vorstellung: »Alles ist schon da«. Das stimmt ja auch – nur der Zugang fehlt.

Damit sich das Unbewußte ein Bild von diesem noch nicht entdeckten Dasein machen kann, stelle ich mir also einen Kreis vor. Das ist meine linke Gehirnhälfte, in der alles logisch und ordentlich vor sich geht, der aber das Dasein entgeht, weil sie »den Wald vor lauter Bäume nicht sieht«, also zu sehr auf das Detail fixiert ist. Ich stelle mir diesen Kreis als ein Vexierbild vor, von dem ich weiß, daß darin eine Gestalt verborgen ist, dieses sich mir aber noch nicht offenbart hat, weil ich nicht die richtige Sehweise des Offensichtlichen gefunden habe. Nun stelle ich mir eine zweite Kreisfläche vor, das soll meine rechte Gehirnhälfte sein. Diese vermag komplexe Zusammenhänge und Einzelheiten in einem Bild zusammenfassen, das Sinn macht. Der Sinn ist also da, und das Bild, das Sinn macht, auch. Nun muß ich das Unbewußte auf die Spur kommen lassen. Dann wird es mich dorthin führen, wo ich das Gesuchte finde. Es klingt ein wenig verwirrend – aber es funktioniert.

Diese Trance-Technik appelliert an meine Möglichkeit, mir visuell die Fähigkeiten meiner Gehirnhälften zu vergegenwärtigen und diese dann einzusetzen. Zuerst bin ich mir dessen gegenwärtig, daß mir etwas fehlt. Und dann vergegenwärtige ich mir, daß das Fehlende existiert, mir jedoch der Zugang dazu fehlt. Dann vergegenwärtige ich mir, daß meine Intuition das Fehlende längst aufgespürt hat und ich nur noch die Spur, die schon gelegt ist, mit meinem Bewußtsein nachgehen muß, beziehungsweise mich von meinem Unbewußten führen lasse, bis die Spur mich zu meinem Ziel führt. Ich muß nur geduldig und vertrauensvoll abwarten, bis das Unbewußte den Suchprozeß durchgeführt und die Spur gelegt hat.

Wer zu den visuellen Trance-Techniken weniger Bezug hat, kann die ganze Übung auch auf ein tiefes, ruhiges Durchatmen beschränken. Schon allein die Tatsache, daß Sie angesichts des Fehlens (der vergessenen oder verlorenen Dinge) nicht in Panik geraten, sondern sich hinsetzen, ruhig atmen und sich selbst sagen oder vielleicht vorsingen: »Es ist alles da. Fragt sich nur wo«, erreichen Sie eine ruhige, gefaßte Grundstimmung, die den Suchprozeß erleichtert. Sie verlagern den Suchprozeß von außen nach innen, von der linken Gehirnhälfte, die für genaues, detailliertes Absuchen nach dem chronologischen Prinzip »Eins nach dem anderen« zuständig ist, auf die rechte Gehirnhälfte, die für die genialen Streiche, für unberechenbare Phantasie und völlig unlogische aber doch erfolgreiche Lösungen verantwortlich ist. Schon allein dadurch, daß Sie der Panik-Trance eine geradezu naive Leichtigkeit entgegensetzen und sich in die Trance kindlicher Unbekümmertheit begeben, helfen Sie Ihrem Unbewußten, seine Fähigkeiten ganz einsetzen zu können.

Sie werden es nicht glauben, aber: Singen hilft! Natürlich können Sie auch zu sich selbst sprechen, aber es muß etwas Nettes sein, was Sie zu sich sagen.

Ich las mal von einer Trance-Induktion, die nur darin bestand, sich selbst vorzusagen: »Ttttttttt, wo ist es denn, wo ist es denn? Ttttttttt, was mache ich denn da? Ttttttttt, was soll denn das?« Sie können dies noch durch ein tatteriges leichtes Kopfschütteln ergänzen. So ist das Bild eines konfusen, aber mit sich selbst in Einklang befindlichen Menschen perfekt. Wie viele Star-Detektive haben eben dieses liebenswürdig trottelige Benehmen an den Tag gelegt, bevor sie mit ihren präzisen Lösungen überraschten!

Humor hat sich darüber hinaus als bestes Mittel erwiesen. Über sich selbst lachen erleichtert Suchprozesse ungemein und macht sie sogar noch zu interessanten Herausforderungen in einem Alltag, in dem die Routine einem sonst alles gewohnheitsmäßig abgepackt serviert.

Konzentrationsfähigkeit und Entscheidungsfindung durch Trance

Diese Trance-Übung schließt an die vorherige an und benutzt wieder die Visualisierung eines Kreises. Es geht darum, Zustände, in denen wir uns konfus, zerstreut, unentschlossen und entscheidungsunfähig fühlen, aufzulösen.

Wichtig ist dabei die Bauchatmung, denn das tiefe entspannte Atmen in den Bauch führt uns unwillkürlich in unsere Kindertage (meist vor dem Schuleintritt) zurück, in einen Zustand von Offenheit und Naivität, in dem alles als Wunder erscheint und alles möglich ist.

Übung:

Nehmen Sie sich einen Augenblick Zeit, setzen Sie sich bequem hin und schließen Sie die Augen.

Legen Sie die Hände auf den Bauch, fühlen Sie die tiefen Atemzüge, die in Wellen heranrollen, die Bauchdecke sehr leicht heben, und dann sich wieder zurückziehen. Hören Sie auf das Geräusch Ihrer Atemzüge. Die Augen können dabei geschlossen oder halboffen sein und mit schweren, entspannten Augenliedern schräg nach unten schauen. Der Mund kann leicht geöffnet sein, so daß der Kiefer leicht herunter hängt und Ihnen vor lauter angenehmer Entspannung das Wasser im Munde zusammenläuft.

Der Bauch fühlt sich an wie eine glatte, runde Kugel, das Becken mit seinen großen schützenden Knochen wie eine Schale, in die Sie alles hineinfließen lassen, was sich an Verspannung in Ihnen angesammelt hat, was staut und hemmt und im Dazwischen steckt. Lassen Sie es mit dem Atem und der Schwerkraft nach unten abfließen in die Sammelschale Ihres Unbewußten, Ihres unteren Körperbereichs, dort, wo Sie in Kontakt mit Ihrer Sitzunterlage sind. Dort in den Beckenboden lassen Sie alles hinfließen und sich wie Grundwasser sammeln.

Stellen Sie sich vor, Sie ziehen einen Kreis um sich herum. Dieser Kreis schließt die ganze miese Stimmung, all ihre unentschlossenen, halbherzigen Handlungsansätze, all ihre unentschiedenen Hin und Hers ein. Vielleicht nehmen sie in Ihrer Vorstellung bildhaft Gestalt an als Papierfetzchen, als Grauschleier, als ausgefranste Ränder. Oder Sie haben ein bestimmtes Körpergefühl, das diesem Zustand entspricht. Oder Sie hören es als Stimmengewirr. Es ergibt ein abgegrenztes Bild, auch wenn es noch so wirr und wüst darin aussieht, sich anfühlt oder anhört.

Es ist ein einziges großes Stück. Und Sie wissen, daß alles irgendwie zusammengehört. Es hat alles mit Ihnen zu tun, ob Sie das mögen oder nicht. Indem Sie es jedoch zusammenfassen und in einen großen Kreis einfassen, haben Sie schon ein Stück Fassung wiedergewonnen, auch wenn es nur in Ihrer Vorstellung ist. Nun lassen Sie innerhalb dieses Kreises weitere Kreise entstehen und auch einen Mittelpunkt wie bei einer Schützenscheibe. Wenn Sie in diese Mitte treffen, haben Sie »ins Schwarze getroffen«. Vergegenwärtigen Sie sich dieses Gefühl, in die Mitte, ins Schwarze zu treffen. Es kann sein, daß dieses Gefühl sich zunächst gar nicht einstellen mag, vielleicht weil Sie mit dem Vorgang des Schießens überhaupt nichts zu tun haben. Aber Ihr Unbewußtes weiß genug davon, um unterscheiden zu können, was näher an der Mitte, dem Schwarzen, und was weiter weg ist. Allein über das Bild eines Kreises mit Mitte und Peripherie kann dem Unbewußten der Auftrag gegeben werden, sich ein differenziertes Bild davon zu machen, was wichtiger und was weniger wichtig ist. Statt Entscheidungen auf dem logisch-rationalen Wege zu treffen, gibt es auch die Möglichkeit, »aus dem Bauch heraus«, also intuitiv, gefühlsmäßig zu entscheiden. Selbstverständlich sollten Intellekt und Intuition zusammenkommen, um eine wirklich gute und richtige und allseitig geprüfte Entscheidung zu treffen.

Aber der Anfang im Entscheidungsprozeß sollte dem Unbewußten überlassen werden.

Gerade wenn der Druck der Unentschiedenheit und Entscheidungsunfähigkeit zunimmt und es sich anfühlt, als gäbe es kein Vor und Zurück und als sei keine Lösung – nicht einmal in der blühendsten Phantasie – in Aussicht, dann ist es an der Zeit, auf eine andere Ebene zu gehen und sich ganz auf das Sinnbild der Zielscheibe zu besinnen. Allein diese Besinnung schafft schon einen Sinn – auch wenn er noch nicht bewußt ist. Die Besinnung ist ein innerer Suchprozeß, der von dem Unbewußten übernommen wird. Dieser bewirkt eine erste Konzentration, wenn auch mehr auf der formalen als auf der inhaltlichen Ebene. Die Form jedoch findet ihren Inhalt – auch wenn wir es umgekehrt gewohnt sind. Diese Technik hat sich immer wieder bewährt, so seltsam sie sich auch zunächst ausnehmen mag.

Beziehungsprobleme durch Trance lösen

Wenn in Beziehungen Probleme auftauchen, nehmen sie oft den Charakter von negativen Trancen an. Diese Übung hilft, Zuständen von scheinbar auswegsloser Verstrickung – den sogenannten Clinch-Zuständen, von dem Boxerausdruck für eine Pattsituation abgeleitet, nämlich einer Umklammerung, die keine weitere Bewegung zuläßt – mit einer hilfreichen Strategie zu begegnen. Diese Übung, die allerdings schon eine gewisse Fähigkeit der Konzentration und Visualisierung erfordert, wird allein gemacht. Sie wirkt auf die Beziehungsstruktur ein, und zwar auf eine fast magische Weise. Sie löst den Clinch, ohne durch reale Eingriffe Gewalt oder Manipulation auszuüben.

Übung:

Nehmen Sie sich ungefähr fünf Minuten Zeit, und das jeden Tag, vielleicht eine Woche lang, oder auch länger, wenn Sie einen langen Atem haben. Wählen Sie immer dieselbe Tageszeit für diese Übung, setzen Sie sich entspannt und bequem hin, achten Sie darauf, daß Sie nicht gestört werden, und machen Sie die Übung so, wie sie im folgenden beschrieben wird. Brechen Sie die Übung nicht vorzeitig ab, sondern ziehen Sie sie ganz durch. Nehmen Sie sie als Experiment, lassen Sie es offen, was mit der Beziehung geschieht, und konzentrieren Sie sich ganz auf die inneren Ereignisse, die durch die Übung in Ihrem Innenleben, in Ihrem Verhältnis zur Außenwelt bewirkt werden. Achten Sie darauf, daß Sie während der ganzen Übung in einer gelassenen, ungezwungenen und unverkrampften Stimmung bleiben, was auch immer geschieht oder Ihnen klar wird.

Übung:

Stellen Sie sich einen Kreis vor. Stellen Sie sich vor, wie sich dieser Kreis mit goldgelbem Licht füllt und immer mehr zu strahlen beginnt, Raum einnimmt und Glanz entwickelt. Es kann sein, daß diese Entwicklung allein Sie schon in eine freudige Stimmung inneren Reichtums versetzt. Und nun setzen Sie sich in diesen Kreis, in dieses Goldlicht hinein und baden darin. Sie lassen die Wirkung von Gold bewußt Einfluß nehmen auf Ihre innere Verfassung. Sie erlauben sich, mit dem Gold zusammen verströmen zu wollen, grenzenlos auszustrahlen. Sie spüren den Reichtum, die Fülle. Die helle, geradezu euphorische Stimmung. Dann, wenn Sie die goldene Schwingung ganz in sich aufgenommen und absorbiert haben wie eine Nahrung, wenn Sie sich ganz davon durchdrungen fühlen, wenn die ganze Kreisfläche restlos von Gold ausgefüllt ist, dann begrenzen Sie das Gold durch einen blauen Ring, der mit seiner leichten Kühle und seiner fließenden Qualität eine angenehme Kontur bildet. Achten Sie darauf, daß das Blau weder gedämpft und trübe noch starr und festgefroren ist, sondern flüssig bleibt. Fahren Sie aufmerksam mit einem Finger die Kreisbahn im Uhrzeigersinn ab und spüren Sie, wie sich dadurch Ihr Körpergefühl verändert. Die Expansion des Goldes wirkt immer noch weiter, aber die kühlende Konzentration des Blau kommt hinzu.

Wenn Ihnen das innere Bild wirklich angenehm geworden ist und in Ihnen ein harmonisches Gleichgewicht entgegengesetzter Kräfte erreicht hat, dann stellen Sie sich einen weiteren Kreis außerhalb Ihres eigenen Kreises vor. Dieser Kreis ist ebenfalls mit Gold ausgefüllt und beginnt zu strahlen. Wenn die Strahlkraft so sehr angewachsen ist, daß sie über die Grenzen der Kreisbahn hinaus leuchtet, dann stellen Sie sich vor, daß die Person, mit der Sie Ihre Beziehung verbessern wollen, in diesen Kreis eintritt und sich in der Mitte hinsetzt.

Auch diese Person wird von dem umgebenden Gold erfüllt, und auch um sie legt sich ein äußerer Kreis flüssigen Blaus. Nun kann es sein, daß die Person anders reagiert, als Sie das in Ihrer Phantasie möchten. Es kann sein, daß der Kreis sich verschiebt – sich über Ihren Kreis legen will oder aus dem Blickfeld gleitet. Holen Sie den Kreis immer wieder in die Nähe Ihres eigenen Kreises und achten Sie darauf, daß sowohl die blaue Farbe als auch die Farbe des Goldes weiterhin strahlen. Das Gold ist der Selbstwert des Menschen, das Blau seine Grenze. Das Gold sollte also in beiden Fällen den ganzen Kreis ausfüllen und erfüllen und einen wärmenden Schimmer verbreiten, während das Blau leuchtend klar das Gold einfaßt wie eine Ringfassung einen Edelstein. Erst dann, und nur dann, wenn Sie sich beide Kreise leuchtend und doch abgegrenzt vorstellen können und die Kreise sich auch jetzt wieder zu einem für Sie verträglichen Gleichgewicht zusammengefunden haben, gehen Sie dazu über, den anderen Kreis an den eigenen Kreis angrenzen zu lassen, jedoch so, daß sich die beiden Kreise nur in einem Punkt berühren, und zwar in der äußeren blauen Hülle. Es kann sein, daß Sie diesen Kontakt, sobald er zustande kommt, als elektrisch aufgeladen empfinden, als würde er Funken schlagen. Dann ist der Kontakt lebendig und stimmig. Die beiden Kreise sollten sich gegenseitig aufladen und gleichzeitig in Distanz halten, und dies erfordert ein empfindliches, flüchtiges Gleichgewicht, das einer großen Achtsamkeit bedarf. Sogar noch in Ihrer Vorstellung werden Sie hautnah erleben, wieviel Fingerspitzengefühl und Flexiblität ebenso wie innere Gelassenheit und Konzentration dieses Gleichgewicht braucht, um sich in jedem Augenblick immer wieder neu herzustellen.

Machen Sie jeden Tag diese Imaginations-Übung sorgsam Schritt für Schritt. Sie werden auch hier erstaunt sein, was die Macht innerer Bilder vermag! Sie können übrigens diese Übung auch ohne Beziehung, ohne Partner und ohne Clinch machen. Sie wird sich positiv auf innere Verfassung ebenso wie auf ihre Haltung der Außenwelt gegenüber auswirken.

Kreativer Umgang mit Trancen

Das Wort Kreativität flößt vielen Ehrfurcht ein. Kreativität – das scheint etwas zu sein, das nur einigen wenigen Begnadeten zukommt. Für den Normalverbraucher erscheint Kreativät meist als etwas, was andere machen, und was er gebrauchen kann oder nicht. Das Kreative der anderen wird zum Konsumartikel. Aber wer käme schon darauf, selbst kreativ zu werden? Dabei stellt der ganz normale Alltag genügend Gelegenheiten bereit, in denen wir aufgefordert sind, kreativ zu werden, um unser Leben bewältigen zu können. Viele Situationen oder auch Personen konfrontieren uns mit Problemen, die nicht in den Lehrbüchern der allgemeinen Bildung eingetragen sind. Es gibt keine Präzedenzfälle, an denen wir uns orientieren könnten, keine Gesetze, keine Vorschriften, die wir nur befolgen müssen, um richtig zu handeln. Bitten wir um Ratschläge, so erhalten wir sie vielleicht. Befolgen wir sie aber blind, ohne uns die Mühe zu machen, selbst nachzudenken, erleben wir zu oft herbe Enttäuschungen, denn was in diesen kniffligen Problemsituationen für den einen richtig und gut sein mag, trifft auf den anderen noch lange nicht zu. Jeder ist da mit sich allein und muß für sich selbst nach der Lösung suchen, die sich für ihn selbst wirklich stimmig anfühlt.

Oft geht es dabei mehr um ein Fühlen und Nachspüren als um ein Nachdenken. Gleichzeitig geht es auch nicht darum, eine ganz neue Erfindung zu machen. Oft sind die Lösungen schon da. Wir müssen sie nur finden. Aber der Blick ist verstellt und sieht das Naheliegende, Augenscheinliche nicht. Wie können wir uns auf die Suche machen, ohne Gefahr zu laufen, uns den Kopf zu zerbrechen, weil wir uns wie vernagelt fühlen, ein Brett vorm Kopf haben und uns die Haare raufen könnten vor Verzweiflung über uns selbst?

In diesem Kapitel soll eine ganz andere Art der Problemlösung vorgestellt werden. Es soll davon ausgegangen werden, daß Probleme sich von selbst lösen, wenn wir dies nur zulassen. Das klingt einfach, ist es aber nicht, denn gerade das Loslassen, Zulassen fällt uns schwer. Es fehlt die nötige Gelassenheit. Wir können uns aber jene Eigenschaften und Lebensbereiche, die uns in der Hetze des Alltags verloren gegangen zu sein scheinen, wieder bewußt zurückerobern. Wir können wieder jene Gelassenheit erlangen, die wir vielleicht als Kind hatten oder die wir aus bestimmten, seltenen Augenblicken kennen. Wir können auch jenen Bereich der Muse wieder bewußt bewohnen, indem wir uns es zur Angewohnheit machen, die Muse als Muß in den täglichen Terminplan miteinzubeziehen. Mit Gelassenheit und in der Muse mag es sein, daß wir kreativ werden können, und im nachhinein wird es uns erscheinen, daß die Lösungen sich wie von selbst, ohne unser angestrengtes Zutun ergeben haben. Um aber in diesen besonderen Zustand zu kommen, in dem Lösungen möglich sind und sich dem Bewußtsein aufzeigen, sind wir darauf angewiesen, mit unserem Unbewußten Freundschaft zu schließen.

Das Unbewußte ist jene Ebene, auf der kreative Lösungen zustande kommen. Und weil das Es dort herrscht und weil es sich anfühlt, als ob es von selbst geht, sprechen wir auch von der Es-Ebene oder dem Bereich des Selbst. Den Zugang dorthin aber schaffen wir durch eine besondere Art von Trance, die wir vielleicht gar nicht als Trance erkannt oder eingeordnet hätten. Es sind jene Zustände, in denen wir sehr entspannt, eher selbstvergessen, leicht verträumt, oder sonstwie nicht ganz »bei der Sache« sind, wenn wir uns nicht im »objektiven«, »normalen« Wachbewußtsein befinden. Wir sind zwar wach, aber wir sind weicher gestimmt und fühlen uns mehr im Fluß als sonst. Wir wollen nichts erzwingen und beweisen. Das sind die besten Voraussetzungen für Kreativität.

Die Prinzipien der Kreativ-Trancen

- Energie wird geformt durch scheinbar absichtsloses Tun.
- Spuren werden gezogen, Muster geben sich zu erkennen, neue Möglichkeiten ergeben sich. Sinn, Bedeutung, Nutzen und Wert ergeben sich erst nach der Trance.
- Während der Kreativ-Trance ist keinerlei Berechnung oder Auswertung gefragt – deswegen nennt sich dieses Vorgehen auch Trance und nicht Planung, Projektbildung oder Unternehmungsberatung.
- Das Unbewußte erhält einen Auftrag, der genau formuliert werden soll.
- Der spielerische Umgang bedingt den Erfolg.
- Das Herumspielen ist eine Vorform des erfolgreichen Handelns.
- Kreativität ist nie ein symbolischer oder konzeptueller Prozeß, sondern vollzieht sich direkt. Er ist unmittelbar spürbar als Körpergefühl, als seelische Verfasung, als Geisteszustand.
- Das Körpergefühl ist das von Fruchtbarkeit und Kontinuität.
- Die seelische Verfassung ist die von leichter Euphorie, Selbstversunkenheit und vollkommener Hingabe.
- Der Geisteszustand zeichnet sich durch eine paradoxe Mischung von Konzentration und gelenkter Aufmerksamkeit (Fokussierung), von Wachheit und Präsenz einerseits aus, die sich andrerseits mit einem entspannten, geradezu gleichgültigen Annehmen dessen, was gerade ist, verbindet. Der Ich-Wille ist ausgeschaltet oder steht im Hintergrund, ein direkter Kontakt zum Unbewußten ist hergestellt, und dies bei vollem Bewußtsein.
- Das Unbewußte ist die Ressource, aus der ich bei kreativen Prozessen schöpfe.
- Das Unbewußte hat viele Schichten. Die oberste Schicht ist die des persönlichen Unbewußten, die darunter liegende Schicht ist das kollektive Unbewußte, ein noch tiefere Schicht ist das sogenannte ökologische Selbst. Dieses schließt sehr frühe archaische Erfahrungen der Menschheit ein. Je direkter und je tiefer der Kontakt zum Unbewußten geht, desto fruchtbarer ist das Ergebnis des schöpferischen Prozesses.
- Auch ein noch so fruchtbarer, schöpferischer Prozeß hat seine Grenzen. Und jede Kreativ-Trance hat ihr Ende. Überfordern Sie sich nicht, setzen Sie einen Rahmen, innerhalb dessen Sie Ihrer Kreativität einen Freiraum schaffen. Achten Sie sich auch in den unfruchtbaren Phasen, wenn Sie brach liegen, achten Sie die Phasen der Re-Kreation, (englisch: recreation=Erholung) in denen Sie sich wie in einer Inkubationsphase bereit machen für Neues, das sich noch nicht zeigen kann.
- Beginnen und beenden Sie Ihre Kreativ-Phasen immer mit einem Gefühl der Dankbarkeit, egal, was die Trancen gebracht haben.
- Gehen Sie nie unter Leistungsdruck in eine Kreativ-Trance.
- Achten Sie immer auf Ihren Atemfluß, lassen Sie ihn ruhig und tief werden, so daß es Ihnen auch mitten im Alltag unter den normalen Bedingungen der nervösen Anspannung immer mehr und immer öfter gelingt, sich allein durch ein paar Atemzüge in den Zustand einer kreativen Mini-Trance zu versetzen.

Übung: Die visuelle Kreativ-Trance des Drudelns

Diese Trance sollte auf keinen Fall länger als zwei Stunden dauern, ist aber auch schon in einem kurzen Zeitraum von 10 bis 30 Minuten wirksam. Je schneller Sie das improvisierte Produkt auf das Papier bringen, desto größer ist Ihre Chance, wirklich in Trance zu gehen und Kontakt mit Ihrem Unbewußten aufzunehmen.

Finden Sie einen Platz, wo Sie ungestört sitzen können, vor sich einen Tisch mit einem Vorrat von großen Papierblättern. Am besten eignet sich Packpapier, das Sie nach Bedarf abreißen, oder Tapetenrollen. Als Zeicheninstrument nehmen Sie weiche Wachsmalstifte, Kohle oder Fingerfarben. Das Material sollte nicht zu teuer in der Anschaffung sein, so daß Sie nicht auf die Kosten achten, während Sie das Material verwenden.

Finden Sie eine Haltung im Sitzen, die bequem ist und Sie trotzdem aufrichtet, so daß der Atemfluß entlang der vertikalen Achse durch Ihren Körper zwischen Oben und Unten vermittelt. Denken Sie auch daran, bequeme, warme Kleidung zu tragen. Nichts sollte Sie hindern oder ablenken, während Sie beginnen, den Stift in der Hand oder direkt die Finger voller Farbe über das Papier gleiten zu lassen. Ihre ganze Aufmerksamkeit gilt dem absichtslosen Dahingleiten des Stiftes oder der Finger. Sie sind ganz im Kontakt mit sich selbst, mit Ihrem Atemfluß, mit den fließend sich gestaltenden Formen auf dem Papier, die ineinander übergehen und nicht fest abgeschlossen sind. Wenn Sie das Gefühl haben, das Blatt Papier vor Ihnen sei voll, nehmen Sie ein neues. Sie können aber auch schon nach einem Strich wechseln oder das Papier immer wieder übermalen. Es kommt ganz auf Ihr Gefühl der Vollendung und auf Ihr Bedürfnis nach einem neuen Anfang an. Zeichnen oder malen Sie so lange, wie der innere Drang zum Ausdruck Sie treibt. Versuchen Sie, weniger Inhalte darstellen zu wollen als Formen welcher Art auch immer zuzulassen. Versuchen Sie, ihre willensbestimmte Aktivität einschlafen zu lassen und eine Haltung zu finden, in der Sie sich überrascht, beschenkt, und bewegt fühlen. Sie führen diese Bewegung nur aus – der eigentliche Schöpferakt geschieht von selbst, und Sie lassen ihn geschehen.

Wenn Sie eine solche Serie fertig gestellt haben, werden Sie das Ende erspüren. Zwingen Sie sich nicht, darüber hinaus noch mehr von Ihrem Unbewußten abzuverlangen. Erzwingen Sie nichts – Sie handeln sich nur Frustration ein. Lassen Sie auch das Ende von selbst kommen.

Behandeln Sie die Produkte Ihrer Kreativ-Trance mit Achtung. Das heißt nicht, daß Sie alles aufbewahren müssen, was Sie je produziert haben. Stellen Sie sich aber vor, jedes einzelne Blatt sei ein Geschenk, daß Sie von irgendwo erhalten haben, und spüren Sie die Energie, die Sie investiert haben. Wenn Sie es dann wegwerfen wollen, so ist das gerechtfertigt, denn es macht Platz für Neues. Aber nie sollten Sie unberücksichtigt lassen, daß die Produkte nicht »einfach so« kommen, sondern Ergebnisse einer ganz besonderen Anstrengung sind. Lernen Sie, diese Anstrengung zu achten und sorgsam mit ihr umzugehen.

Zeigen Sie Ihre Produkte nicht wahllos allen möglichen Leuten, die mit ihrer Kritik das Erlebnis zerstören können, ohne zu verstehen, um was es sich hier handelt.

Schauen Sie sich die Bilder an, die Ihnen etwas sagen. Hängen Sie sie auf, oder bewahren Sie sie an einer Stelle auf, wo sie leicht zugänglich sind und Sie öfter einen Blick darauf werfen können. Da es hier nicht nur um einen persönlichen Selbstausdruck geht, werden Sie erstaunt sein, wie oft Ihnen das Bild Antwort auf Fragen gibt, die den Bereich des Persönlichen weit überschreiten.

Übung: Die auditive Kreativ-Trance des Brabbelns

Ursprünglich ist dies eine Trance-Technik der Wirbelnden Derwische. Es empfiehlt sich, die Übung in einer Gruppe zu machen, in der sich Anfänger und Fortgeschrittene befinden und einige der Teilnehmer diese Technik schon kennen. Das bricht die anfängliche Scheu, die viele Menschen haben, wenn es darum geht, mit der eigenen Stimme zu arbeiten. Es hilft auch, Tonbandaufnahmen von anderen Ghibberish Improvisationen, die auf Tonband aufgenommen wurden, zur Einstimmung vorzuspielen. Dabei ist es sofort klar, daß es bei dem Stimmengewirr nicht vordergründig um ein ästhetisches Produkt geht.

Zur Einleitung und Aufwärmung kann eine Zeit damit verbracht werden, einfach hörbar zu atmen, zu summen und langsam dazu überzugehen, einzelne Silben auszusprechen. Sie können auch gesungen, deklamiert, rezitiert, gerufen oder geflüstert werden. Die Silben können sich zu Worten zusammenfügen, die Worte zu Sätzen; die Sprachfetzen können aber auch für sich stehen bleiben wie Fragmente einer fremden, unbekannten Sprache. Es ist bei dieser Art von Trance-Induktion jedoch schon vorgekommen, daß Menschen eine ihnen unbekannte Sprache fließend von sich gaben.

Sie werden sehr bald bemerken, daß stimmlicher Ausdruck und Sprache sich verselbständigen, wenn Sie dies zulassen. Plötzlich spricht es aus Ihnen, und ein Teil von Ihnen kann zuhören, wie ein anderer Teil sich lautstark äußert. Sie werden beobachten, wie die einzelnen Stimmen, die aus Ihnen herauskommen, bestimmten Persönlichkeiten und Charakteren entsprechen. Gleichzeitig können ganze Märchenserien sich aneinanderreihen und fortsetzen, wenn Sie erst einmal die Hemmschwelle des Beginns überwunden haben und das Erzählen erleben als eine Art Synchron-Übersetzung von stummen Geschichten, die nun zur Sprache kommen. Sie müssen nichts dazu tun. Sie müssen nur Ihre Stimme geben, der Ausdruck folgt von allein.

Für viele fühlt sich dies an, als würden sie in ein Meer von Bedeutungen eintauchen und nichts anderes tun als ablesen oder nacherzählen. Diese Trance-Induktion kann übrigens ein geeigneter Einstieg in die Kunst des Wahrsagens sein, die bekanntlich weniger mit der Zukunft als mit dem intuitiven Erfassen der Gegenwart zu tun hat.

Natürlich können Sie die Übung auch allein machen, vor allem wenn Sie schon wissen, wie Sie einsteigen. Sie können mit einem Tonband Ihre Trance-Experimente aufnehmen und später abspielen. Sie werden erstaunt sein, wie fremd Ihnen Ihre Stimme erklingen mag. Im selben Augenblick schwingt etwas ganz Vertrautes darin mit, und es kann sein, daß Sie allein durch das Hören wieder in den Trance-Zustand kommen.

Sätze mit positivem Inhalt, die mit Ihrer eigenen entspannten »Trance-Stimme« gesprochen werden, haben natürlich eine viel größere Wirkung, als wenn Sie ein vorgefertigtes Tonband mit positiven Affirmationen anhören. Sie können also als Krönung Ihrer Brabbel-Künste bestimmte Sätze auf Band sprechen, die für Sie eine gute Bedeutung und eine wohltuende Wirkung haben. Solche Tonbänder können Sie dann in entspanntem Zustand, beispielsweise in der Mittagspause oder vor dem Schlafengehen, anhören. Diese Phasen der Muße werden Sie nicht nur erholen, sondern Sie noch tiefer in Kontakt mit der Weisheit des Selbst kommen lassen.

Übung: Die kinästhetische Kreativ-Trance der Visionssuche

Diese Trance kann viele Formen annehmen, sie kann eine Bewegungsimprovisation zu Musik oder in Stille und Schweigen, eine Trancetanz-Nacht oder auch eine Therapiestunde, eine Prozession, ein Ausflug oder eine Weltreise sein.

Wichtig ist die Ausrichtung und das Motiv, sich in Bewegung zu setzen, auf den Weg zu machen.

Die Motivation, sich auf Suche zu begeben, ist klar: ich will etwas finden. Aber was? Das muß nicht von Anfang feststehen und klar sein. Bei der Visionssuche klärt sich Schritt für Schritt das Anliegen. Die Ausrichtung ist seltsam paradox: einerseits weiß ich nicht, was ich finden werde, andererseits gehe ich davon aus, daß das, was ich finde, das sein wird, was ich immer schon gesucht habe.

Wenn Sie schon wissen, was Sie wollen, oder – und das gibt es auch – gar nicht wissen wollen, was in diesem Augenblick in Ihrem Leben von Wichtigkeit sein könnte, dann ist es nicht die richtige Zeit, sich auf Visionssuche zu begeben. Wenn Sie aber eine seltsame Mischung von Offenheit und Erwartungshaltung spüren und zudem neugierig sind, wo es eigentlich im Leben mit Ihnen hingeht, dann haben Sie die besten Chancen, fündig zu werden. Sie müssen ein Interesse für das Wesentliche mitbringen. Vielleicht stehen Sie an einem Schnittpunkt oder Scheideweg in Ihrem Leben, vielleicht stecken Sie mitten in einer Krise oder haben sie gerade überwunden und sind nun aufbruchbereit. Vielleicht haben einschneidende Ereignisse Ihren Lebenlauf geprägt, und Sie wollen nun erste Schritte in einem mehr selbstbestimmten, frei gestalteten Lebenslauf tun. Dann können Sie in der Visionssuche diese Schritte als Bewegungserlebnis vollziehen.

Obwohl das Wort Vision darauf verweist, daß es sich hier um ein visuelles Erleben handelt, ist die Visionssuche nur zu einem sehr kleinen Teil von visuellen Eindrücken bestimmt. Am wichtigsten ist das Element der Bewegung, der Dynamik. Das kann ein Prozeß, eine Prozedur oder auch eine Prozession sein.

Nehmen wir als einfachstes Beispiel eine Bewegungsimprovisation, die Sie zu Hause allein machen können. Finden Sie einen leeren Raum, in dem Sie ungestört sein können, und setzen Sie sich einen Zeitraum, innerhalb dessen Sie sich ganz Ihrer Visionssuche widmen können. Beginnen Sie damit, sich eine Ausgangslage auszusuchen, und probieren Sie aus: wollen Sie anfangs lieber sitzen, liegen, kauern oder stehen? Von dieser Lage aus beginnen Sie nun ganz langsam, sich zu bewegen, wenn möglich, mit geschlossenen Augen, um sich auf die inneren Veränderungen des Gleichgewichts, der Lage, des Rhythmus, der jetzt aufkommen mag, das Tempos, das Sie jetzt vielleicht gewinnen, konzentrieren zu können. Bald werden Sie merken, daß bestimmte Bewegungsmuster Sie zu führen beginnen. Vielleicht ist es ein Wiegen, das darauf gewartet hat, zum Ausdruck zu kommen, oder ein Dehnen und Strecken, oder ein Trippeln und Wippen. Lassen Sie sich von Ihrem Körper und seinen Bewegungsgelüsten führen, folgen Sie einfach den Bedürfnissen, so wie sie Ihr Körper im Augenblick wahrnimmt und ihnen in spontanen Impulsen nachkommen möchte. Lassen Sie Ihre Impulse zu, was auch immer kommen mag, und sei es noch so lächerlich. Schneiden Sie Grimassen, machen Sie Gesten und Gebärden mit Händen und Fingern, probieren Sie verschiedene Haltungen aus. Lassen Sie dabei Ihre Augen geschlossen, um besser in Kontakt zu kommen mit dem, was Sie bewegt. Gehen Sie ganz weg von der Außenwelt und Ihrem Selbstbild, wie Sie es im Spiegel wahrnehmen, in Ihren Innenraum und erleben Sie sich dort als eine Person, eine Identität, die Ihnen vielleicht gar nicht so selbstverständlich ist. Die erste Vision, die viele Menschen erleben, wenn sie sich auf die Suche machen, ist ein verändertes Selbstbild. Der Selbstwert kann sich oft von innen betrachtet ganz anders anfühlen, als er von außen eingeschätzt wird. Das ständige Urteilen, Werten, Einschätzen und Abschätzen in der Außenwelt führt nur zu oft zu einem verengten Selbstbild, das die Tiefe und Weite des Wesens ausgrenzt, und das Wesentliche im Leben kommt zu kurz.

Wenn Ihnen der Übergang von Außen nach Innen schwer fällt, empfiehlt es sich, zunächst mit einer Gruppe zu üben. Der Austausch hinterher kann die eigenen Erlebnisse verstärken. Wichtig ist jedoch, daß der Austausch jede Bewertung, jede analytische oder tiefenpsychologische Deutung, jede Etikettierung vermeidet und sich auf die Wahrnehmungen beschränkt.

Unterstützend kann auch eine Musik sein, die als Leitfaden durch den Zeitraum geleitet, Sie begleitet. Es sollte eine Musik mit der Spieldauer sein, die Sie für Ihre Visionssuche brauchen. Es gibt heute, für diesen Bedarf besonders entworfen, viele Trance-Musiken von halbstündiger Dauer. Die Musik sollte dabei gleichmäßig, fast monoton sein, also nicht dem Prinzip künstlerischer Gestaltung wie beispielsweise der Form einer Symphonie unterliegen. Am besten ist es jedoch, ganz auf künstliche Außenreize zu verzichten und die Visionssuche in der freien Natur zu machen.

Wenn Sie mit dieser Art Innenschau oder Reise nach Innen vertraut geworden sind, können Sie dazu übergehen, Ihre Erlebnisse in Worte zu fassen und zu notieren. So kann im Laufe der Zeit ein Tagebuch über viele Visionssuchen entstehen. Achten Sie jedoch darauf, daß Sie immer eine offene, abwartende Haltung bewahren und nicht die Visionen in das Zwangskorsett Ihrer Erwartungen hineinpressen.

Wege in die Trance

Zu Beginn gleich eine Behauptung: Die Wege in die Trance werden immer kürzer.

Ich erinnere mich, wie ich begonnen habe, in Gruppen und Kursen Trancen einzuleiten. Ich verbrachte die meiste Zeit damit, zu einem monotonen Trommelrhythmus einfache Bewegungen wiederholen zu lassen: immer wieder das Hin und Her von einem Bein auf das andere, das Rauf und Runter des Schaukelns, das Vor und Zurück des Wiegens. Zunächst brauchte es eine lange Zeit, die anfängliche Scheu und Hemmung, die Berührungsängste, die körperlichen Blockaden, die alltäglichen Verspannungen und verfestigten Erwartungen abzubauen. Am Anfang fühlte sich der Raum kühl, manchmal sogar frostig an, und die Leute standen vereinzelt herum. Ich fragte mich, wie da jemals Atmosphäre entstehen, Stimmung aufkommen könnte, wie sich irgendein Bezug, sei es der Menschen zu sich selbst, zueinander oder zu mir als Lehrerin entwickeln könnte. Aber ich wußte: Das ist nur der Anfang. Ich wußte, daß am Ende des Kurses der Bezug hergestellt worden wäre, daß die gute Atmosphäre jeden einzelnen erfaßt hätte. Ich konnte mich darauf verlassen, daß die Trance-Induktionen, die ich durch Tanzen und Trommeln anbot, greifen würden. Es brauchte nur Zeit und Vertrauen dazu. Es war wie bei einem besonders kostbaren Gericht, das lange vor sich hin köcheln muß, um zu gelingen.

Ich hatte ursprünglich ja gar nichts mit Trance zu tun gehabt, sondern gab Unterricht in afrikanischem Tanz. Auf Trance-Zustände stieß ich eher zufällig, als meine Schüler »immer wieder dasselbe und mehr davon« und »immer nur das eine« haben wollten, also instinktiv sich für die Prinzipien des Monoideismus und der Monotonie aussprachen. Sie fühlten, daß es ihnen gut tat und sie dabei ganz nebenher in angenehme Dämmerzustände der Zeitlosigkeit glitten. Die komplizierten Schritte und Rhythmen des afrikanischen Tanzes interessierten sie gar nicht so sehr, trotzdem beherrschten sie sie in jenem Dämmerzustand wohliger Selbstvergessenheit spielerisch und wie selbstverständlich. Aus diesen Erfahrungen schloß ich, daß Zustände der wohligen Entspannung und des Vertrauens die Voraussetzungen für ein erfolgreiches Lernen und eine Kunst waren, die außerhalb des freien Willens lagen.

Als ich bei Jacques Donnars die von Brasilien nach Europa importierte Trancetanztherapie zum erstenmal erlebte, wußte ich sofort, daß ich im Grunde all die Jahre Trancetanz unterrichtet hatte. Da Donnars keine tänzerischen Ambitionen hatte, sondern sein therapeutisches Interesse im Vordergrund stand, ging es hier nicht darum, bestimmte Bewegungen zu lernen und zu beherrschen. Es galt das Gebot des freien »Austanzens«. Zu ohrenbetäubend lauter Trommelmusik sprangen einige Teilnehmer in den Kreis der Gruppe und überließen sich den Bewegungen, nachdem Donnars sie mit einer Drehbewegung am Nacken in Trance versetzt hatte. Solche Sitzungen beziehungsweise »Tanzungen« konnten viele Stunden andauern, bis alle die Trance in der Mitte des Kreises durchlebt hatten.

Die Gruppe war aufgerufen, aufmerksam den Prozeß zu begleiten und mußte stundenlang sprungbereit sein, falls der eine oder andere ins Schleudern kam, so daß er aus der Bahn geriet und hinfiel oder mit anderen zusammenstieß. Aber natürlich ruhte die Hauptlast der Verantwortung auf dem Therapeuten oder dem Gruppenleiter.

Einige Jahre arbeitete ich nach dieser Methode, die einen ungeheuren Reiz und eine durchschlagende Wirkung hat, gab aber dann auf – aus Überforderung und Erschöpfung.

Dann begegnete ich Felicitas Goodman, die genau 15 Minuten lang mit einer besonderen Kürbisrassel rasselte. Das war ihre Trance-Induktion. Allen Einwänden, es sei nicht lang genug gewesen, entgegnete sie hartnäckig, daß das Bewußtsein nicht länger brauche, um sich auf Trance einzustellen und seine Reisen zu unternehmen. Sie sagte, Experimente hätten gezeigt, daß nach längerer Zeit die inneren Bilder und Botschaften sich zu wiederholen begännen. Auch Träume würden in kürzester Zeit unglaublich viel Information vermitteln, und die meisten Botschaften würden wir sowieso vergessen, weil wir mit soviel Information gar nicht umgehen könnten. Sie betonte immer wieder, daß es nicht viel an Zeit noch an Aufwand bräuchte, um den ganzen Organismus auf Trance umzustellen.

Da fiel mir ein, daß es in Brasilien bei den Trancetänzen nur einen einzigen Schlag auf die heiligen Trommeln gebraucht hatte, um die Tänzerinnen in Trance zu versetzen. Schon damals zweifelte ich daran, daß der Trommelschlag selbst die Trance ausgelöst hatte. Es kam mir vielmehr wie ein Zeichen vor, das die Trance einleitete, und von da an waren alle in Trance, weil sie sich erlaubten, in Trance zu sein. Immer wieder brachte ich diese Frage unter Ethnologen und Anthropologen zur Sprache, und manche stimmten mir zu, während andere darauf bestanden, daß der Körper selbst die entsprechende Stimulation bräuchte, um in den Zustand der Trance-Bereitschaft versetzt zu werden.

Ich beobachtete das Trance-Medium Varda Hasselmann bei vielen ihrer »Durchsagen«, dabei stellte ich eine Reihenfolge von Schritten oder Miniritualen fest, die sich wiederholten. Zuerst kam ein bestimmter Duft aus einer Aura-Soma-Flasche. Varda hielt sich die Handflächen vor das Gesicht und atmete den Duft tief ein. Schon dadurch baute sie eine schützende Barriere zwischen sich und dem Publikum auf. Dann folgte mit geschlossenen Augen die Lockerung des Nackens, verbunden mit der Anweisung ihres Partners, der sie hypnotisierte, tief zu atmen. Nach einer Weile erfolgte statt weiterer Anweisungen ein einziges Wort. Die Spannung im Raum erhöhte sich. Ich fragte nach der Bedeutung des Wortes, und es bestätigte sich meine Vermutung, daß es um die Nennung eines Namens, nämlich des großen englischen Mystikers Blake ging. Wann immer ich diesen Namen jetzt hörte, verband er sich mit einem merkwürdigen Körpergefühl des Angekommenseins – angekommen in der Trance. Varda bestätigte es mit einem Satz: »Ich bin bereit«. Ich fragte Varda einmal, wie sie gerade auf Blake gekommen wäre, und sie sagte, daß dies wie ein Schlüsselwort alle Trance-Erfahrungen, die sie in ihrem jahrelangen Training der Übung und Vorbereitung gemacht hätte, zusammenfassen würde.

Im Laufe der Weiterentwicklung meiner eigenen Trance-Methoden entdeckte ich, daß es sich mit Lichtvisualisationen sehr schnell reisen läßt, sozusagen mit Lichtgeschwindigkeit, so daß ich alle Zeitreisen, die ich als Trance-Induktionen anbot, mit der Vorstellung verband, auf Lichtstrahlen zu reisen. In der Science-Fiction heißt dieser Vorgang »beamen«, vom englischen Wort »beam«, der Strahl. Es ist erstaunlich, wieviel schneller man vorankommt und auch durch sonst undurchdringliches Gebiet dringt, kraft der Eigenschaft von Licht, die Dinge nicht nur beleuchten, sondern durchleuchten zu können. Ich versah also bei bestimmten Trance-Induktionen die Reisenden mit der Suggestion, im Besitz eines Laserstrahls und eines Röntgenblicks zu sein. Der Erfolg war umwerfend.

Nun arbeitete ich gar nicht mehr im Stehen, sondern im Sitzen oder Liegen. Bewegung war nur am Anfang und Ende einer Trance-Stunde zum Einfinden und Auflösen der nicht-alltäglichen Zustände nötig. Ich erklärte mir dies so, daß der Körper als Medium der Verkörperung und somit unserer gegenwärtigen Existenz darauf angewiesen war, in den veränderten Zustand hineinbegleitet und auch wieder herausgeführt zu werden. Im Körper spielen sich schließlich die meisten Veränderungen ab, die durch die Trance ausgelöst werden. Als Verkörperung von psychischen Vorgängen und mentalen Funktionen ist der Körper der einzige Ort, an dem Veränderung stattfinden oder wo die Veränderung, die zuvor gedacht und gefühlt wurde, in ein entsprechendes neues Verhalten umgesetzt werden kann.

Ziel jeder therapeutischen Trance ist es, positive Veränderungen, Wendungen und Wandlungen zu bewirken. Nach der Trance sollte sich die Haltung von selbst ändern und neue Handlungen hervorbringen, während alte Verhaltensmuster gelöscht werden. Das vollzieht sich alles auf der Ebene des körperlichen Geschehens, und wir werden dessen nur gewahr, wenn wir den Körper bewußt einsetzen, zum Beispiel im Spiel, im Tanz, im Sport, vor allem im östlichen Kampfsport, der die gewöhnliche körperliche Ebene überschreitet und auf der Ebene einer alles durchdringenden Lebensenergie agiert.

Die kinästhetische Trance, also die Trance, die den kinästhetischen Sinneskanal benutzt und dabei auf Bewegen, Bewegtwerden, Berühren und Berührtwerden zurückgreift, gehört zu den ältesten Heilmethoden, die innerhalb des Schamanismus und anderer archaischer Kulturen angewandt wurden. Bis heute hat die kinästhetische Trance einen großen Reiz, löst aber auch Ängste aus, weil im kinästhetischen Speicher alle jene pränatalen, perinatalen und frühkindlichen Erfahrungen gespeichert wurden, die dem Bewußtsein nicht zugänglich sind.

Der Körper hat seine eigenen Wege, in Trance zu kommen. Das Bewußtsein muß dabei nicht ausgeschaltet sein, aber die wesentlichen Vorgänge laufen auf der vollautomatisierten Ebene der Verhaltenssteuerung ab. Das Ich kann sich nicht wehren. Dehalb werden solche »Körper-Trancen« vor allem in Trance-Induktionen verwandt, die gegen den Willen einer Person vorgenommen werden, etwa bei Folter und Gehirnwäsche. Wenn in der therapeutischen Trance solche Kontrollverluste geschehen, ist es nur zu verständlich, wenn tiefe Ängste hochkommen. Das Ich fühlt sich zutiefst von Auslöschung und Vernichtung bedroht. Wir können uns dies verständlich machen, indem wir uns vor Augen führen, wie sich autonomes, automatisiertes Überlebensverhalten mit all seinen Reflexen und Impulsen auf das menschliche Denken und Bewußtsein bezieht: Das Überleben ist ein von der Evolution ausgebildetes Muster, das wir mit anderen Lebewesen teilen. Jeweils von Spezies zu Spezies verschieden ist das Muster immer darum besorgt, die Spezies am Leben zu halten, und sei es auch nur in Form von Fortpflanzung. Das menschliche Denken hingegen vollzieht sich in einem Speicher, wo Erfahrungen in Sprache abgespeichert wurden und auch über Sprache wieder abrufbar sind. Das menschliche Bewußtsein kann sich verändern und damit eine Veränderung in den Verhaltensmustern bewirken. Aber Veränderung kann auch ohne Bewußtsein geschehen. Und hier können wir uns entscheiden, ob wir durch den Stil unserer Trance-Induktionen mehr die archaischen Verhaltensmuster ansprechen oder ob wir über das Bewußtsein Veränderung einleiten wollen. Beide Methoden haben ihre leidenschaftlichen Befürworter. Manche meinen, das Wesen der Trance selbst sei eben das Aufgeben der Kontrolle und die Auslöschung des Ich. Andere pochen auf den freien Willen des Menschen und die Machbarkeit von willentlicher Veränderung. Intelligenz scheint hier als Garantie für den Erfolg. Ich denke, daß, wie so oft, die Wahrheit in der Mitte liegt. Dennoch sollten Sie für sich herausfinden, ob Sie lieber kinästhetisch (gefühlsmäßig, motorisch) oder mental (durch Vorstellung) in die Trance einsteigen möchten.

Die kinästhetischen Trancen sind die, die sich nicht nur mit Vorstellungen von Angst und Überwältigung, sondern auch mit Erwartungen von Abenteuer und Lust verbinden.

Der kinästhetischen Sinn ist der Sinn für Bewegung, aber auch für Berührung, für Gleichgewicht und Kontakt. Es ist ein Sinn, der im modernen Alltag eines Erwachsenenlebens wenig benutzt wird, um sich in der Welt zurechtzufinden. Die meisten Trance-Induktionen, die uns als solche bewußt sind, sprechen diesen Sinn an. Dazu gehören ausgiebiges Schaukeln und Schunkeln, wie wir es auf dem Jahrmarkt genießen und deshalb auch freiwillig in den »Schleudersitz« steigen. Tanzen bis zur Besinnungslosigkeit, wie es heute auf Acid-House-Parties in Techno-Discos gepflegt wird, erinnern an die Veitstänze des Mittelalters oder an die Schütteltrancen charismatischer Sekten, von denen eine, die der Shaker, sich sogar danach benannte. In unserer körperfeindlichen Kultur ist die Entgrenzung, die auf körperlicher Ebene erreicht wird, in sich schon ein Akt der Grenzüberschreitung, die in einen Bereich des Nichtalltäglichen, Außerordentlichen hineinführt und eine Überhöhung bedeutet, die in anderen Kulturen vielleicht nicht so besonders ist, weil eben das Körperliche dort nicht so stark ausgegrenzt wird.

Was für die rauschhafte Bewegung gilt, gilt um so mehr für die Berührung. Einfach durch das Zusammensein mit großen Menschenmengen kann schon eine Trance ausgelöst werden, die nicht immer das negative Image einer Massenhysterie haben muß. In Kalifornien wurde ich Zeugin von Spontanheilungen, die auf einem internationalen Treffen von Geistheilern im Rahmen einer Massenveranstaltung geschahen. Es war einfach die Energie, sagten alle Anwesenden. Damals hielt ich es für typisch amerikanischen Optimismus, heute sehe ich das anders. Heilende Berührung war immer schon ein mächtiges Instrument für die Wiederherstellung und Bewahrung von Gesundheit. Und doch, oder vielleicht gerade deswegen, ist dieses natürlichste, einfachste und billigste Heilmittel so tabuisiert, daß das Handauflegen zum Beispiel in einigen Ländern gesetzlich verboten ist. Die heilende Trance, die an den Urzustand einer innigen Verbundenheit anknüpft, eine Ureinheit beschwört und dabei kindliche Bedürfnisse befriedigt, gerät schnell in den Verdacht von Regression und sexuellen Übergriffen. Tatsächlich sind die Grenzen fließend – um so wichtiger ist es, diese Trancen am eigenen Leib zu erfahren und sich über ihre suggestive Wirkung klar zu werden.

In der Hypno-Therapie und dem NLP beläuft sich der Körperkontakt zwischen Therapeut und Klient ausschließlich auf das Verankern neuer Informationen und Erfahrungswerte, die durch eine leichte Berührung dem Körper eingespeichert werden. Sie sind somit jederzeit wieder abrufbar. Die Berührung, die ein Erinnern und Vergegenwärtigen bewirkt, schafft einen unmittelbaren Zugang zu dem Neuerlernten, das in Trance auf Grund eines differenzierten Entscheidungsprozesses erarbeitet wurde. Auch Affirmationen sind solche Anker, die gesetzt werden, um die Wirkung der Therapie zu sichern und zu verlängern. Ohne den therapeutischen Prozeß, innerhalb dessen sie als richtiges beziehungsweise angemessenes Heilmittel gefunden wurden, sind sie mehr oder weniger bedeutungslos – Sätze, deren Sinn sich dem logischen Verstand nicht erschließt, da sie ausschließlich Appellcharakter haben und sich an die inneren Instanzen wenden, die in Trance aktiviert wurden und für einen Selbstheilungsprozeß zuständig sind. Dies gilt auch für Prozesse der Selbsterfahrung und Meditation ohne therapeutische Begleitung, in denen wir ganz auf die Kraft und Klarheit unserer eigenen Suggestionen angewiesen sind.

Die kürzeste Trance-Induktion, die ich bisher erlebt habe, bestand aus nur zwei Sätzen: »Leuchtende Strahlen erfüllen meinen Körper. Ich versetze mich in das Zentrum der Schöpfung, und ich tue dies, indem ich es einfach jetzt denken will.« Im Nu war ich dort, obwohl ich mir nicht vorstellen konnte, was das Zentrum der Schöpfung sein sollte. Mein Körper jedoch erinnerte sich in Windeseile und mit Lichtgeschwindigkeit an all die Trance-Induktionen, die die Erfahrungen veränderter Bewußtseinszustände eingeleitet hatten, und kam zu einem recht befriedigenden Resultat, denn tatsächlich konnte ich die Fragen, die mir in Trance gestellt wurden, mit erstaunlicher Sicherheit beantworten. Ich war also in Trance gewesen – und hatte doch ganz logisch, wie es mir schien, auf Fragen geantwortet und sogar die richtigen Worte dafür gefunden. »Ist das noch Trance?« fragte ich mich. Was es auch gewesen sein mag – es war ein Zustand, in dem ich mich selbst als klar und wach erlebte. Es war ein Zustand erhöhter Konzentration, in dem ich Fragen, die mir im Alltagsbewußtsein nie in den Sinn gekommen wären, gezielt angehen konnte. Und ich erhielt ungewöhnliche, aber verblüffend stimmige Antworten darauf.

Wahrscheinlich hätte ich jedoch diesen Zustand von Luzidität und Transparenz nicht ohne die vielen Erfahrungen davor, ohne all die Jahre intensiver Auseinandersetzungen mit Trance erlebt. Mein Körper war gut vorbereitet. Mein Geist mußte nur noch einsteigen. Ich hatte mich sozusagen auf der Stufenleiter der Trance-Hierarchien hochgearbeitet. Ich hatte mit archaischen Trance-Induktionen begonnen, die vor allem kinetisch (*kinesis* heißt Bewegung) vorgingen wie der Trancetanz. Meine Erfahrungen auf dem Gebiet der östlichen Kampfkünste trugen dazu bei, meinen Körper in hoch energetisierte Schwingungszustände (in Zustände des Chi) zu versetzen und den Umgang mit solchen Energien einzuüben.

Welches ist nun der richtige Weg in die Trance für Sie?
Sollen Sie stundenlang tanzen oder sich den Klängen von Rasseln, Trommeln und Gongs aussetzen? Sind Drogen unersetzlich? Brauchen Sie den Nervenkitzel, den Adrenalinstoß, der bei Gefahr eintritt? Brauchen Sie den Kick der körpereigenen Endorphine, die durch Muskelreizung beim Jogging ausgestoßen werden? Oder reicht es schon, einem feierlichen Ritual beizuwohnen, zusammen mit vielen anderen Menschen, die genauso ergriffen sind wie Sie, und sich dies auch durchaus erlauben können, da es um ein sozial anerkanntes Ritual geht? Werden Sie high, wenn Sie Weihrauch riechen, oder wird Ihnen schlecht? Was geht in Ihnen vor, wenn Sie am Kamin sitzen oder ins flackernde Kerzenlicht starren? Bevorzugen Sie Mantras oder den Rosenkranz? Gehen Sie am leichtesten in Trance, wenn sie in einem abgedunkelten Raum auf einer Matratze liegen, eine Stunde lang heftig und pausenlos atmen und gesagt bekommen, dies sei eine bewährte Trance-Induktion? Hat es auf Sie eine Auswirkung, wenn Ihr Nachbar zu stöhnen anfängt und offensichtlich in tiefe kathartische Prozesse geraten ist? Oder wenn er zu schnarchen beginnt, weil er schläft? Reicht es, einfach zu beten, oder macht man sich da etwas vor? Ist Andacht schon Trance? Oder der Besuch einer Theatervorstellung, eines Konzerts, das uns verzauberte und alles andere vergessen ließ? Und wie ist das mit den Fehlleistungen im Alltag – das Verfehlen der richtigen Ausfahrt auf der Autobahn, der Kaufrausch? Sind das auch Trancen? Oder sind Sie eigentlich in Trance – und damit unschuldig –, wenn Sie wieder einmal zu spät kommen, weil sie einfach die Zeit vergessen haben?

Ich hoffe, sie erhalten Antworten auf all Ihre Fragen, wenn Sie die nächsten Passagen aufmerksam lesen. Als erstes und wichtigstes Gesetz gilt: Jeder Mensch ist verschieden, ebenso seine Methoden und Muster, in Trance zu gehen. Wir gehen wahrscheinlich viel öfter in Trance, als wir uns das eingestehen wollen.

Der erste Schritt besteht also darin, sich an veränderte, ungewöhnliche Bewußtseinszustände zu erinnern, sie zu beschreiben und ihre Eigenart herauszustellen. Was war daran so besonders? Woran erinnern Sie sich am genauesten? Welche Eindrücke verbinden sich mit dem Wort Trance, welche Assoziationen haben Sie? Wie fühlten Sie sich, welches Körpergefühl verband sich mit der Erfahrung? Welche Metaphern würden Sie benutzen, um die Eindrücke wiederzugeben? Bald werden Sie bemerken, daß Sie bestimmte Vorlieben haben. Sie werden beobachten, daß Sie manche Sinneskanäle häufiger benützen, um Kontrolle zu behalten, ebenso wie sie auf bestimmten Sinneskanälen sehr ansprechbar und für Suggestionen aufgeschlossen sind.

Der zweite Schritt besteht darin, sich nicht vor der eigenen Suggestibilität und Trancefähigkeit zu fürchten, sondern sie als Gabe wertzuschätzen, was dazu führt, daß sie bewußt eingesetzt werden kann. Eben dieser Zustand, der Sie »schwach werden« läßt und für Sie zunächst die bedrohliche Möglichkeit einer Verführung darstellt, kann auch eine Stärke werden und eine Chance darstellen. Voraussetzung dafür ist, daß Sie sich dessen bewußt werden, die Schwäche beziehungsweise Stärke bewußt einsetzen und Verantwortung dafür übernehmen. Sie werden Sich fragen: Will ich jetzt schwach werden? Und Sie werden erstaunt feststellen, daß Sie die Wahl haben.

Der dritte Schritt besteht darin, daß Sie die Rahmenbedingungen schaffen, die es für eine innere Reise im Trancezustand braucht. Dabei sollten Sie ganz von Ihren eigenen Bedürfnissen ausgehen. Das Wichtigste ist, daß Sie sich ernstnehmen bei dem, was Sie machen. Das heißt nicht, daß Sie daran glauben müssen. Sie können experimentieren. Aber auch beim Experiment dürfen Sie sich nicht selbst sabotieren, indem Sie schon von vornherein die Möglichkeit einer wertvollen und bereichernden Erfahrung ausschließen. Achten Sie darauf, daß Sie an einem Ort praktizieren, in dem Sie sich wirklich bequem, warm und sicher fühlen. Bestimmen Sie den Zeitraum, innerhalb dessen Sie sich ganz auf das Experiment einlassen wollen, und tun Sie alles, daß Sie nicht gestört werden, weder durch Klingel, Telefon oder Kinder. Schaffen Sie sich einen Raum dazu. Und geben Sie nicht gleich das erste Mal auf, wenn doch was »dazwischen kommt«. Meist sind diese »Zwischenfälle« eine willkommene Unterbrechung und haben als solche auch ihren guten Grund und Sinn. Die Entschiedenheit, mit der Sie in eine bewußt indizierte Trance gehen, wird darüber bestimmen, welche Resultate Sie erzielen.

Vierter Schritt: Gönnen Sie sich trotzdem oder gerade deshalb Unentschiedenheit, um keinen Leistungsdruck aufzubauen. Machen Sie sich keinen Streß! Überfordern Sie sich nicht durch übersteigerte Erwartungen! Tun Sie so, als würden Sie gar nichts erwarten und einfach nur so tun als ob. Das Tun Als-Ob kann eine verspielte Absichtslosigkeit fördern, die als Grundeinstellung zur Trance genau richtig ist, denn: Je mehr Sie erwarten, desto eher macht Ihnen der kontrollierende Wille des Ich einen Strich durch die Rechnung, während das Es sich verweigert.

Nehmen Sie es leicht, als Spiel. Nicht mehr. Üben Sie sich darin, nichts zu wollen und trotzdem sehr genau zu wissen, um was es geht. Sie werden Schritt für Schritt Vertrauen in Ihre Fähigkeiten fassen und immer mehr den Kontakt mit Ihrem Selbst genießen.

Fünfter Schritt: Verwechseln Sie nicht Opferhaltung mit Trance-Bereitschaft.

Bringen Sie sich nie in eine Situation, in der Sie sich ausgeliefert und ohnmächtig fühlen. Geben Sie nie Ihrer Sensationslust nach, die Sie in unbekannte, bedrohliche oder vielleicht auch nur riskante und gesellschaftlich geächtete Randgebiete des menschlichen Bewußtseins bringt. Bewahren Sie sich ihre Neugier für den bewußten und selbstverantwortlichen Umgang mit Trance, und machen Sie es sich zum Prinzip, nie etwas unter Ihrer Würde und Selbstachtung zu tun, auch nicht in Trance. Nur eine solche lautere Haltung macht es möglich, dem eigenen Unbewußten zu begegnen. Dann erst wird dieser Kontakt zu einer bereichernden Erfahrung, die nicht desorientierend und desintegrierend wirkt, sondern, im Gegenteil, zu Integration und damit wirklicher Integrität führen kann.

Sechster Schritt: Fragen Sie, bei aller Neugier und Experimentierlust, nicht immer nach: Ist das schon Trance? Bin ich jetzt in Trance? Das ist das beste Mittel, um neue Erfahrungen zu verpassen, vor allem wenn es um Trance-Erfahrungen geht. Fragen Sie lieber nach beendeter Trance-Sitzung: Wirkt es wie eine Trance? Sind die Auswirkungen so, wie ich sie mir von der Trance erhofft habe? Besinnen Sie sich auf Ihre ursprüngliche Motivation, Nutzen aus Trance-Zuständen zu ziehen, benutzen Sie Ihre eigene Zielorientierung als Maßstab. Beurteilen Sie danach, wie tief Sie sich auf eine Trance beziehungsweise auf sich selbst haben einlassen können. Und wenn es nicht tief genug war, so geben Sie niemandem die Schuld, auch sich selbst nicht, sondern lernen Sie daraus, sich noch tiefer gehen zu lassen, um noch mehr mit dem in Kontakt zu kommen, was Sie von selbst Ihren Zielen näher bringt.

Über die Sinne zum Übersinnlichen

Über die Sinne sind wir mit dem verbunden, was wir Wirklichkeit nennen. Die Wirklichkeit ist nichts anderes als das, was wirkt. Wie sie wirkt, ob und wie sie uns erreicht, hängt von unseren Sinnen ab. Die Sinne sind Kanäle, über die wir Informationen empfangen. Ständig nehmen wir neue Reize auf, die jedoch schon gefiltert unser Bewußtsein erreichen. Nur wenige Informationen gelangen tatsächlich in den Lichtkegel unserer Aufmerksamkeit, um dort als Wirklichkeit wahrgenommen und als Wahrheit anerkannt zu werden. So bleiben die meisten Sinneseindrücke unterhalb unserer Bewußtseinsschwelle und haben für uns keinen Wahrheitsgehalt, obwohl sie auch zur Wirklichkeit gehören – nämlich zur Wirklichkeit des Unbewußten. Nicht nur aus der Umwelt, sondern auch aus diesem Bereich unbewußter Wirklichkeit erhalten wir Botschaften, die als Reize an unser Bewußtsein gelangen. Reize, die von der Außenwelt ebenso wie der Innenwelt empfangen wurden, können zu Auslösern für bestimmte Zustände werden. Es sind nicht nur Geisteszustände, sondern auch emotionale Zustände, Stimmungen und Launen, die scheinbar aus dem Nichts auftauchen. Es können aber auch Zustände unseres Körpergefühls sein – plötzlich fühlen wir uns schwer, niedergeschlagen, müde, ohne den Grund angeben zu können.

Wovon hängt es ab, ob eine Wahrnehmung als wahr und bewußt in den Katalog der Bewußtseinsinhalte aufgenommen wird? Die wichtigsten Kriterien dafür sind sicher die der Bedeutsamkeit. Das bewußt Wahrgenommene muß bestimmte Prozesse der Vorentscheidung, Auswertung und Prüfung durchlaufen, um an die Schwelle des Bewußtseins zu gelangen. Diese Vorentscheidung, was wichtig ist und was nicht, ist aber nicht von unserer Natur vorgegeben, sondern hängt von unserem Erfahrungshorizont ab, der wiederum durch die bisherigen Erfahrungen bestimmt ist. Die aktuelle Situation wird also nie unvoreingenommen und unmittelbar, sondern durch eine Art Brille gesehen. In der psychoanalytischen Sprache wird von Projektionen gesprochen: das Bewußtsein, das die bisherigen Erfahrungen zu einer Bedeutungseinheit, einem sinnvollen Ganzen verarbeitet hat, projiziert die Raster und Muster der bisherigen Sinnfindung auf die neue Erfahrung – die somit schon eine Hypothek der alten Erfahrungen auf sich geladen hat. Was bislang Sinn gemacht hat, wird wahrscheinlich auch jetzt wieder Sinn machen – und so entsteht die subjektive Wirklichkeit aus dem Machen von Sinn.

Dieses Machwerk des Sinngefüges, das zur Wahrheit destilliert wird, ist bestimmt durch die Machenschaften der Selektion – die Wahrnehmung entspricht einem bestimmten Strickmuster. Und nicht nur das Muster der Machart ist erkennbar, sondern auch der Sinneskanal, auf dem die Information eingespielt wird. Manche Menschen »hören auf dem Ohr nicht« oder »sehen auf dem Auge schlecht«, stellen sich blind, taub oder tot, und sabotieren ihre Fähigkeit, Informationen zu empfangen, weil der Kanal, auf dem sie empfangen, durch schlechte Erfahrungen blockiert ist. Natürlich gibt es bestimmte, Typ-bedingte Vorlieben für den einen oder anderen Sinneskanal, und es ist von Vorteil zu wissen, zu welchem Typ man sich zählt, um größere Empfangsbereitschaft zu erzielen. Auch können neurotische Strukturen eben jener psychsomatischen Reaktion von Blindheit, Taubheit und Totenstarre aufgelöst werden, wenn mehr Einsicht über das Wesen der Sinne und die Verschiedenheit der Sinneskanäle besteht.

Grundsätzlich ist das Ziel eine offene, gelassene Wahrnehmung, die so wenig wie möglich durch vergangene Erfahrungen vorbelastet ist. Diese unverstellte, direkte und unmittelbare Wahrnehmung ist natürlich ein Idealfall, der im Alltag recht selten vorkommt. In den

Bemühungen der östlichen Meditation, wie etwa in den buddhistischen Wahrnehmungsübungen, spielt dieses Ziel dagegen eine große Rolle. Im Neurolinguistischen Programmieren (NLP) geht man zweckgebunden vor und orientiert sich an dem Sinneskanal, der einer Person am meisten Informationen zuspielt. Durch diese Funktionalität, wie sie etwa im modernen Verkaufstraining betrieben wird, besteht jedoch die Gefahr, eine Person allzu einseitig und vorschnell auf einen bestimmten Typ festzulegen. Daraus entsteht ein gewisser stereotyper Stil, der unter Umständen mehr Klienten vertreibt als anzieht.

Trotzdem sollen die verschiedenen Wahrnehmungstypen hier beschrieben werden, weil entsprechend dem Typ möglicherweise auch der leichteste Einstieg in Trance-Erfahrungen gegeben ist.

Das NLP unterscheidet zwischen dem

– auditiven Typ
– visuellen Typ
– kinästhetischen Typ.

Der auditive Typ

ist nicht nur auf den Sinneskanal des Hörens geeicht (auditiv-tonaler Typ), sondern hat ein verstärktes Gefühl für Sprache (auditiv-digitaler Typ). Er ist der Typ, der am ehesten ständig im Dialog mit sich selbst die Dinge durchdiskutiert. Er verfügt deshalb auch oft über den inneren Kommentator, der als Zensor ständig seine Meinung dazugibt. Die innere Stimme der Intuition wird von vielen anderen Stimmen überlagert, und an der Bewußtseinsschwelle flüstert die Stimme des Kritikers seine Zweifel und Bedenken. Auditive Typen verstehen gerne alles ganz genau und lesen Fachbücher, um sich mit der Materie auseinanderzusetzen. Die Erfahrung selbst hat keinen so großen Stellenwert wie das Wissen darüber, auch wenn es aus zweiter Hand kommt. Der auditive Typ liest zwar viel, aber nicht unbedingt sehr schnell und effektiv, weil er dazu neigt, jedes Wort leise vor sich hinzusprechen, fast zu buchstabieren. Die Texte zerfallen leicht in ihre Einzelteile, der übergeordnete Sinn erschließt sich nicht sofort und unmittelbar, sondern muß Schritt für Schritt beziehungsweise Wort für Wort ermittelt werden. Die Zeit, als die Götter sich als innere Stimmen offenbarten, muß als eine äußerst mühsame, von Zerrissenheit geprägte Phase der menschlichen Bewußtseinsgeschichte gesehen werden. Erst über die Sprache entwickelte sich das, was wir Intellekt nennen. Intellektuelle sind oft auditive Typen und von Haus aus skeptisch, was Trance angeht. Mit Akribie hören sie den gesprochenen Trance-Induktionen zu, wollen jedes Wort verstehen, zweifeln den Inhalt an, überlegen sich, was ein Ausdruck sagt, und wundern sich, wenn sie danach Lücken im Gedächtnis haben, weil sie der Trance zuletzt doch anheimgefallen oder einfach eingeschlafen sind.

Für auditive Typen ist es wichtig, auf andere Sinneskanäle überzuwechseln, um den inneren Zensor auszutricksen. Auch das Hören von

Musik als Trance-Induktion kann gut sein – vorausgesetzt, daß es sich beim Hörer nicht um einen professionellen Musiker oder einen passionierten Musikliebhaber handelt. Auditiv-digitale Typen sind an einer gewissen Nüchternheit zu erkennen, da sie die ganze Welt in Form von sprachlichen Bedeutungsformeln gespeichert haben. Oft verfügen sie über Sprachwitz und lexikalisches Wissen. Gleichzeitig sind sie aber auch leicht zu betören und zu verführen, nämlich dort, wo sie es nicht erwarten: wo Sinne angesprochen werden, die vermindert oder gar nicht der bewußten Kontrolle unterliegen. Dies ist vor allem bei den Sinnen der Fall, die evolutionsgeschichtlich sehr alt sind und immer noch auf der archaischen Ebene der Instinkte wirken – sie werden direkt angesprochen, zum Beispiel durch Berührung, Geruch und Geschmack.

Der visuelle Typ

kann sich alles bildhaft vorstellen und hat auch guten Zugang zu den eigenen inneren Bildern. Gefühle laufen als innere Filme ab, ganze Dramen oder auch bunte Farbenspiele, witzige geometrische Muster und wunderschöne Designs präsentieren sich der Perönlichkeit, die nach innen schaut. Der Nachteil dabei ist, daß der eigene Bilderreichtum oft den Zugang zur eigenen Tiefe, die hinter oder unter den Bildern liegt, verstellt.

Der visuelle Typ möchte nicht nur sehen, sondern auch gesehen werden. Die Neigung zu Selbstausdruck und Stilisierung der Person kommt den Trancen entgegen, die einerseits mit inneren Bildern und Filmen arbeiten, andererseits nach Zeremoniell und rituellem Ausdruck verlangen. Viele der traditionellen Tranceriten, wie sie in Beschwörungen, Einweihungen, Austreibungen etc. bis heute noch existieren, weisen eine festliche Ausstattung auf und kosten dementsprechend. Visuelle Typen lieben Vorführungen, sie sind geradezu abhängig von ihnen, weil das eigene Erleben eben so sehr durch Bilder bestimmt ist. Die Erfahrung einer »exotischen« Trance im folkloristischen Kontext kann den visuellen Typ allein schon vom Zuschauen in Trance versetzen. Auch ethnografisches Material, das in Form von Fotos und Filmen dokumentiert wird, ist für den visuellen Typ genug, um die Kraft der Bilder auf sich wirken zu lassen und auf diese Weise eingestimmt zu werden.

Die moderne Werbung appelliert fast ausschließlich an den visuellen Typ. Die allgemeine Tendenz der Informationsübermittlung und Kommunikation scheint überhaupt dahin zu gehen, immer mehr visuell Informationen zu vermitteln statt über Sprache oder über Körperkontakt. Das Fernsehen ist eine kollektive visuelle Trance-Induktion, vor allem wenn der Schwerpunkt auf Bildern statt auf Worten liegt. Nur wenige können sich dieser Trance entziehen. Es gibt auch schon spezielle

Trance-Videos, die flimmernde Muster in ständiger pulsierender Veränderung anbieten und so den Bewußtseinszustand verändern. Das Blinken und Blitzen der Neonschriften macht sich die Wirkung visuell einprägsamer Sensationen zunutze; alles was mit funkelndem Glanz zu tun hat (Hochglanzpapier), spricht das Visuelle an und versucht, es in seinen Bann zu ziehen.

Der kinästhetische Typ

braucht die Erfahrung am eigenen Leib. Was Trance-Induktionen betrifft, so sind für ihn alle Arten von Körperübungen angemessen. Sei es beim morgendlichen Joggen, dem professionellen oder auch dem Freizeitsport, bei dem die Grenze der eigenen Belastbarkeit und Leistung ständig überschritten werden soll, beispielsweise beim Erlernen einer bestimmten Technik – immer ist es der Körper, der sich Schritt für Schritt in die außergewöhnlichen Zustände einschwingt und auf diese Weise die gemachten Lernerfahrungen verarbeitet, speichert und abrufen kann. Plötzlich geht ein bestimmter Sprung, ein Tanzschritt, eine Drehung, ein Schlag wie von selbst. Das Es übernimmt die Führung, das Ich ist staunender Zeuge. Natürlich ist es bei diesem körperlichen Lernen möglich und sogar wünschenswert, daß andere Sinne mitwirken: daß die Bewegung, die in Trance führt, begleitet ist von aufbauenden Worten oder anregender Musik, wenn Lehrer die Bewegung demonstrieren und durch ihr eigenes Beispiel die außergewöhnliche Bewegungsqualität nachvollziehbar machen. Zum kinästhetischen Typ gehört auch die Ansprechbarkeit durch Berührung. Eine Massage kann den Menschen über seinen Körper in einen veränderten Bewußtseinszustand hineinführen. Das heilende Handauflegen ist ebenfalls eine Berührung, die Trance auslöst. Und das Dasein zu zweit, in kleinen oder großen Gruppen, durch Körperkontakt kinästhetisch erfahren, trägt dazu bei, den Intellekt auszuschalten. Für Trance-Unerfahrene bieten sich kinästhetische Trancen geradezu an, um Ängste und Zweifel langsam, durch eigene körperliche Erfahrung gestützt, abzubauen.

Für den kinästhetischen Typ ist das eigene Wohlgefühl ausschlaggebend. Er will den persönlichen Nutzen seiner Anstrengungen erleben und mißt daran den Wert einer bestimmten Technik oder Induktion. Er ist oft an seiner bequeme Kleidung zu erkennen, die ihm als zweite Haut ein gemütliches, sicheres und vertrautes Körpergefühl vermittelt. Die eigene Tiefe und Innerlichkeit ist unter der Voraussetzung des eigenen Wohlbefindens leicht zugänglich. Extreme Gleichgewichtsschwankungen und dramatische Störungen, wie sie durchaus in ekstatischen Zuständen vorkommen können, trüben seine Lust am Außergewöhnlichen. Die kinästhetischen Trance-Induktionen müssen sich deshalb sorgfältig durchdacht aufbauen und aufmerksam auf die Konsequenzen achten.

Der Übergang vom Sinnlichen zum Übersinnlichen geschieht durch die verfeinerte Wahrnehmung dessen, was nicht mehr materiell »grobstofflich« existiert, sondern sich als Energie und Schwingung auf der feinstofflichen Ebene mitteilt. Wer viel mit Trance arbeitet, wird feststellen, daß seine Wahrnehmung nicht nur immer feiner wird und er sich selbst als immer empfindsamer erlebt, sondern auch, daß er einen immer größeren Sinn für das Übersinnliche entwickelt, das nicht durch unsere normalen, im Laufe der Zivilisation degenerierten Sinne wahrgenommen wird. Die Verfeinerung der Sinne, die in die übersinnliche Wirklichkeit einführen, gilt für alle fünf Sinne. Es gibt also zum Beispiel nicht nur ein Hören von Stimmen, ein Hellsehen, sondern auch ein Hellfühlen und Hellriechen, sogar ein Hellschmecken, das in Trance entwickelt und geübt werden kann.

Die folgenden Kapitel werden für alle fünf Sinne Trance-Induktionen anbieten. Jeder Sinn ist einem bestimmten Chakra zugeordnet, und diese Zuordnung hat sich meiner Meinung nach äußerst bewährt, denn so können die einzelnen Sinne an bestimmten Energieebenen »festgemacht« und besser in ihrer Funktion erkannt werden. Außerdem kommen wir über die Chakren besser mit unserer Fähigkeit, Energien wahrzunehmen und zu unterscheiden, in Kontakt. Denn ein Chakra ist ein Energiezentrum im feinstofflichen, das heißt energetischen Körper des Menschen, das durch das Nervengeflecht der entsprechenden Körperstelle mit dem grobstofflichen, materiellen Körper verbunden ist. Die Chakren sind in gewisser Weise auch Wahrnehmungsorgane, da sie die sehr hoch und schnell schwingenden Impulse eines Energiefeldes als Schwingungen aufnehmen und in die körperverträgliche »grobere«, das heißt niedrigere Schwingung übersetzen. Auf dieser Ebene machen die Sinneseindrücke einen Sinn und können »verstanden« werden. Ohne Umschaltung jedoch bleiben sie meist unter der Wahrnehmungsschwelle und werden vom Bewußtsein nicht beachtet. Trance hat also auch mit der Erhöhung der körperlichen Schwingung zu tun, um in diese schnell- und hochschwingenden Bereiche des Übersinnlichen zu gelangen.

Den sinnlichen Trancen ist ein Kapitel über das Atmen als Trance-Induktion vorangestellt, da Atemtechniken sich als hervorragender Einstieg in alle andere Trance-Induktionen eignen.

Trance-Induktionen durch Atmen

Das westgermanische Wort *atem* ist verwandt mit dem altindischen *atman*, Hauch, Seele. Nach der jüdisch-christlichen Schöpfungssage formte Gott den Menschen nach seinem Bild und hauchte ihm seinen Atem ein. Atem wird mit Lebendigkeit, aber auch mit Spiritualität in Zusammenhang gebracht. Spiritus bedeutet Hauch, aber auch Geist. Kein Wunder also, daß viele Trance-Induktionen sich mit Atem-Techniken verbinden, weil sich dadurch nicht nur die seelische oder geistige Verfassung des Menschen verändert, sondern auch die Chemie seines Körpers. Der ganze Organismus ist miteinbezogen. Sprachmetaphern beschreiben die vielfältigen Gangarten und Auswirkungen des Atmens.

Da gibt es kurzen, schnellen, schwachen, keuchenden, pfeifenden, rasselnden Atem; den Atem, der anhält, stillsteht, stoßweise geht, fliegt oder stockt; verschiedene Tätigkeiten verbinden sich mit dem Atmen: Atem holen, Atem schöpfen; die Angst preßt oder schnürt den Atem ab. In bestimmten Situationen raubt oder verschlägt es einem den Atem; manchmal scheint das Atmen, das sonst selbstverständlich vor sich geht, eine große Anstrengung zu sein: das Ringen nach Atem; manchmal bleibt einem auch einfach der Atem weg; wenn Sie diese Zeilen lesen, kann es sein, daß Sie sich sofort die dazugehörigen Situationen vorstellen und mit Erfahrungen, die Sie selbst gemacht haben, assoziieren. Wie fühlen Sie sich, wenn Sie atemlos sind? Wie fühlt sich für Sie das Aufatmen, das freie Atmen, das Durchatmen an? Wann im Laufe eines gewöhnlichen Tagesablaufes beobachten Sie die eine oder andere Art Ihres Atems?

Lesen Sie jetzt die Sprachmetaphern, die sich mit dem Atem verbinden, lassen Sie sie auf sich wirken und spüren Sie nach, was sie Ihnen zu sagen haben:

Frei atmen können, einen langen Atem haben, den längeren Atem zeigen, in Atem gehalten werden, atemlos oder kurzatmig sein, da geht einem die Puste oder der Atem aus.

Atem-Techniken sind uralte Trance-Techniken, die auch heute mit großem Erfolg eingesetzt werden. Sie sind, im Gegensatz zu manchen anderen Methoden, sich in Trance zu versetzen, billig und legal. Man braucht keine große Ausrüstung, keine Vorbereitung außer der, sich einen ruhigen Platz zu suchen und sich Zeit zu nehmen.

Übung: Das Durchatmen

Es ist ein Zeichen unserer hektischen Zeit, sich wenig oder gar keine Zeit mehr für sich zu nehmen. Dementsprechend ist der Atem des modernen Menschen häufig kurz und flach. Die wichtigste Krisen-Intervention besteht aus dem einfachen Vorsatz, öfter tief durchzuatmen. Es wirkt Wunder!

Mit dem tiefen Durchatmen setzen Sie eine Zäsur in das Einerlei Ihres bis dahin grauen Alltags, der dadurch nun schon mehr Farbe annimmt. Atmen kann euphorisch machen! Lassen Sie mehr Euphorie in Ihr Leben einfließen, gönnen Sie sich mehr Sauerstoff, der eine Grundnahrung Ihres Organismus und vor allem Ihres Gehirns ist! Gerade in Situationen, die schwierig oder vielleicht sogar auswegslos erscheinen, ist es um so notwendiger, den Atem nicht anzuhalten, sondern fließen zu lassen. Pusten Sie sich ordentlich durch, bevor Sie schwierige Aufgaben angehen – gehen Sie nicht mit einem Defizit in den Kampf!

Übung: Dampf ablassen – erst einmal tief ausatmen

Machen Sie es sich zur Regel, immer häufiger darauf zu achten, wie Ihr Atem fließt. Sicher entdecken Sie dabei, daß Sie viel häufiger als Sie es angenommen hätten, den Atem leicht oder auch vielleicht stark anhalten. Vielleicht bemerken Sie sogar, daß Sie manchmal die Luft nicht nur anhalten, sondern schlucken. Das ist ein Zeichen von Nervosität und führt zu einem Gefühl der Blähung, der inneren Aufgeblasenheit. Vor allem beim hastigen Essen geschieht es häufig, daß wir Luft schlucken, während wir das Essen herunterschlingen. Der Brauch des Tischgebets hat seinen Sinn auch darin, innezuhalten, sich zu besinnen, Spannungen, die mit anderen Dingen zu tun haben, loszulassen, die Sorgen und Gedanken für eine Weile hintenan zu stellen und sich auf die Gegenwart zu konzentrieren. Das Gebet ist einerseits eine Bitte, andererseits läßt es Gefühle der Dankbarkeit und Achtung aufkommen. Diese Gefühle geben inneren Raum, der Atem schwingt dabei anders, als wenn ich Gier, Neid, Mißgunst, Ehrgeiz oder Abneigung empfinde. Atmen Sie also aus, bevor Sie einen Bissen nehmen. Machen Sie sich frei dafür, Neues in sich aufzunehmen. Sie werden es dann auch besser verdauen können.

Natürlich können Sie die Übung des Ausatems auch bei anderen Gelegenheiten machen, nicht nur beim Essen. Wann immer Sie sich ganz besonders auf die Gegenwart einschwingen möchten, atmen Sie bewußt und betont aus, so auch zum Beispiel bevor Sie zu sprechen beginnen oder zu einem Geschäftstermin in den Raum der Besprechung treten. Erlauben Sie sich, leer zu werden, um neue Fülle zuzulassen und genießen zu können.

Das Ausatmen ist auch ein gutes Mittel gegen den negativen Bann der Angst. Angst macht eng; bevor Sie aber dagegen atmen und sich verzweifelt durch Einatmen dagegen zu wehren versuchen, atmen Sie erst aus. Gehen Sie mit der Angst, nicht dagegen. Machen Sie sich leer, so daß die Angst keinen Nährboden mehr hat. Sie kann sich nicht halten, sie fließt davon; mit dem Ausatem, der ihren Körper verläßt, wird auch die Angst herausgeschwemmt.

Das Ausatmen kann ebenso Altes, Überflüssiges, Giftiges und Beschwerliches, alles, was Sie jetzt loslassen möchten, herausschwemmen. Stellen Sie es sich bildlich vor, wie all das, was Sie nicht mehr halten wollen und was Sie nicht mehr brauchen, Sie mit dem Ausatmen verläßt. In manchen Trance-Techniken wird der Ausatem ausdrücklich dazu benützt, eine innere Reinigung zu vollziehen. Wir können uns den Atem als schwarzen Rauch vorstellen, der ähnlich wie Stickstoff in den kosmischen Zyklus der Umwandlung gelangt. Für den Mensch ist dieser schwarze Rauch Gift, für Pflanzen ist er wichtige Nahrung, ebenso wie der Sauerstoff, den Pflanzen abgeben, für uns wiederum Nahrung bedeutet.

Durch die Vorstellung eines großen kosmischen Recyclings bin ich motiviert, meine Schlacken loszulassen, da ich weiß, daß andere Wesen davon profitieren. Habe ich hingegen Gewissensbisse, werde ich mich selbst zum Müllschlucker entwürdigen und meiner Gesundheit schaden. In einer Trance-Technik wird also der Ausatem als schwarz visualisiert, der sich von selbst reinigt und als weiße Substanz wieder eingeatmet werden kann.

Übung: Der Ausatem, der Ausdruck verschafft

In den Kampfsportarten wird Aktivität immer in der Phase des verlängerten und kontrolliert gerichteten Ausatmens gesetzt. Wird der Gegner in der Phase des regenerierenden Einatems überrascht, so ist das ein Plus, denn der Organismus, der erst einmal Luft holen muß, ist so mit sich beschäftigt und nach innen gerichtet, daß er keine Stärke nach außen verschwenden kann. In einer Situation der Auseinandersetzung ist dies eine Schwäche. In einer anderen Situation, wie etwa der der Regeneration oder der schöpferischen Pause hingegen, wird diese »Schwäche« jedoch zur Stärke. Es kommt auf die Situation und die damit verbundene Aufgabe an. Wenn wir vom längeren Atem sprechen, meinen wir den Ausatem, denn er verbindet sich mit Aktivität, Ausdruck und Wirkungskraft. Inspiration hingegen ist, wie das Wort schon sagt, mit der Phase des Einatmens verbunden.

Übung: Die Atemzüge zählen

Dies ist keine Trance-Induktion im eigentlichen Sinne, aber eine vorzügliche Vorbereitung dazu. Es macht still, gefaßt und lenkt vom inneren Monolog ab. Es ist schwer, innerlich mit sich ein aufgeregtes Gespräch zu führen und gleichzeitig gleichmäßig und ruhig zu atmen. Meistens sind wir mit inneren Gesprächen, mit ständigem Kommentieren und Rechtfertigen geradezu zwanghaft beschäftigt. Wenn wir nun innehalten wollen, müssen wir zunächst dem unruhigen Geist einen Ersatz anbieten, damit er sich beruhigt. Das ist das Zählen, es hat keinen Inhalt, ist nur Form, formales Denken. Wenn ich also bis Drei zähle, während ich einatme, und bis Fünf, während ich ausatme, und in der Pause zwischen Einatmen und Ausatmen Eins, zwischen Ausatmen und Einatmen aber Vier, dann ist mein Bewußtsein damit beschäftigt, den Vorgang des Atmens zu ordnen. Nichts macht das Bewußtsein lieber, endlich hat es etwas, woran es sich halten kann. Diese Zählübung lenkt also nicht ab, sondern beruhigt und vermittelt ein Gefühl von Ordnung. Die Aufmerksamkeit kann sich nun von außen nach innen wenden, und wir sind bereit für Trance-Reisen in die Innenwelt.

Übung: Chaotisches Atmen

Eine weitere Technik, um den inneren Monolog zu unterbrechen, ist die des chaotischen Atmens. Im Gegensatz zu einem rhythmisch gleichmäßigen Atmen paßt sich hier der Atem in Tempo und Rhythmus einer Musik oder einem Trommeln an, das besonders viele überraschende Wechsel aufweist. So kann das Bewußtsein sich nicht an den Atemrhythmus gewöhnen, sondern muß sich immer neu darauf einstellen. Da Denken und bewußtes Atmen nicht oder schwer zusammengehen, ist das Muster des inneren Monologisierens unterbrochen.

Übung: Bewußt einatmen

Lebensenergie bewußt zu sich nehmen, anziehen, aufnehmen, absorbieren, einsaugen, sich davon nähren (von Luft und Liebe).

In vielen Atemschulungen wird immer wieder gesagt: der Einatem kommt von selbst. Stimmt. Aber wenn ich über die Stränge schlagen will – und wer will das nicht irgendwann mal? –, dann ist es an der Zeit, den Einatem als köstlichstes Geschenk in mich aufzusaugen, mich volllaufen zu lassen, mich vollzupumpen, vollzudröhnen, mich daran zu berauschen. Wenn ich mehrmals tief oder auch schnell einatme, dann kann ein Kribbeln im ganzen Kopf, ein Flimmern vor den Augen, eine Spannung im Kopf, kurzum ein Gefühl entstehen, als hätte ich Drogen genommen. Aber es handelt sich hier um körpereigene Drogen, gegen die sich nichts einwenden läßt. Wir sprechen zum Beispiel vom »Jogger-High«, das sich ohne Marihuana und Kokain einstellt, wenn wir den toten Punkt in der körperlichen Anstrengung des Laufens überwinden und weiterlaufen. Oft wird bei Entzugstherapien das Jogging schon als Methode angewendet, den künstlichen Rausch durch den eigenproduzierten zu ersetzen. Nachteil: Ich muß immer länger laufen, um dem Organismus den Ausstoß von körpereigenen Drogen abzugewinnen. Und auch das kann zum Problem werden, weil ich am Schluß nur mehr am Laufen bin. Natürlich muß hier auch psychotherapeutisch die Suchtstruktur bearbeitet werden – trotzdem eignen sich Trance-Techniken im allgemeinen und die des Atmens im besonderen sehr gut für einen Entzug. Dies gilt nicht nur für Drogen, sondern auch für andere Gifte wie Nikotin und Alkohol, aber auch für Süchte wie die Spielsucht, Arbeitssucht etc. Die Sucht wird durch ekstatische Ausnahmezustände befriedigt. Ekstase gehört zum Leben, auch zum modernen Leben. Und es tut gut zu wissen, durch ganz einfache Methoden selbst an mein ekstatisches Potential herankommen zu können.

Hyperventilaton

Wenn ich vor Schreck schnell atme und dadurch zuviel Sauerstoff in das Gehirn pumpe, kann sich der Zustand der Hyperventilation äußerst unangenehm anfühlen und sogar Panik verursachen. Oft ist er begleitet von Krämpfen und Starre, die die Panik verstärkten. Habe ich mich aber bewußt auf eine solche ekstatische Atemtechnik eingelassen (zum Beispiel im »Rebirthing«), dann weiß ich, daß dies dazugehört und halte den Atem nicht verschreckt an, sondern übergebe mich dem organischen Geschehen des Atem- und Lebensflusses. Die Verspannung löst sich, und mein ganzer Körper ist von einer Lebensfreude durchflutet, die das Maß des Gewöhnlichen weit übersteigt.

Übung: Den Einatem bewußt anhalten

Das ist eine Trance-Technik für Fortgeschrittene, obwohl sie Kinder auch schon ausführen. Vielleicht erinnern Sie sich, wie Sie als Kind den Atem angehalten haben und stolz darauf waren, lange unter Wasser bleiben zu können? Vielleicht hatten Sie es sogar bis zur Meisterschaft gebracht und sind blau angelaufen, worauf Ihre Eltern einen Riesenschrecken bekamen und Ihnen endlich die Aufmerksamkeit schenkten, die Sie immer schon haben wollten. Vielleicht erinnern Sie Sich auch nicht mehr daran, denn wenn Sie ein solcher Meister waren, war dies wahrscheinlich in einer frühkindlichen Phase, in der das Bewußtsein ebenso wie die Sprache noch nicht eingesetzt haben. Kinder sind Meister darin, sich in Ausnahmezustände hineinzukatapultieren, sei es aus Spaß am Abenteuer und am Ausnahmezustand, sei es als Mutprobe und Beweis der eigenen Unerschrockenheit oder als geschicktes Manöver der Erpressung. Wie auch immer: Der angehaltene Einatem ist eine uralte magische Taktik.

In manchen Techniken der Visualisierung, in denen es um die Erfüllung der geheimsten Wünsche geht, wird der Einatem angehalten, um dem Körper zu signalisieren: He, wach auf, jetzt kommt mal was ganz anderes, jetzt beginnt das Ungewöhnliche, Unmögliche, Undenkbare, hier und jetzt, paß auf, dies ist ein Ausnahmefall! Wenn dieser Ausnahmefall im Organsimus vermerkt wird, dann schenkt ihm das Bewußtsein besondere Beachtung, denn alle Schutzmechanismen, alle Abwehrstellungen, alle Vorsichtsmaßnahmen sind auf Alarm eingestellt. Der Organismus hat ein Signal empfangen, das auf etwas Besonderes, Unerwartetes hinweist. Die Aufmerksamkeit konzentriert sich, alles ist gespannt. Wenn ich jetzt das Bild meiner Wünsche wie ein Dia einschiebe und auf die leere, aufnahmebereite Leinwand meines Bewußtseins projiziere, dann kann ich der ungeteilten Zuwendung gewiß sein. Alles in mir konzentriert sich auf das Bild, es ist wie eingebrannt in meiner Stirn. Es ist ein Programm, das ich installiere, mir einritze, einspeichere. Die Löschung einer solchen ins Hirn eingebrannten Suggestion ist ein ziemlich großer Aufwand, deshalb sollte der Text des Spruchbands vom Inhalt her gut durchgedacht sein, bevor man es aufsetzt – so eine Fessel ist nicht ohne weiteres wieder abzustreifen und wirkt manchmal auch wie eine Zwangsjacke. Solange man Spruchbänder trägt, kann einen die köstliche Brise der Freiheit nicht mehr so recht an den Schläfen erreichen und streicheln. Ist es das Opfer wert?

Übung: Den Ausaten gehen lassen, in die Leere eintreten, sterben

Jedes Ausatmen ist ein kleiner Vorgeschmack auf das Sterben, ebenso wie jeder Einatem ein Erleben des Geborenwerdens, der Wiedergeburt sein kann. Bewußt den Ausatem in eine Phase des Nichts, der Leere und Stille übergehen zu lassen, ist eine gute Vorbereitung für Trancen, die meditativen Charakter haben. Sie ermöglichen es, das Sterben als einen Teil des Lebens zu erfahren und auf die andere Seite zu gelangen, die der normalen und gewohnten hektischen Aktivität entgegengesetzt ist und doch in den Lebensryhthmus gehört, der zwischen den Polen von Handeln und Geschehenlassen, Geben und Nehmen, Senden und Empfangen hin- und herschwingt. Besonders geeignet ist diese Technik, um besser zuhören zu lernen. Schließen Sie die Augen, lassen Sie die Augäpfel nach unten absinken, atmen Sie aus und verharren Sie eine Weile so, als wäre die Zeit stehengeblieben. Sie sind jetzt aufnahmefähig, Sie haben ganz auf Empfang gestellt und lassen kommen, was kommen will.

Übung: Der zirkuläre Atem

Eine weitere Trance-Technik, die durch den gelenkten Atemfluß bewerkstelligt wird: der zirkuläre Atem, bei dem sich Ein- und Ausatem verbinden und schließlich zu einem nahtlos ineinander übergehenden Kreislauf schließen. Dabei gibt es drei Varianten:

a) Der langsame Kreis-Atem, bei dem der Einatem durch den leicht geöffneten Mund hörbar eingesogen wird und der Ausatem ebenfalls hörbar durch den Mund den Körper verläßt. Man kann sich vorstellen, dadurch das Geräusch eines Windes, sogar eines wilden Sturmes zu machen.
Es kann auch durch die Nase ausgeatmet werden (Schnaufen).

b) Der mittelschnelle Kreis-Atem, bei dem der Mund geschlossen bleibt und der Atem sich hörbar entlang der Nasenflügel ein- und ausbewegt (Schnüffeln).

c) Der schnelle Kreis-Atem (Hecheln)
Wenn zuviel Sauerstoff ins Gehirn gelangt, kann es sein, daß Sie ein Kribbeln in den Händen und Druck im Kopf spüren. Gleichen Sie dies dann durch lange nachdrückliche Züge des Ausatmens aus.

Übung: Atmen im Zusammenhang mit den einzelnen Sinnen

– Einatmen und ein Objekt anschauen, das durch den Einatem herangeholt und verinnerlicht werden soll.
– Ausatmen und ein Objekt anschauen, das durch die Synchronisation von Atem und Blick auf Distanz gehalten oder in die Ferne gerückt werden soll.

Dasselbe gilt für die anderen Sinne:
– der Einatem holt herein,
– der Ausatem rückt weg, stößt aus.

Übung: Chakrenatmung

1. Chakra – Riechen
2. Chakra – Schmecken
3. Chakra – Sehen
4. Chakra – Fühlen
5. Chakra – Hören
(6. und 7. Chakra keine Zuordnung)

In den nun folgenden Trance-Techniken, die in Zuordnung mit den fünf Sinnen aufgelistet werden, können Sie die Trancen mit dem bewußt gelenkten Atem in die entsprechenden Körperbereiche der Chakren leiten.

Trance-Induktionen durch Räuchern, Rauchen und Riechen

Der Geruchssinn ist dem 1. Chakra zugeordnet und hat mit unserer Fähigkeit zu einer instinktiven Orientierung in der Welt zu tun. Er scheint auch dann noch zu funktionieren, wenn alle anderen Sinnesfunktionen ausgeschaltet sind, weswegen in Zeiten häufiger Ohnmacht die Frauen immer ein Riechfläschchen bei sich trugen. Gerüche übermitteln uns direkte Informationen, die nur dann in das Bewußtsein treten, wenn etwas nicht stimmt. Das Wachbewußtsein, das über unsere Sicherheit wacht, versucht dann herauszubekommen, was da »stinkt« oder »an der Sache faul« ist. Meist aber haben wir »keinen blassen Dunst« von dem, was wirklich läuft. Besonders der Geruchssinn ist im Laufe der menschlichen Entwicklung abgestumpft. Angenehme Gerüche fallen zunächst nicht so stark auf und beeinflussen unauffällig das Gesamtbefinden positiv. Nur wenn die »Luft rein« ist und uns das – vielleicht gegen unsere Gewohnheiten oder Erwartungen – besonders auffällt, merken wir an den tiefen lustvollen Atemzügen, mit denen wir die Luft ganz bewußt aufnehmen, wie wohl wir uns fühlen.

Künstliche Düfte überdecken Körpergerüche, die früher als erotisierend galten.

Interessanterweise wird das Wort Riechen in seiner passiven wie auch in seiner aktiven Form verwendet: Jemand riecht (und das heißt in unserem Wortgebrauch, daß er schlecht riecht, um nicht zu sagen stinkt) und jemand riecht etwas. Geruch ist also etwas, was abgesondert und ebenso aufgenommen werden kann.

Ganz bestimmte Gerüche verbinden sich mit Erinnerungen und holen diese als ein komplexes Gebilde vielfältiger Wahrnehmungen wieder in die Gegenwart. Nichts kann ein Erlebnis so stark und unauslöschlich in unserer Erinnerung verankern wie ein Geruch, auf den wir konditioniert sind. Vielleicht wissen

Sie aus eigener Erfahrung, daß zum Beispiel der Geruch nach Bohnerwachs die Erinnerungen an Schulräume weckt, und damit ganze Abschnitte der Schulzeit wieder lebendig werden läßt. Oder bestimmte Gerüche in Treppenhäusern oder auf Bahnhöfen verbinden sich mit verschiedenen Zeitabschnitten und Ländern. Das Aufregendste am Reisen sind für mich immer die fremden Gerüche, mit denen ich die ganze Exotik in mich aufnehme.

Sprachmetaphern verweisen darauf, daß das Riechen im aktiven Sinne von einer bestimmten Fähigkeit zeugt, nämlich einer gewissen instinktiven, erdverbundenen und sinnlichen Intelligenz (im Sinne von Bauernschläue): einen Riecher haben, eine gute Nase haben, die Nase vorn, die Nase im Wind haben; gleichzeitig wird es gesellschaftlich nicht besonders gern gesehen, eine allzu gute Nase zu haben, die gleich einem Spürhund die Witterung aufnimmt, den Braten riecht, schon zehn Kilometer gegen den Wind gerochen hat, daß etwas stinkt, und mit solchen unfeinen Tätigkeiten wie Schnuppern (Ausprobieren) und Schnüffeln (Auskundschaften) beschäftigt ist. Eine breite Nase mit großen Nasenlöchern galt früher als triebhaft und widersprach dem Schönheitsideal des gesitteten Mädchens.

Im Zusammenhang mit Trance-Induktionen spielt das Riechen im aktiven wie passiven Sinne von jeher eine große Rolle. Gerade da, wo das Unbewußte angesprochen werden soll, ist besonders darauf zu achten, daß der Geruch des Raums dazupaßt. Von jeher sind Räucherwaren dazu eingesetzt worden, um den Ritualraum, in dem Trancen induziert wurden, entsprechend vorzubereiten und »auszuräuchern«. Der Rauch hat reinigende Wirkung, insbesondere wenn er von bestimmten Kräutern, beispielsweise Salbei, stammt. Andere Gerüche haben selbst schon bewußtseinsverändernde Wirkung, so der Weihrauch, der noch bis zum II. Vatikanischen Konzil in der katholischen Messe eingesetzt wurde. Die Räucherstäbchen der Morgenlandfahrer und der Rauch von Marihuana ersetzten die typischen Intellektuellengerüche nach Gaullois und Rotwein in den Sechzigern. Sie prägten entscheidend den Lebensstil der Hippies der Siebziger Jahre; in den Achtzigern kamen die Duftlampen auf, die sich auf natürliche Aromastoffe spezialisierten. Heute führt ein anwachsender Trend weg von künstlichen Düften, die – wie übersinnliche Personen mir immer wieder versicherten – die Aura schrumpfen und in sich zusammenfallen lassen wie ein Soufflé, hin zu Duftstoffen, die der Natur abgewonnen werden. Da atmet die Aura gleich ganz anders, und der einigermaßen bewußte Mensch muß zugeben, daß der synthetische Duft im Vergleich zu den ätherischen Ölen sich ziemlich abgestanden und fahl ausnimmt.

Riechen, Räuchern und Rauch betrifft also nicht nur die sogenannte grobstoffliche Physis des Menschen, sondern dringt bis zu den feinsten Sphären energetischer Verhältnisse vor. Gerüche können Nahrung für die Aura sein oder Gift.

Der Körpergeruch des Menschen verändert sich mit seinem physischen, emotionalen und geistigen Zustand. Krankheit und geistige Verwirrung ebenso wie ein Überwältigtwerden von starken Gefühlen können sich durch Geruch ausdrücken. Von Heiligen wird berichtet, daß es in ihrer Nähe nach Rosen roch.

Rauchzeichen waren schon in frühester Zeit als ritueller Kontakt mit Göttern und Geistern bekannt und hatten eine bestimmte Bedeutung bei Opferritualen. Kain erschlug Abel auf Grund der Tatsache, daß der Rauch des eigenen Opfers nicht so gerade in den Himmel stieg wie der des Bruders. Mord aus Neid auf Rauch! Rauch setzt weithin ein Zeichen, daß zum Beispiel Feuer in einem bewohnten Haus mit Herd brennt oder daß ein Feuer ausgebrochen ist. Das gemeinsame Rauchen wirkt verbindend und wird als Kommunikationsritual bei mehr oder weniger feierlichen Anlässen eingesetzt – die Friedenspfeife der Indianer ist jedem Karl-May-Leser bekannt; sie wird aber tatsächlich bis heute als Ritual gepflegt. Ebenso gehört das »Smudging« (Reinigen durch Räuchern) zu indianischen Ritualen und das Rauchen von Marihuana zu einem religiösen Ritus.

Rauch deutet auf etwas hin. Wie das Sprichwort sagt:

»Wo Rauch ist, da ist auch ein Feuer.«

Im Zusammenhang mit Trance-Induktionen spielten das Riechen, Räuchern und Rauchen bei uns im Westen eine untergeordnete Rolle. Das kann sich ändern, wenn es gesellschaftlich mehr anerkannt wird, eine feine Nase zu besitzen und sogar hellriechen zu können, statt nur hellhörig zu werden.

Trance-Induktion können verstärkt werden durch das unwillkürlich tiefe Einatmen, das ein angenehmer Geruch auslöst. Dabei ist zu unterscheiden zwischen anregenden und beruhigenden Gerüchen, also solche, die mehr Konzentration und geistige Anspannung fördern, also für Lernsituationen geeignet sind, während andere Gerüche zur Entspannung einladen und erotisierend wirken. Wählen Sie, je nachdem, was das Ziel Ihrer Trance oder Autosuggestion ist, den passenden Geruch. Falls Sie in einer Gruppe arbeiten, sollten Sie den Geruch schon vorher getestet haben, und zwar nicht nur an sich selbst. Auf keinen Fall sollte der Geruch zu ungewöhnlich sein, weil er sonst das Wachbewußtsein mit seiner wachsamen Kontrollfunktion aufweckt, er sollte nicht penetrant wirken und dezent eingesetzt werden. Manche Gerüche können noch so gut sein, wecken aber unangenehme Erinnerungen, beispielsweise erinnert Bergamotte an das Bohnerwachs gewienerter Schulböden und weckt bei den meisten die Assoziation von Schulstreß und Leistungsdruck.

Trance-induzierende Atemtechniken können durch die Vorstellung verstärkt werden, einen angenehmen Geruch tief in sich aufzunehmen, zum Beispiel das Riechen an einer Rose. Das schnelle Atmen, wie es im Rebirthing eingesetzt wird, kann durch die Vorstellung eines neugierigen, aufgeregten Jagdhundes unterstützt werden. Durch das Schnüffeln und Schnuppern wird auf instinktiver Ebene das Neue zugänglich gemacht, Neugier als sinnliches Erlebnis vermittelt – ein äußerst effektives Mittel gegen Resignation!

Gerüche, mit denen sich bestimmte angenehme Erlebnisse verbinden, können positive Lernerfahrungen tief im Unbewußten verankern. Jedesmal, wenn ich den Geruch wahrnehme, wird auch die Lernerfahrung aktiviert.

Übung:

Therapeutische Trancen bei Raucherentzug arbeiten
- einerseits damit, die invidiuelle Bedeutung des Rauchens für den Raucher herauszufinden
- und um das Rauchen durch andere, weniger gesundheitsschädigende Rituale zu ersetzen,
- andererseits um die positive Lernerfahrung des Nichtrauchenmüssens im Unbewußten durch neue Riecherfahrungen zu verankern.

Hinweis:

Raucher rauchen oft, um
- ein Rauchzeichen zu setzen, ein Territorium durch den Geruch zu besetzen,
- mehr Raum einzunehmen, zu innerlicher Größe zu finden, zu expandieren,
- mehr Luft, Abstand und Freiheit zu gewinnen,
- dem blauen Dunst nachzuschauen und sich so auszudrücken,
- in Gesellschaft etwas in Händen zu haben,
- durch eine gemeinsame Rauchwolke verbunden zu sein,
- sich selbst einzuräuchern im Sinne von Selbstberauschung.

Der Phantasie sind keine Grenzen gesetzt, neue Rituale für alte Bedürfnisse zu schaffen oder auch die alten Bedürfnisse zu überprüfen und eventuell andere, neue Lösungen zu finden.

Trance-Induktionen durch Schmecken

Der Geschmackssinn ist dem 2. Chakra zugeordnet. Dieses hat einerseits mit Lust und Unlust, mit dem eigenen Selbsterleben und Körpergefühl zu tun, andererseits mit der Art, wie das Zusammenleben mit anderen, in der Familie, mit einer Gruppe, innerhalb der Gesellschaft usw. erlebt wird.

Geschmack ist eine Feinabstimmung auf der nicht-kognitiven Ebene. Noch lange bevor der Verstand erklären kann, warum ihm etwas zuwider ist, ekelt, aufstößt oder »gut runter geht«, weiß es der Bauch schon, der ein genaues Gefühl dafür hat, was mir guttut und was nicht. In meinen Bauch fühlen heißt, mich nach meinem Geschmack zu richten.

Es ist anzunehmen, daß bei der Vielzahl von Kräutern, mineralischen Substanzen oder Arten von Tierfleisch, mit denen der Mensch im Lauf der Kulturgeschichte in Kontakt gekommen ist, die Unterscheidung zwischen giftig und ungiftig, verträglich und unverträglich, heilend oder krankmachend, schmackhaft oder ungenießbar, viele Opfer gefordert hat, denn Schmecken ist Erfahrungssache ebenso wie das Verdauen und Verwerten. Was ist bekömmlich, was nicht? Auch da gibt es große Unterschiede zwischen den Menschen: Was dem einen guttut, ist für den anderen Gift. Natürlich gibt es dabei einige Gifte, die niemandem bekommen. In kleinen Portionen verabreicht, können sie jedoch als Heilmittel wirken. Man stelle sich vor, wieviel Erfahrung es bedurfte und immer noch bedarf, um die Unverträglichkeit auszutesten!

Heute müssen Tiere für solche Tests herhalten. Früher aber probierten wahrscheinlich die Menschen selbst aus, was ihnen bekam und was nicht beziehungsweise ließen Untergebene probieren. So gab es den Vorkoster, der für Herrscher, die durch Giftanschläge täglich bedroht waren, testete ob die Mahlzeit zuträglich war. Auch heute noch ist eine beliebte Spielart des Mordens das Vergiften.

Selbst wenn die Vergiftung von niemandem beabsichtigt ist, kommt sie immer wieder vor, als Folge von vergiftetem Trinkwasser, von verdorbenen Lebensmitteln, von kranken Tieren, bestrahltem Gemüse und Obst, durch unverantwortliche Manipulation der Waren oder durch Umwelteinflüsse. Das Leiden, die Krankheit oder sogar der Tod kommt durch das Essen.

Essen ist also nicht nur Geschmackssache, sondern auch Vertrauenssache. Das Kind ist zu Beginn seines Lebens vollkommen abhängig von der Muttermilch beziehungsweise von dem, was es von der Mutter oder der Bezugsperson zu essen und zu trinken bekommt. Das geschmäcklerische Herumschieben des Essens im Mund, wie es Kinder tun (und nicht nur Kinder), das Ausspucken des Breis oder auch das ausdrucksstarke Ablehnen bestimmter Speisen mag verärgern, stellt aber vielleicht eine wichtige Entwicklungsstufe in der Ausbildung des eigenen Geschmacks dar.

Das, was ich in den Mund stecke, soll mir guttun. Es soll mich nähren, aufbauen, stärken oder reinigen und heilen. Woher kann ich wissen, ob ich dem Essen trauen darf und ob das, was ich im Mund habe, auch wirklich herunterschlucken kann oder lieber ausspucken sollte.

Hier hilft es, die Intuition zu Rate zu ziehen und die Sinne anzusprechen, natürlich ohne den logischen Verstand auszuschalten. Ich sollte beim Schmecken nicht ausschließlich nach meinen Gefühlen, nach meinen Sinnen und Gelüsten gehen. Aber das Schmecken in Trance hat schon bedeutsamen Aufschluß darüber gegeben, was wirklich gut ist für mich und was nicht. Auch ausgewählte Autosuggestionen, die bewußt eingesetzt werden, können bei gestörtem Eßverhalten ebenso wie ungesundem Trinken (von Alkohol) Abhilfe schaffen.

Viele Sprachmetaphern spielen auf die Verbindung von Essen, Kosten, Prüfen, Aufnehmen und Lieben an. Lesen Sie sie und achten Sie darauf, welche Assoziationen oder Erfahrungen Sie damit verbinden.

Ich habe dich zum Fressen gern! Es schmeckt mir nicht, was du da sagst. Jemand hat Geschmack. Ich habe Geschmack daran gefunden. Das schmeckt nach mehr; sich den Wanst vollschlagen, sich voll laufen lassen. Er hat sie vernascht. Er verschlang sie mit seinem Blick. Das läßt mir das Wasser im Munde zusammenlaufen. Er hat ihr Honig ums Maul geschmiert. Das geht mir herunter wie Zuckerwasser. Süßholz raspeln. Das ist ja trocken wie Sägemehl. Da bleibt einem der Bissen im Munde stecken. An etwas zu kauen haben, etwas nicht herunterbekommen; keinen Bissen herunterbekommen. Etwas ist schwer verdaulich. Etwas stößt mir sauer auf. Ich finde es zum Kotzen. Die bittere Pille schlucken müssen, in den sauren Apfel beißen. Die Süße des Lebens, der Wermutstropfen. Das ist sehr bitter für mich. Er machte ein essigsaures Gesicht. Ich bin sauer auf dich! Da hat er sich etwas eingebrockt – die Suppe muß er nun selbst auslöffeln. Da waren die Augen mal wieder größer als der Magen. Er genoß das Leben in vollen Zügen. Er kostete das voll aus. Er ist trunken vor Freude. Wie köstlich!

Sprichwort

»Liebe geht durch den Magen.«

Übung: Trance-Induktion: Das Wasser im Munde zusammenlaufen lassen

Hier können Sie Ihre Fähigkeiten der Autosuggestion testen. Sind Sie fähig, sich selbst in einen solchen Zustand der Vorfreude und des Vorgeschmacks zu versetzen, daß Ihnen das Wasser im Munde zusammenläuft? Sind Sie fähig, den Speichelfluß kraft Ihrer Vorstellung anzuregen, und was müssen Sie genau tun, um dies zu bewirken?

Einige Hinweise und Vorübungen:

— Es hilft, den Kiefer zu entspannen und sich dadurch in einen Zustand zu versetzen, in dem Sie sich nichts verbeißen müssen. Alle Verbissenheit, mit der Sie vielleicht bis zu diesem Augenblick immer wieder die Zähne zusammengebissen und sich durch das Leben hindurchgebissen haben, weicht einem Gefühl purer Lust. Es hilft, die Lippen ein wenig zu öffnen, vielleicht sogar den Mund ein wenig weiter aufzumachen und die Augen zu schließen und sich auf die wohltuende Wirkung von Wasser zu konzentrieren. Stellen Sie sich vor, ähnlich wie in der Wasser-Trance, wie der Prozeß der Verflüssigung das Leben leichter macht und Lösungen näher bringt. Lassen Sie das Lustgefühl, das sich nun langsam aber sicher in Ihnen entwickelt, ein wenig anstehen, so daß Sie den Speichel, der sich im Mund ansammelt, tatsächlich spüren, bevor Sie ihn gewohnheitsmäßig herunterschlucken.
Lassen Sie die Lust sich ein wenig mehr ausbreiten als Sie es normalerweise tun.

— Es hilft natürlich auch, sich bestimmte Speisen und Getränke vorzustellen, wobei es nicht nur um das Was beim Essen und Trinken geht, sondern um das Wie. Konzentrieren Sie sich nun auf den ersten kleinen Schluck, den allererstern Bissen, ein Probeschlückchen, ein Appetithäppchen, mehr nicht. Lassen Sie den Geschmack sich im Mund ausbreiten, auf der Zunge zergehen. Kosten Sie es aus, essen und trinken nicht gleich als Überlebensstrategie einzusetzen, sondern verhalten Sie sich was den Geschmack betrifft wie ein Feinschmecker und wählerisch wie der größte Snob, dem nur das Beste gerade gut genug ist.

— Und nun gehen Sie in Ihrer Vorstellung weiter, schlucken die köstliche Kostprobe herunter. Wie ist der Nachgeschmack? Erlauben Sie sich, sehr anspruchsvoll zu sein

und auch den Nachgeschmack einer genauen Geschmacksprobe zu unterziehen, als wäre er die Kostprobe selbst.
- Nun lassen Sie einige Zeit vergehen, sagen wir 30 Minuten. Wie schätzen Sie, werden Sie sich jetzt fühlen, nachdem sie das Gekostete gegessen haben und es im Magen angekommen ist?
- Lassen Sie wieder einige Zeit vergehen, sagen wir zwei Stunden. Wie schätzen Sie ein, werden Sie sich jetzt fühlen, nachdem sie das Gekostete gegessen haben und es im Darm verdaut wird? Wie schlafen Sie in der darauf folgenden Nacht mit dieser Speise im Leib? Erlauben Sie sich höchste Ansprüche – schließlich ist es Ihr Leib!
- Oft schmecken wir mehr mit den Augen als mit Mund und Magen. Etwas mag gut aussehen, aber schlecht bekommen. Etwas mag Ihnen beim ersten Bissen so unersetzlich gut erscheinen, daß Sie nicht glauben, darauf verzichten zu können. Doch schon beim zweiten oder dritten Bissen merken Sie, daß dies Ihnen nicht guttut. Und sehr oft merken wir erst dann einer Speise ihre Unbekömmlichkeit an, wenn wir uns schon den Magen damit vollgeschlagen haben. Oft fühlt sich der Magen erschlagen und wir uns mit ihm. Kommen Sie diesem Mißgeschick durch die Entwicklung Ihres Geschmacks und Vorgeschmacks zuvor, und wissen Sie, dank Ihrer Intuition, schon im voraus, was Ihnen später nicht bekommen wird!

Übung: Schamanische Trance-Induktion des Schmeckens

Stellen Sie sich vor, Sie wären eine Schamane und versuchten, den Geist des Nahrungsmittels zu kontaktieren. Stellen Sie sich dabei vor, daß in jedem Kraut, das wächst, ein Geist wohnt, der ein Anliegen hat, und stellen Sie sich nun vor, daß dieser Geist Ihnen etwas mitteilen will, während Sie das Kraut, in dem er wohnt, auf Ihre Zunge legen. Sie bringen sich in eine angenehme entspannte Lage, und nun beginnt, wie bei allen schamanischen Reisen, das Trommeln oder Rasseln und versetzt Sie in Trance. Zuerst werden Sie vermehrten Speichelfluß erleben und, aufgelöst in der Flüssigkeit, einen bestimmten Geschmack feststellen können. Noch müssen Sie gar nichts schlucken. Sie können das Geschmeckte jederzeit wieder ausspucken. Dann kann es sein, daß Sie, wie in anderen Trance-Reisen auch, »entführt« oder »ergriffen« werden und sich in einer Phantasielandschaft wiederfinden. Manchmal tauchen auch Gestalten einfach aus dem Dunkel auf und sind nur schemenhaft im Hintergrund auszumachen. Die Begegnung mit Pflanzengeistern ist nicht so auf die Bedürfnisse des klaren Menschenverstandes abgestimmt – oft geben sich die Geister nur durch ein vages Gefühl im Bauch zu erkennen. Trotzdem – es ist gut, solche Bekanntschaften zu machen, weil sie unseren Sinn für das Schmecken und Abschmecken schärfen. Stellen Sie sich vor, Sie würden jeden Bissen, den Sie in den Mund nehmen, einer solchen schamanischen Prüfung unterziehen!

Übung: Sich den Geschmack einer Speise vorstellen

Entwickeln Sie Ihren Sinn für das Schmecken, um Ihrem Körper das zuzuführen, was ihm guttut.

Oft haben Kranke einen Widerwillen gegen die Kost, die ihnen schadet – Lebergeschädigten wird schon beim Gedanken an Fritiertes schlecht. Machen Sie eine Kunst daraus: Stellen Sie sich alles, was Sie zu essen gedenken, zuerst einmal vor. Machen Sie sich einen sinnlichen Begriff von dem, was sie im Begriff sind einzunehmen. Testen Sie Ihren Körper auf seine Bedürfnisse, Vorlieben und Abneigungen hin. Es ist erstaunlich, wie oft der Körper genau sagt, was er braucht, wenn wir ihm genau zuhören und uns nicht von vorgefaßten Meinungen beeinflussen lassen. Das betrifft auch die Menge und den Zeitpunkt des Essens.

Trance-Induktionen bei Eß-Störungen

Sprachmetaphern weisen schon darauf hin, daß der Leib als Müllschlucker herhalten muß, wenn Essen »vertilgt«, »aufgeputzt« und »weggemacht« werden soll. »Was auf dem Teller kommt, wird aufgegessen« ist eine Regel, die über die Bedürfnisse des Körpers hinweggeht. Auf Vorrat essen ist eine weitere Art, den Körper zu überfahren und ihn als Proviantsack zu mißbrauchen. Magersucht kann eine Antwort auf diesen zwar gesellschaftlich anerkannten, aber letztlich verachtenden Umgang mit dem Körper sein. Bei Magersucht herrschen oft Ideale der Reinheit und Unbeflecktheit vor, die den Körper vor einer solchen Kränkung bewahren möchten.

Da gerade bei Frauen das Schönheitsideal den weiblichen Körper weder als Müllschlucker noch als Proviantsack sehen will, kommt es darüber hinaus zu Eßstörungen, die zwischen Schlingen und Würgen hin- und herpendeln, wobei der Organismus völlig überreizt und »gekränkt« wird. Zudem machen latente Schuld- und Schamgefühle ebenso wie unbewußte Strategien der Selbstbestrafung den Eß-Störungen kein Ende, sondern unterstützen ein Verhalten, das aus dem natürlichen Gleichgewicht geraten ist.

Trance-Induktionen können helfen, indem sie den Wert des eigenen Geschmacks bestätigen und im Eßverhalten verankern. Langsam und bewußt zu essen verhindert unbewußte Mechanismen. Die Wertschätzung des eigenen Geschmacks führt von der Verachtung des Körpers und der Sinne hin zu einer Achtsamkeit, die das Selbstwertgefühl aufbaut und erhält. Essen kann zu einer Meditation werden.

Trance-Induktionen zur Unterstützung beim Fastenbrechen

Nach dem Fasten kommt es sehr drauf an, wieder langsam das normale Eßverhalten aufzunehmen. Am Anfang schmeckt alles besonders köstlich. Dann aber läßt der Reiz des Schmeckens nach, und das alte achtlose Eßverhalten will wieder einsetzen. Dadurch wird der Wert und die Wirkung des Fastens stark unterlaufen. Auch Diäten, bei denen der Körper sich wunderbar regeneriert hat, werden durch den Rückfall in alte schlechte Eßgewohnheiten, die sich nun verstärkt zurückmelden, zunichte gemacht.

Trance-Induktionen können hier helfen, den Rückfall miteinzubeziehen und ihn sich so konkret vorzustellen, daß der Nachteil körperlich ganz vergegenwärtigt wird. Der Vorteil eines gesunden Körpergefühls wird dann offenbar, und langsam kommt der Körper auf einen neuen Geschmack: Gesundheit.

Bei Alkohol-, Zucker- oder Nikotin-Problemen können solche Geschmacksmeditationen dazu führen, Gesundheit zu einem sinnlichen Ereignis werden zu lassen. Der Entzug, das Aufgeben bestimmter liebgewordener Gewohnheiten und der Verlust verbotener Gelüste wird dann durch den Gewinn aufgewogen, daß ich an einer Kost Geschmack finde, die dem Körper guttut.

Ich kann einen Entzug mit Willen, Verstand und eiserner Disziplin erreichen, mir mit List und Tücke durch Autosuggestion »einreden«, ich kann aber auch umschalten auf einen neuen Geschmack, der in seiner Sinnlichkeit dem alten in nichts nachsteht. Oft jedoch sind es weniger der Körper und seine sinnlichen Bedürfnisse als der Trotz, der einer solchen Umstellung im Wege steht. »Lieber sterben, als auf das Rauchen verzichten. Was hat man sonst noch vom Leben?« – Wenn der Trotz jedoch einmal der Neugier gewichen ist, kann es gut sein, daß sich in Trance ein neuer Lebensgeschmack einstellt.

Trance-Induktionen durch das Sehen

Das Sehen ist dem 3. Chakra zugeordnet und wird klassischerweise mit den Leidenschaften in Zusammenhang gebracht. Das Sehen ermöglicht das Vereinnahmen eines Objektes durch den Blick, der verschlingenden, verzehrenden Charakter annehmen kann. Das 3. Chakra wird auch dem Element Feuer zugeordnet, und die Augen können den Zustand des inneren Feuers verraten. Ist es aus der Kontrolle geraten und beherrscht es den Menschen oder ist es erloschen, der Blick leblos, kalt oder trüb? Ein warmer Blick läßt darauf schließen, daß ein Mensch sein inneres Feuer pflegt und nährt und den explosiven Vulkan der Impulse und Triebe in Wärme und Licht verwandelt hat.

Das Wort Sehen beruht auf der indogermanischen Wurzel »sek«, die eigentliche Bedeutung ist »mit den Augen verfolgen« und ist verwandt mit dem lateinischen »sequi«, folgen, wie es auch in unserem Fremdwort »Konsequenz« enthalten ist. Sehen ist auch gleichbedeutend mit bemerken. Einsehen, nachsehen, zusehen, absehen, sich vorsehen – alles das hat seltsamerweise mit dem Unsichtbaren zu tun oder bezeichnet mentale Prozesse, die sich, von außen nicht einsehbar, im Innenleben eines Menschen abspielen. Das Schauen ist ebenfalls eine gerichtete Wahrnehmung, das Wort ist verwandt mit »schön« und verrät durch seine gemeinsame Wortwurzel seine Verwandtschaft mit »bemerkenswert«, »auffallend«. Interessant ist das Wort Blicken, das ursprünglich »Aufleuchten«, »Strahlen« bedeutete (Verwandtschaft mit »Blech« als Glänzendem!) und den Spruch Goethes veranschaulicht: »Wär' dies Aug' nicht sonnenhaft, die Sonne könnt' es nie erblicken.«

Es gibt vier Dimensionen des Sehens: Farbe, Form, räumliche Tiefe und Bewegung.

Das Sehen ist derjenige Sinneskanal, auf dem in kürzester Zeit am meisten Bilder aufgenommen und gespeichert werden können. Das wichtigste Kommunikationsmittel im Gehirn selbst sind Bilder, denn mittels Bildern, die Informationen zu größeren Einheiten zusammenfassen und einordnen, können wir uns von der Welt ein Bild machen. Eine solche kleinste Bewußtseinseinheit könnten wir mit einem Begriff aus der Computersprache belegen und von einem Bit sprechen. Auch die Gegenwart hat also – entgegen den herkömmlichen Vorstellungen – eine Ausdehnung, denn sie stellt ein Bit in dem subjektiven Erleben des Menschen dar. Erst wenn sich dieses Bit eingefügt hat, wird das Jetzt als solches wahrgenommen. Deshalb sprechen wir von einem Augen-Blick.

Bildersehen ist ein außerordentlich schneller Prozeß. Sehen ist nicht besser als Hören und Fühlen, aber das Bewußtsein kann sich schneller darauf konzentrieren, und auch das Unbewußte fühlt sich angesprochen. Infolgedessen ist es die sparsamste Methode, um viele Informationen auf einmal zu speichern. Auch das Verarbeiten von Informationen geht über Bilder. Die Geschwindigkeit, mit der das Gehirn ständig neue Informationen verarbeitet, ist so unglaublich schnell, daß Gedanken, Gefühle nachhinken wie der Donner hinter dem Blitz. Wir machen uns immer schon ein Bild, stellen uns immer schon etwas vor, bevor wir die anderen Sinne einschalten. Nur ein Handeln aus dem Reflex heraus hat die gleiche Geschwindigkeit – weshalb manchmal die einzige Möglichkeit, die inneren Bilder abzustellen, die des Schocks ist, die das Gehirn übertölpelt und auf Autopilot stellt.

In der bewußten, überlegten Verarbeitung des Planens ist die Vision vorrangig – nicht umsonst wird jenes Bild, das wir uns von der Zukunft machen, Vision genannt. Es ist kein Gefühl und auch kein Gedanke, sondern eben ein Bild. Das Sehen ist der bevorzugte Sinneskanal der Moderne geworden. Visuelle Typen tun sich in einer Zeit des Stylings und Designs sehr viel leichter als nachdenklich reflektierende Philosophen. Dieser Trend begann schon lange vor dem Fernsehen, am Beginn der Moderne, in der Zeit der Renaissance. Damals wurde die Perspektive in der Kunst entdeckt und angewandt und veränderte radikal das Lebensgefühl. Die Welt wurde in einen proportionierten Abstand gerückt. Das ermöglichte Distanz und Kontrolle. Instrumente der Optik wurden erfunden und holten das Ferne in die Nähe, während das Naheliegende sich unter dem Mikroskop als das Unbekannte entfaltete. Die Welt gewann neue Dimensionen – zunächst nur durch das Sehen.

Das Wort Dimension selbst verweist auf die Tätigkeit des Messens, die von dem räumlichen Nebeneinander der Phänomene abhängig ist. Das Maßnehmen ist eine wichtige Entwicklungsstufe in der menschlichen Entwicklung, sowohl individuell als auch kollektiv. In vielen Mythen und Märchen spielt die Vermessenheit eine große Rolle. Erst durch das Sehen ist eigentlich das Vergleichen möglich, und mit dem Unterscheiden, Vergleichen und Bewerten kommt der Neid in die Welt. Der böse Blick ist ein Blick des Begehrens, der mit dem Amulett des magischen Auges gebannt werden kann. Nicht nur der Neid der Nachbarn, sondern der Neid der Götter wird gefürchtet. Dem Blick wird unterstellt, er selbst übe einen Einfluß aus und sei mehr als passive Aufnahme des Gegebenen. Die berühmte Vogel-Strauß-Politik geht von der irrtümlichen Annahme aus, nichts zu sehen bedeute nicht teilzuhaben an dem Geschehen. Der ganze Körper als Wahrnehmungsorgan wird ausgeschaltet, alles konzentriert sich auf den Blick. Ist dieser verhüllt, ist der Körper den Einflüssen der Gegenwart enthoben – ein fataler Irrtum, wie er noch so aufgeklärten Menschen immer wieder unterläuft, wie zum Beispiel den Zuschauern der ersten Atomexplosionen, die sich nur mit Brillen gegen die Strahlung schützten.

Kein Sinneskanal unterliegt so stark der Selektion durch subjektive Wahrnehmungsfilter wie der des Sehens – nicht umsonst spricht man von der berühmten rosa Brille oder anderen Brillen, die je nach Tönung die Welt so zeichnen, wie sie der Brillenträger wahrhaben will. Und jede Einbildung, auf welchem Sinneskanal sie sich auch vollziehen mag, ist vom Wort her auf das Bildermachen bezogen. Auch Bildung leitet sich vom visuellen Erleben der Welt ab. Verblendung ist ebenfalls ein visuelles Phänomen, auch wenn es metaphorisch eine viel weitere Bedeutung hat. Manche Religionen verbieten es, sich ein Bild von Gott zu machen. Ein Bild legt etwas in der Vorstellung fest und unterbricht den organischen oder kosmischen Fluß der Veränderung. Hingegen wird Gott Allgegenwärtigkeit zugesprochen und diese durch das Auge Gottes, das überall hinsehen kann, symbolisiert.

Sprachmetaphern

(Erfassen Sie jede Metapher als Wortbild, übersetzen Sie es in ein Sinnbild, versuchen Sie also, sich ein Bild davon zu machen, was die Metapher meint. Beobachten Sie dabei, ob es Ihnen leicht fällt, Bilder in Ihrer Vorstellung hervorrufen und ob die Worte anschaulich auf Sie wirken.)

Einen Blick erhaschen, Liebe auf den ersten Blick, voll durchblicken, den Überblick gewinnen, einen schönen Ausblick haben, den Anblick genießen, einen Blick werfen, ein Blick in die Zukunft, Einblick gewähren, aus diesem Blickwinkel gesehen, scheinbar richtig, offensichtlich falsch, da schaust du!, er hat sich verguckt, ihm geht ein Licht auf, bei Licht besehen, in einem anderen Licht betrachtet, ins Zwielicht geraten, im Rampenlicht stehen, da seh ich schwarz, das kann man ja nicht mit ansehen, das sehe ich nicht ein, er sieht rot, im Angesicht von, unter diesem Gesichtspunkt, er ist ein Schwarzmaler, eine Schwarzweißzeichnung der Welt, er trägt eben Scheuklappen, er ist auf dem Auge blind, er drückt ein Auge zu, es fällt wie Schuppen von den Augen, sich etwas schön ausmalen, sich etwas Hübsches ausdenken, etwas wird überschattet, die Stimmung ist getrübt, sein Blick ist getrübt, er verschleiert etwas, er streut Sand in die Augen, seinen eigenen Augen nicht trauen, ich habe es mit eigenen Augen gesehen, das sind dunkle Machenschaften, häßliche Angelegenheiten, das ist klar, das ist verschwommen, das ist eine durchsichtige Beweisführung, das sind undurchsichtige Geschäfte, er ist ein glänzender Redner und ein brillanter Autor, der manches enthüllt hat, für uns sichtbar gemacht hat, etwas aufgedeckt, entdeckt hat, ein heller Kopf, der genau beobachtet, der seiner Zeit einen Spiegel vorhält, die Wirklichkeit ungeschminkt zeigt, er hat eben einen weiten Horizont, eine neue Perspektive, eine klare Linie, im Brennpunkt des Interesses, er läßt sich nicht blenden, ich bin doch nicht blind, so erscheint es mir eben, sich etwas einbilden, das paßt nicht ins Bild, das bringt Farbe ins Bild, es wird ja immer schöner, jetzt wird es mir zu bunt, das sind ja schöne Aussichten!

Sprichworte

»Der Schein trügt.«
»Es ist nicht alles Gold, was glänzt.«

Übung: »Die Augen verschlucken«

Diese Induktion empfiehlt sich, wenn in Trance eine Reise in den Körper hinein unternommen werden soll. Dies kann der eigenen Körper sein oder auch der Körper eines Übungspartners. Bei der Partnerübung liegen Sie nebeneinander und berühren sich leicht an Händen oder Fingern. Machen Sie vorher aus, wer der aktive Teil, also der Reisende ist. Dann setzt ein Trommeln oder Rasseln ein, das sich für diese archaische Trance-Induktion am besten eignet. Beschränken Sie die Übung auf maximal 15 Minuten. Stellen Sie sich einfach vor, wie Sie Ihre eigenen Augen verschlucken und nun im Körper herumwandern lassen. Oft entwickeln die Augen, kaum gelangen Sie in die Speiseröhre, schon ihre Eigendynamik, als wüßten sie von selbst den Weg. Meist reisen Sie mit dem Strom des Blutes oder orientieren sich an anderen Körperflüssigkeiten, die in Bewegung sind.

Das Ende der Trance-Reise ergibt sich von selbst, wenn das Trommeln oder Rasseln aufhört. Sie müssen sich keine Sorgen machen – Ihre Augen werden dann wieder rechtzeitig an ihrem Platz sein, so daß Sie sie öffnen können und damit in die Außenwelt blicken können.

Übung: Die Augen nach oben/hinten verdrehen – Rückwärtsüberschlag in den Kosmos

Schließen Sie die Augen und schauen Sie hinter geschlossenen Lidern nach oben, soweit Sie können, als wollten Sie mit dem Blick von innen an der Schädeldecke anstoßen, und dann wenden Sie den Blick noch weiter nach hinten. Dies fühlt sich an wie ein Purzelbaum oder Überschlag nach hinten und katapultiert Sie in einen kosmischen Raum, den Sie sich als unendlichen schwarzen Raum vorstellen. Dort im Unsichtbaren sind alle Informationen gespeichert, die Sie nun in Trance abrufen können. Oder Sie lassen sich in einen blauen Raum gleiten, der unendliche Weite, Klarheit und Ruhe ausstrahlt. Oder Sie wählen einen grünen Raum, der Sie zur Entspannung und Regeneration einlädt.

Begrenzen Sie diese Übung auf ein paar Atemzüge, maximal auf drei Minuten. Sie werden erstaunt sein, wie wenig Zeit Sie für eine unendliche weite Strecke außerhalb aller vorstellbaren Dimensionen brauchen! Machen Sie diese Übung mit einem vorher definierten Ziel – entweder, um sich inspirieren zu lassen und auf neue, ungewöhnliche Gedanken zu kommen (Schwarz), oder, um sich schnell zu konzentrieren (Blau), oder, um eine Phase der Erholung einzulegen (Grün). Grün ist übrigens auch die Farbe, die für die Augen am wohltuendsten ist und sich für Arbeitspausen vor allem am Computer eignet. Gelb hellt ihre Stimmung auf, Weiß neutralisiert, und Rot aktiviert.

Entsprechend den vier Kategorien des Sehens gibt es vier Gruppen der visuellen Trance-Induktionen. Natürlich sind Kombinationen nicht nur denkbar, sondern auch wünschenswert, da sie das Erleben vertiefen und vielfältiger und somit anregender gestalten.

Trance-Induktionen durch Farben

Farben beeinflussen die psychische Verfassung. Sie bestimmen unmerklich unsere Stimmung. Ihr Einfluß geht sogar so weit, daß unsere physische Verfassung sich ändert und zum Beispiel als Beschleunigung oder Verlangsamung des Blutdrucks, als Muster der Gehirnwellen usw. gemessen werden kann. Farben beeinflussen auch nicht nur Menschen, sondern auch andere Lebewesen, sogar Pfanzen. Experimente haben dies getestet und dokumentiert.

Wenn Sie beginnen, mit Farb-Trancen zu experimentieren, dann ist es wichtig, unvoreingenommen an die neue Erfahrung zu gehen und diese erst gründlich auszuloten, bevor Sie Interpretationen, Rezepte und traditionelle Zuordnungen lesen. Vorlieben oder Abneigung sagen sicher viel über Sie aus, aber sie können sich auch sehr schnell ändern, entsprechend Ihren Bedürfnissen und Ihrer momentanen Lage. Am besten ist es, nicht von dem Minuspol auszugehen, sondern von dem Maximum der Lust. Welche Farbe macht Ihnen jetzt gerade am meisten Spaß, stärkt Sie, unterstützt Sie, regt Sie an, beruhigt Sie oder erinnert Sie an etwas Angenehmes? Sie müssen sich nicht gleich eine Garderobe in diesem Farbton kaufen. Es reicht, wenn Sie zum Beispiel in Form von einfarbigen Stoffabschnitten viele verschiedene Farben zur Auswahl vor sich liegen haben und ab und zu testen, welche Farbe Ihnen heute besonders entgegenkommt. Farben strahlen aus – und dies nicht nur symbolisch. Stellen Sie sich auf einen solchen Stofflappen, und Sie werden merken, wie die Farbe ihre Schwingung auf Sie überträgt.

Ich habe in meinen Trainings Trance-Spiele angeregt, bei denen Menschen in einfarbige Stoffsäcke krochen und dort zu Trommel- oder Rassel-Trance-Induktionen verharrten, um die Schwingung der Farbe in einer Farb-Trance zu erfahren. Es gab da zum Beispiel den Schwarzen Sack (in Anspielung an Knecht Ruprecht), den roten Plasmasack (in Verbindung mit symbolischen oder realen Geburtsprozessen), es gab den blauen Visionstunnel, den goldenen Laufsteg und zu guter Letzt einen 15 Meter langen Schlauch in den Regenbogenfarben, beginnend mit Dunkelrot und am Ende Violett. Die Farbstaffelung entsprach den sieben indischen Energiezentren im Körper, den Farben der Chakren, und das Hindurchkriechen kam einer Reise durch den Körper entlang der vertikalen Energielinie gleich, wobei es offen gelassen wurde, ob am Kopf (Violett) oder Fuß (Dunkelrot) begonnen wurde. Jeder der Beteiligten hatte sich eine andere Aufgabe, ein anderes Reiseziel in Trance gestellt. Manche wollten den Prozeß von oben nach unten durchmachen und erlebten etwas, was in den esoterischen Traditionen als Prozeß der Einfleischung, der Inkarnation beschrieben wird. Sie kamen in Kontakt mit ihren Vorstellungen, Wünschen, Hoffnungen und Ängsten, die damit verbunden waren. Andere hingegen (die meisten) wollten von unten nach oben, höher hinaus. Sie wollten ihre Schwingung erhöhen. Die Chakren schwingen schneller, je weiter oben sie im Körper angelegt sind. Im Scheitelzentrum sind sie geradezu unerträglich schnell und hoch. Oft wird dies als Ekstase erlebt. Und manchmal reicht es einfach, sich schnell und hoch schwingendes Violett vorzustellen, um schon einen euphorischen Zustand nahe des »Abhebens« und »Ausflippens« zu erleben.

Wer viel mit Farben arbeitet, benutzt sie mehr als Signale und ist nicht mehr unbedingt auf die reale physische Erfahrung angewiesen. Zum Beispiel: Er sieht rot und denkt in Rot. Die physische Erfahrung wird über das Signal ausgelöst. Es gibt traditionelle, zeremonielle Zuordnungen von Farben zu Göttern, psychischen Zuständen und physischen Reaktionen, und sie sind dann in den rituellen Bekleidungen (zum Beispiel des Ornats) wiederzufinden. In dem Trance-Kult der Gnaua in Marokko spielen Farben eine große Rolle: Im Laufe einer Trancetanz-Nacht erscheinen verschiedene Götter oder Aspekte des einen Gottes als Farben. Sie erscheinen jedoch nicht nur als Phänomen in der Außenwelt, sondern werden von den Tanzenden auch als eine Innenweltrealität erlebt. Außen und innen entsprechen einander, die Gruppe ist durch den Kult auf eine bestimmte Schwingung eingespielt, und diese zeigt sich in einer Farbe. In diese Farbe wiederum wird dann der Körper des Vortänzers in Form eines großen Stücks Stoffs gehüllt. Auch Schleiertänze hatten ursprünglich rituelle Bedeutung.

Farbiges Licht spielt in bestimmten Techniken der alternativen Medizin eine Rolle.

Sie können farbiges Licht als spezifische Trance-Induktion mit anderen Trance-Techniken kombinieren, zum Beispiel mit Trancetanz oder bei einer Massage. Die kinästhetischen Erfahrungen, die Sie dabei machen, werden durch die Schwingung der Farbe mitgeprägt. Es tanzt sich anders zu Rot als zu Blau, im gleißenden Flutlicht oder im Dunklen.

Sie erhalten eine Einfärbung der normalen Wirklichkeit, so wie Sie sie mit Ihren ganz normalen Augen sehen, einfach indem Sie eine getönte Brille tragen.

Die klassische Lampe Mesmers hat vier Glasscheiben mit den vier Grundfarben. Da die Lampe sich dreht, springt der Fokus der Aufmerksamkeit von einer Farbe auf die andere und vermischt sich im Bewußtsein zu einem bunten Meer der visuellen Impulse.

In den wunderbaren Moscheen des Islam wird dem Farbenspiel des Lichts, das durch bunte Fenster einfällt, große Bedeutung zugemessen. Es symbolisiert die Vielfältigkeit der göttlichen Aspekte des einen Gottes. Auch in der jüdischen Geheimlehre, der Kabbalah, zerfällt die eine Gottheit in viele Aspekte, sobald sie sichtbar wird – ähnlich wie weißes Licht, das sich in einem Spektrum bricht.

Trance-Induktionen durch Formen

Auch ein Punkt ist schon eine Form. Das Starren auf einen Punkt ist eine Trance-Technik, die vielen bekannt sein dürfte. Unfreiwillig passiert es uns oft im Alltag, daß unser Blick hängen bleibt und auf einen Punkt starrt. Der Gesichtsausdruck ist dabei leer und verrät eine innere Abwesenheit. Wenn wir uns freiwillig dafür entscheiden, den Blick nicht schweifen oder von einem Objekt des Interesses zum anderen wandern zu lassen, erfahren wir eine Konzentration, die sich mit der wiederholten Übung sogar noch steigert.

Das Starren auf den Punkt, das auch durch das Fixieren eines Objekts – einer Kerzenflamme, einer Blume, einer Vase, eines Risses in der Wand – ersetzt werden kann, bewirkt einerseits die Richtung unserer Aufmerksamkeit, die wie in einer Linse gesammelt wird und in einem Brennpunkt zusammenläuft. Andererseits spielen sich in unserem Unbewußten, das um so aktiver wird, je mehr die bewußte Aufmerksamkeit gebündelt und in ihrer Sprunghaftigkeit beruhigt wird, Ereignisse und Prozesse ab, die wir als Ausgeburten unserer Phantasie bezeichnen können, die aber auch eine Wirklichkeit darstellen, die unterhalb unserer Bewußtseinsschwelle immer da ist, sich aber nun an der Oberfläche des Sichtbaren zeigen kann.

Schließen wir die Augen nach einer solchen Übung des unverwandten Starrens, dann erscheinen hinter den geschlossenen Lidern wie auf einer Bühne oder einer Filmleinwand Geschehensabläufe, die sich verselbständigt zu haben scheinen.

Das Starren auf einen Punkt, eine Linie oder auch auf eine beliebige andere Form, die nicht geometrisch ist, ist eine bekannte und erprobte Methode, durch Trance zum Beispiel Schmerzen zu bewältigen. Es handelt sich dabei nicht um irgendeine Ablenkung, sondern um eine ganz gezielte Intervention, die die Aufmerksamkeit so sehr auf sich zieht, daß für nichts anderes mehr Platz in der Wahrnehmung ist als für das anvisierte Objekt in seiner Form. Auch der Inhalt ist nicht so wichtig. Wichtig ist allein die Form, die das Bewußtsein auszufüllen scheint. Die Form einer Blume, eines Blütenblatts kann eine ganz neue Bedeutung erhalten, mit neuem Bewußtseinsinhalt gefüllt werden. Während Farb-Trancen mit Gefühlsinhalten umgehen, vermitteln Form-Trancen einen Geschmack dafür, was den Geist erwartet, der sich von seiner Identifizierung mit dem Inhalt frei gemacht hat. Die formale Ästhetik erschließt sich erst dann, wenn der Blick auf Muster geeicht ist und sich nicht an den üblichen Bedeutungen und an persönlichen Bewertungen festhält.

Dieses Ab-Sehen von der individuellen Identifikation bewirkt einen Zustand von Distanz und Dissoziation. Manchmal, bei übergroßem Schmerz oder anderen überwältigenden Gefühlen, geschieht dies von selbst, sozusagen als autonome Regulation des Organismus, der sich dadurch schützt und vor zu großen Reizen bewahrt. Vielleicht ist aus diesen unwillkürlichen Erlebnissen erst die willkürlich gelenkte und kontrolliert eingesetzte Trance-Technik entstanden, sich auf Formen zu konzentrieren.

Das Visualisieren ist eine weitere Trance-Technik und eine Verinnerlichung äußerer visueller Reize, die vor dem inneren Auge heraufbeschworen werden. Farben werden häufig in Trance-Reisen zur Anregung, Beruhigung, Aktivieren der inneren Kräfte, insbesondere der Abwehr- und Heilkräfte, visualisiert. Das Visualisieren von Formen hingegen hilft bei Konzeptentwicklungen und Projektbildungen. Geometrische Formen können innere Gedanken abbilden, so daß auch andere Menschen sich ein Bild davon machen können, worum es bei einem Konzept eigentlich geht, oder sich bildhaft ein Projekt vorstellen können. In Trance-Techniken, die sich vor allem mit mentalen Aufgaben auseinandersetzen, haben wir es dementsprechend oft mit Linien der Verbindung, mit Feldern der Einwirkung, mit Sektoren und Segmenten, mit abstrakten Gestalten zu tun, die weniger auf den Inhalt eingehen als auf die Form. Entwürfe sind keine realistischen Abbilder, sondern symbolische Darstellungen, die grafisch umsetzen, was an Gedanken entwickelt wurde. Wer visuell begabt ist und einen direkten Zugang zu Formen hat, tut sich mit der Vermittlung von Gedankengebäuden leichter als jemand, der viele, meist abstrakte, Begriffe gebraucht. Die Vor-Stellung arbeitet mit solchen Formbildern, die geistig konzipiert (empfangen) und materiell projiziert (entworfen) werden. Im Kreativitätstraining etwa sind solche formal-viuselle Vorgehensweisen unentbehrlich.

Eine äußerst fruchtbare Trance-Technik besteht darin, sich die Zeit als Linie vorzustellen (siehe Time Lines von Robert Dilts). Will ich mir ein Bild davon machen, wie ich von A nach B, vom Wunsch zur Erfüllung, vom Konzept und Projekt und dessen Realisation, von der Aufgabenstellung zum Erreichen des Ziels komme, kann es mir helfen, die Zeitlinie aufzumalen. Ich kann sie auch auf dem Boden auslegen und darauf entlang gehen. Dann wird die Zeit ein Weg, den ich begehe. Aber bevor ich diesen Wege gehe, sehe ich ihn vor mir.

Der Weg kann verschiedene Formen annehmen: Es kann eine gerade Linie sein oder eine gewundene. Ich muß mir diese Formen vorstellen können, um die Qualität des Weges abschätzen zu können. In der Umsetzung in eine kinästhetische Erfahrung (indem ich den Weg tatsächlich auf dem Boden aufzeichne und abgehe) mögen mir zusätzliche Informationen zukommen, aber am Anfang steht das Bild. Das Bild hat magische Kraft, weil es die Wirklichkeit des späteren Erlebens bestimmt. Ich mache mir nicht nur ein Bild, ich mache die Wirklichkeit nach meinem Bild.

In der esoterischen Tradition Asiens sind bestimmte Formen bekannt, deren Betrachtung magisch auf die Wirklichkeit einwirkt. Dazu gehören unter anderem die Kreisformen der Mandalas, die die Wirklichkeit in einem großen Kreis einfangen und einordnen. Das Malen von Mandals bewirkt Ordnung und Einsicht. Es hat diese Wirkung auch auf den, der es anschaut. C.G. Jung hat die Bedeutung der Mandalas für das Seelenleben des modernen westlichen Menschen entdeckt und als Grundbedürfnis klassifiziert. Sogar oder gerade seelisch und geistig verwirrte Menschen neigen besonders dazu, die Welt in einem Mandala erfassen zu wollen.

Höhere Ansprüche an die Abstraktion stellen die sogenannten Yantras, meist ineinander geschachtelte Dreiecksformen, die magische Verbindungslinien ziehen. Das Dreieck besitzt eine starke dynamische Wirkung, es bildet bestimmte Proportionen und Verhältnisse, die flüchtig und vergänglich sind, sozusagen ständig »auf der Spitze stehen« und stets zu kippen drohen. Idealerweise sollten alle harmonischen Verhältnisse den Proportionen eines gleichschenkligen Dreiecks entsprechen, aber oft zieht sich die eine oder andere Seite unvorhergesehenerweise in die Länge, und schon ist die sensible Harmonie dahin. Trance-Techniken, die die Visualisierung von Dreiecken benutzen, sind für Fortgeschrittene. Diese erfassen sehr genau ein labiles Gleichgewicht zwischen drei Faktoren, die sich nur schwer und kurzfristig in eine stabile Entsprechung bringen lassen.

Die Visualisierung von einem Viereck, insbesondere eines Quadrats, verstärkt die innere Verfassung von Stabilität und Integration. In manchen Übungen wird das Achsenkreuz, das die Seiten des Vierecks verbindet, dazu verwendet, sich anschaulich die Verbindungen zwischen polar entgegengesetzten Seiten einer Sache vorstellen zu können. Das Kreuz verbindet die vertikale und die horizontale Achse und ist ein uraltes Symbol der Orientierung und als Windrose von jeher ein praktisches Handwerkszeug der Navigatoren. Der Knotenpunkt der Mitte erhält in Prozessen der Vermittlung zwischen Gegensätzen als auch der Zentrierung und Konzentrierung zusätzlich die Bedeutung eines Mittelpunktes, von dem aus solche Prozesse leichter zu bewerkstelligen sind.

Trance-Induktionen durch die Dreidimensionalität der visuellen Raumerfahrung

Dazu gehört die Thematik der Hintergrund-Vordergrund-Wahrnehmung, die in der Gestaltpsychologie eine tragende Rolle spielt. Die Plastizität und Tiefe des Erlebens, ebenso die Wahrnehmung von Abstand, Proportion und der räumlichen Dimension hängt davon ab, inwieweit ich allein durch das Sehen Entfernungen abschätzen kann. Dazu muß ich aber das Objekt im Vordergrund, das mit dem Hintergrund zu verschmelzen scheint, zuerst als eine Gestalt für sich erkennen. Dieses Herausheben aus dem Hintergrund unterliegt jedoch meinen Wahrnehmungsgewohnheiten – eine Eigenheit, die sich Vexierbilder zunutze machen. Diese Verwirrspiele, die mir die Voreingenommenheit meiner vermeintlich unmittelbaren Wahrnehmung bewußt machen, haben einen erzieherischen Effekt: Ich kann mich willentlich in einen Zustand versetzen, in dem die ganze Welt als Vexierbild erscheint und ich nie darauf gefaßt sein kann, welche Gestalten mir heute entgegentreten. Diese Übung, die zu den anspruchsvolleren Trance-Techniken gehört, erzieht mich zu einer Offenheit, die bei der Wahrnehmung beginnt und zu einem Denken führt, das weit über eine vordergründig kausal-lineare Logik hinausführt. Deshalb sind auch die mehrdimensionalen Vexierbilder (zum Beispiel »Magic Eye« genannt) bei Pionieren eines neuen Denkens (»Denken im Undenkbaren«) so beliebt. Nicht umsonst wird in dem Titel eines philosophischen Buches auf die lautmalerische Ähnlichkeit von Eye (Auge) und I (Ich) angespielt. Es geht darum, das Auge flexibler werden zu lassen, so daß es schneller seine Wahrnehmung umstellt und gewohnheitsmäßige Fixierungen seiner Blickweisen aufgeben kann.

Hierher gehören auch die Trance-Techniken, die mit der Visualisierung von Lichtkegeln arbeiten. Natürlich gibt es dabei auch auf einen Punkt gerichtetes Licht oder diffuses Streulicht, aber meist wird der Lichtkegel, wie wir ihn von der Theaterbühne her kennen, verwendet, um etwas aus dem Hintergrund (des Unbewußten, der Vergangenheit, des Selbstverständlichen und Gewöhnlichen usw.) in den Vordergrund und in den Fokus unserer bewußten Aufmerksamkeit zu holen, um es genauer anzuschauen, indem wir es besonders beleuchten und aus der Nähe besehen.

Auch die Visualisierung vom Verkleinern und Vergrößern eines inneren Bildes, vom Bestimmen der Bildqualität als leuchtend/glänzend oder matt, von farbig oder schwarzweiß, scharf/kontrastreich/hart abgesetzt oder verschwommen/ohne feste Konturen/»mit Weichzeichner«, wie es gern vor allem in der Trance-Therapie des NLP verwendet wird, all das ist Umgang mit visuellen Trancen und setzt einen gewissen Grad der Begabung und auch Neigung zur Visualisierung voraus.

Ich erinnere mich, in einer evangelischen Gemeinde einmal eine Trance-Induktion mit den Worten begonnen zu haben: »Und nun richten wir den Blick nach innen und schauen in uns hinein.« Ich bemerkte die Verunsicherung im Raum. Die Augen waren keineswegs geschlossen, sondern mißtrauisch auf mich gerichtet, ein einziges Fragezeichen.

Trance-Induktion durch visuell erfaßte Bewegung

Die meisten visuellen Trance-Induktionen gehören zu dieser Art. Visuelle Impulse in Form von gleichbleibenden Reizen und in Folge von Wiederholung oder nur minimaler Veränderung haben die größten Effekte erzielt, wenn es darum ging, ohne größere Anstrengung die Muster der Gehirnwellen und damit die innere Verfassung zu beeinflussen. Erinnern Sie sich an Walt Disneys Verfilmung von Kiplings Dschungelbuch? Erinnern Sie sich an die Stelle, wo Kaa, die Schlange, Mowgli durch kreisende Spiralenbewegung in den Augen zu verzaubern versucht, und auch Mowgli schon mit Spiralen in den Augen »wie das Kaninchen vor der Schlange« vollkommen hypnotisiert erscheint, als Baghira der Panther gerade noch rechtzeitig kommt und den Bann bricht? Die kreisenden Spiralen sind solche Muster in Bewegung, die eine starke Trance-Induktion darstellen.

Die sogenannten Brain Machines (oder Mind Machines) arbeiten mit ähnlichen Methoden, indem sie durch eine Brille visuelle Impulse auf die geschlossenen Lider übertragen. Hinter den Lidern entstehen tanzende Muster von großer Schönheit. Gleichzeitig wirken sie nicht nur unterhaltend, sondern beeinflussen den inneren Zustand eines Menschen. Verschiedene Muster und Rhythmen haben verschiedene Auswirkungen. Die Knöpfe auf dem Schaltbrett weisen ein ganzes Menü möglicher Programme auf, die von tiefer Entspannung (zur Überwindung von Schlafstörungen) bis hin zur Anregung entspannter, aber wacher Denktätigkeit (wie es beim Umdenken in Krisen und beim Erdenken neuer Lösungen gebraucht wird), reichen. Das Gehirn »lernt« offensichtlich durch Nachahmung – es läßt die neuen Muster, die die visuellen Reize rhythmisch ausstrahlen, auf sich wirken und gleicht sich ihnen an.

Dieses Phänomen hatte auch schon eine

tragische Auswirkung: Auf einer Allee in Frankreich wurden unerklärliche Unfälle immer bei Sonne und abends, wenn die Sonne schräg stand, vermerkt. Die Straße war gerade, kein Hindernis stellte sich in den Weg. Die Geschwindigkeit war vorgeschrieben, überhöhte Geschwindigkeit war als Unfallursache nicht festgestellt worden. Die überlebenden Fahrer berichteten von einer Müdigkeit, die sie plötzlich überfallen hätte, als wäre der Ort verhext. Der Hinweis auf eine Eintrübung des Bewußtseins gab den Schlüssel zur Erklärung: Das Licht- und Schattenspiel der Sonne hatte einen Einfluß auf die Gehirnwellentätigkeit.

Flackerndes Licht, wie es an einem nächtlichen Feuer zu beobachten ist und durch die Kerzen in einer Kirche entsteht, wurde wohl immer schon zur Trance-Induktion eingesetzt. Schillernde, schimmernde, glitzernde und gleißende Flächen, wie sie die Wasseroberfläche eines Sees, in dem sich die Sonne spiegelt, darstellen kann, oder aber auch die blank polierte Oberfläche eines leuchtenden Objekts, zum Beispiel auch die der berühmten Kristallkugel, bietet, laden den Blick ein, darauf zu verweilen und den bewußt gerichteten Fokus aufzulösen. Ein leichtes Schielen tritt ein; wenn es absichtlich induziert wird, spricht man von Techniken des Bi-Fokussing oder des De-Fokoussierens. Hier ist der Anteil an Bewegung zwar minimal, aber doch vorhanden, weil der Fokus einfach nicht stillbleiben und fixiert werden kann, sondern springt, sich letztlich spaltet (Bi-Fokussing als Doppeltsehen) und/oder erweitert (De-Fokussieren als Auflösen der Sehschärfe).

Im Film werden optische Mittel dazu eingesetzt, eine Stimmung der Irrealität zu erzeugen. Ich werde nie das Aufblitzen der Sonne hinter den Blättern des durchquerten Waldes in »Rashomon« vergessen.

Wenn Sie mit dieser Art von Trance-Induktion experimentieren wollen, müssen Sie nicht sofort in die nächste Disco rasen oder sich eine Brain Machine kaufen. Es reicht, wenn Sie in eine starke Lichtquelle, gegebenfalls die Sonne schauen, während Sie die Hände mit weitgespreizten Fingern vor dem Gesicht übereinanderkommen lassen, so daß nur an bestimmten Stellen das Licht hindurchdringen kann. Nun bewegen Sie die Hände hin und her, so daß die Stellen sich verschieben und der Eindruck eines flackerndes Lichtes entsteht. Diese hin- und herwischende Handbewegung vor dem Gesicht drückt ja interessanterweise eine Anspielung auf den gestörten Verstand oder das Irresein eines Menschen aus.

Praxis

Übung: Die Augen weich werden, gehen lassen

Erinnern Sie sich, wie Sie vielleicht einmal in einem dichten Schneegestöber in der Dunkelheit Auto fahren mußten und wie anstrengend es war, in dem Gemenge tanzender Flocken die Straße auszumachen? Erinnern Sie sich an die Mühe, die Sie hatten, Unterschiede zu erkennen, und erinnern Sie sich, wie verführerisch es war, einfach anzuhalten, und sich von dem Sog des Ununterscheidbaren verschlucken zu lassen? In dieser Trance-Übung geht es um den weichen Blick, der sich erlaubt, nichts genau wahrzunehmen, sondern die Welt in einen Schimmer auflöst. Alle Fixierungen, alle festen Grenzen und Konturen, alle bekannten Gestalten verschwinden in einem Nebel oder Dunst, und Sie sehen die Welt als ein Farbenspiel, ein komplexes Muster oder auch als flüchtige Erscheinung, die sich ständig verändert.

Übung: Die Welt mit neuen Augen sehen

Mit einem solchen aufgelösten, weichen Blick können Sie die Welt neu sehen. In solchen Momenten wohliger Müdigkeit (nicht am Steuer!) geschieht es, daß beglückende Einsichten gewonnen werden. Die Entspannung und Entlastung der Augen, die nicht mehr gierig oder zwingend blicken müssen, wirkt sich auf die seelische Verfassung aus. Stellen Sie sich vor, daß Sie Netzaugen hätten, wie Insekten, und einen Sehwinkel von 180 Grad, der alles am Rande Ihres Blickfeldes erfaßt – genau als wenn Sie fokussiert, aber angestrengt hinstarren würden. Erweitern Sie diesen schon sehr weiten Blickwinkel nun noch durch die Vorstellung, Sie hätten hinten im Nacken Augen, die sich gleich den goldenen Augen einer sehr weisen und sehr alten Kröte in einem Märchen öffnen und alles das sehen, was sich im Hintergrund, in der Tiefe Ihres Unbewußten oder auch in den Weiten des Bewußtseins aller Menschen, die Sie umgeben, abspielt. Plötzlich sehen Sie durch das Vordergründige hindurch, und Ihr Blick gelangt bis zum Grunde des Sees.

Machen Sie diese Übung, wenn Sie sich entspannen wollen, und nehmen Sie eine spielerische Als-Ob-Haltung ein: Als ob es in einem Märchen wäre und Sie nun endlich wieder Märchenhaftes wie in Ihren Kindertagen erleben könnten. Oder stellen Sie sich vor, Sie träumen. Leisten Sie es sich ab und zu mitten im Alltag, Traumhaftes wahrnehmen zu dürfen, obwohl Sie nicht träumen.

Sie werden erstaunt sein, wie dankbar Ihre Augen dafür sind und wie sie umso bereitwilliger ihren alltäglichen Dienst der scharfen Unterscheidung ausführen.

Trance-Induktionen durch Tasten

Der Tastsinn geht über das reine Tasten weit hinaus. Er vermittelt das sinnliche Erleben von Fühlen überhaupt, von Berührungen körperlicher Art wie auch im übertragenen Sinne. Alles, was gefühlt werden kann, hat letztlich mit dem Tasten zu tun. Es wird erst durch unsere Haut ermöglicht, die unser größtes Organ darstellt. Die Haut hat zwei Funktionen: Sie ist die Körpergrenze, die uns eine feste Kontur gibt, uns von allem anderen um uns herum abgrenzt und schützt. Sie ist aber auch ein Organ der Aufnahme, und durch die Haut sind wir mit der Außenwelt verbunden. Wir atmen durch die Haut, ebenso wie wir durch sie ausscheiden, Schlacken und Giftstoffe ausschwitzen und abgeben.

Durch Berührung und Berührtwerden machen wir uns erst einen Begriff von der Welt, der zunächst als kinästhetische Erfahrung am eigenen Leib gebildet wird, um erst im Lauf zunehmender Abstraktion in Sprache umgewandelt zu werden und seinen Ausdruck als Wort zu finden.

Das Fühlen als körperlich sinnliche Erfahrung wird deshalb mit den Gefühlen in Zusammenhang gebracht und nicht mit dem Denken, denn es ist ihnen näher. Das Denken liegt sozusagen am anderen Ende der Informationsverarbeitung. Das Fühlen kann sehr sinnlich und unmittelbar sein, bei manchen Menschen aber auch schon sofort in Gefühlskategorien übersetzt werden. Da werden nicht körperliche Zustände wahrgenommen, sondern schon ihre Deutungen aus der Vergangenheit ins Bewußtsein geholt. Dadurch kommt es zu Gleichungen, zum Beispiel Druck im Magen ist gleich Angst, Abwehr, Abneigungen, Überforderung usw. – wobei es einfach etwas ganz Konkretes sein könnte, was mir im Magen liegt, etwa eine fette Wurst.

Der Tastsinn, der als kinästhetischer Sinn sowohl Berührung als auch Bewegung erfaßt, macht erst Erfahrung möglich. Viele Worte für Bewußtseinszustände haben mit körperlicher Erfahrung zu tun: Berührung und Rührung, Begreifen und Begriffe, Erfassen, Fassung, Haltung, Einfühlung, in Fühlung gehen, Gefühle haben, Spüren und Spürsinn, Feingefühl, Fingerspitzengefühl, Takt (von dem lateinischen Verb »tangere«, berühren, abgeleitet) Kontakt, (wörtlich Zusammenkommen durch Berührung), Konflikt (Zusammenkommen durch Schlagen), Konfusion (Zusammenkommen durch Ineinanderfließen).

Der Tastsinn wird interessanterweise dem 4. Chakra, dem Chakra des Herzens zugeordnet.

Er ist das »Herzstück« der Sinne, wo alle anderen Sinne zusammenfließen und in einer einheitlichen Erfahrung erfaßt werden. Ich kann mir nicht nur ein Bild, sondern auch einen Begriff machen, und ich höre nicht nur, was ein Mensch mir sagt, sondern es rührt mich, es geht mich etwas an. Durch keinen anderen Sinn bin ich so sehr aufgefordert, mich mit meiner Umwelt auseinanderzusetzen.

Erfahrungen sind darin wie Übersetzungen: Etwas wird an mich herangetragen, und erst durch die eigene Erfahrung finde ich zu einer Entsprechung, die auf den Außenreiz mit einer Innenbewegung antwortet. Im Herzen, wird gesagt, ist der Mensch mit allem verbunden. Natürlich ist hier nicht das organische Herz gemeint, sondern jene Bewußtseinsebene, die zwischen dem »Bauch« und dem »Kopf« vermittelt. Es ist die Ebene des Kontakts und der Kommunikation. Ich kann mein Herz öffnen oder verschließen, weit und groß werden lassen oder es als klein, eng, verhärtet usw. erleben.

Es ist kein Wunder, daß die klassischen Trance-Induktionen, wie wir sie aus religiösen Traditionen kennen, eigentlich alle kinästhetischer Natur sind. Die Bewußtseinsveränderung wird über die Veränderung des Körpers und Körpergefühls erreicht. Meist geht der Phase des erweiterten Bewußtseins, das sich in Zuständen der Begeisterung, Ergriffenheit, Besessenheit, Erleuchtung und Vision äußert und das das eigentliche Anliegen der Trance ist, eine Phase kinästhetischer Trance-Induktionen voraus, in denen das Bewußtsein getrübt, verwirrt oder ganz ausgeschaltet ist. In manchen Traditionen der Besessenheitskulte erlangt der Trancetänzer zum Beispiel zwar nach dem Tanz wieder sein normales Bewußtsein, kann sich aber an die Phase der Besessenheit nicht erinnern. Das wird auch nicht von ihm verlangt – die Anwesenden sind Zeuge geworden, daß ein Gott oder Geist in den Körper des Tanzenden herabgestiegen ist und sich im Tanz gezeigt hat. Eine individuelle Erinnerung daran würde den Trancetänzer vielleicht unnötig belasten. Hier ist das Bewußtsein also nur in seiner kollektiven Form der anwesenden Gemeinde vorhanden.

Kinästhetische Trancen sind also nicht unbedingt und immer mit Bewußtseinsveränderung oder Erweiterung verbunden – vielleicht ein Grund dafür, daß sie in den Traditionen der westlichen Zivilisation immer mehr in den Hintergrund und dann in Vergessenheit gerieten beziehungsweise verachtet wurden. Nur Kindern wird noch zugestanden, sich wie wild im Kreis zu drehen. Erwachsene erlauben sich eine Fahrt auf der Achterbahn und erleben den Rausch der Geschwindigkeit, den Kitzel des gefährdeten Gleichgewichts, den Reiz, den Boden unter den Füßen zu verlieren und die Welt verkehrtherum zu sehen.

Kinästhetische Trancen haben einen unmittelbaren, sinnlichen Lustgewinn – für die meisten. Manchen wird es auch kotzübel, oder sie empfinden es als schweißtreibende Anstrengung. Immer ist der Körper ganz miteinbezogen und die Sinne angesprochen. Es ist ein Erlebnis, das den ganzen Menschen beansprucht. Oft dauern kinästhetische Trancen länger als visuelle und auditive, und es ist schwieriger, sich von dem Erlebnis zu distanzieren, weil es eben »unter die Haut geht«. Kinästhetische Trancen setzen, mehr denn andere Trancen, Vertrauen beziehungsweise eine gewisse Risikobereitschaft voraus. Es ist schwer, mitten im Prozeß auszusteigen – und hier entwickelt die Trance als Prozeß eher eine Eigendynamik als in den anderen Fällen.

Wenn Sie sich selbst nicht im klaren sind, wie weit Sie gehen möchten und sich erst einmal mit Ihrem persönlichen Körpergefühl vertraut machen wollen, empfiehlt es sich, als spielerische Vorübung Sprachmetaphern in einem körperlichen Ausdruck umzusetzen. Benutzen Sie die hier aufgeführten Metaphern als Vorlage für Scharaden, die Sie sich vielleicht in einer Arbeitsgruppe gegenseitig vorspielen.

Sprachmetaphern

Das geht mir unter die Haut, das gibt mir einen Anstoß, einen Tritt in den Hintern, mir stockt das Blut in den Adern, ein Schauer läuft mir über den Rücken, da schüttelt es mich vor Ekel, etwas belastet mich, der soll mir doch den Buckel runterrutschen, mir werden die Knie weich, Wie es mir geht? Naja, so lalala…, mir ist das einfach an die Nieren gegangen, das Herz hüpft einem da vor Freude, wo drückt dich der Schuh?, ich habe eine Wut im Bauch, es schmettert einen nieder, ich fühle mich zerschlagen, mit beiden Beinen fest auf dem Boden stehen, sich Schritt für Schritt in etwas hineinarbeiten, da dreht sich mir der Magen um, er bekam kalte Füße, er nahm die Beine in die Hand, ich hatte einen Kloß im Hals, etwas wollte mir nicht über die Lippen gehen, er fühlte sich herausgedrängt, an die Wand gestellt, in die Ecke getrieben, sich in seiner Haut nicht wohl fühlen – in dessen Haut möchte ich nicht stecken!, etwas durchstehen, durchziehen, durchhalten, sich fallen lassen, vor Scham im Boden versinken wollen, das ist ein harter Typ, ein Weichling, der hat kein Rückgrat, Haltung annehmen, etwas anpacken, da muß ich mich vortasten, vordringen, eindringlich warnen, Nachdruck ausüben, das geht dich gar nichts an, jetzt geht es erst richtig los, da läuft etwas schief, auf die schiefe Bahn geraten, in den Griff bekommen, man kann ihn nicht richtig greifen, er bleibt unverbindlich, ich kann es nicht fassen, die Fassung bewahren, sie schwebte davon, er schleppte sich dahin, er lebte auf, endlich können wir aufatmen, das war eine Erleichterung!, mir wurde es ganz warm ums Herz, das rührt mich zu Tränen, das würde ich so handhaben oder so angehen, der ist schwer von Begriff, hat eine lange Leitung, ein Lahmarsch, der ist aber verklemmt, er klemmt sich was ab, immer mußt du ins Fettnäpfchen treten, ich fühle mich beschissen, rundum wohl, da drehte sie durch, das ist ein abgefahrener Typ, der Zug ist abgefahren, meiner Erfahrung nach, plötzlich war mir flau im Magen, ich fühlte eine große Leere in mir, den Kopf voller Flausen, das Herz rutscht einem in die Hose, ein Stein fällt mir vom Herzen, danke, daß du mir das abgenommen hast, aus der Luft gegriffen, das machst du doch mit links, schüttelst du aus dem Ärmel, sie hatte ihn am Wickel, total eingewickelt, die führt uns alle an der Nase herum, sieh doch, wo du bleibst, du kannst einem ganz schön auf die Nerven gehen, das läßt mich kalt, das ist ein Kick, der Kitzel beim Abenteuer, danke für die Anregung, das macht mich ganz heiß, das macht mich an, rege dich nicht so auf, er wendete sich von ihr ab, ich mache nicht mehr mit, da komme ich nicht mehr mit, gehen wir zurück zu dem Punkt, wo du dich entscheiden mußtest, er wirkte zurückgeblieben, im Laufe der Zeit, ich steige aus.

Übung: Trance durch Berührung

Dazu gehört die Energieübertragung durch Handauflegen. Was da genau geschieht, läßt sich schwer ausdrücken. Für die einen fühlt es sich an, als ginge ein heißer (oder kühler) Strom durch sie hindurch, andere fühlen sich von Wolken umhüllt, dritte sprechen von einer elektrischen Aufladung, vierte von binnenkörperlichen Minimalbewegungen, als würden sich die Wirbel auseinanderziehen und atmen. Es gibt sogar Arten der Berührung, die über eine Entfernung stattfinden, zum Beispiel bei der sogenannten Fernheilung. Dies ist eine Form der Geistheilung, bei der Gedankenenergie eingesetzt wird, um bei einem Menschen durch eine geistige Berührung heilende Veränderung zu bewirken. Diese Art von Kontakt wird trotzdem oft körperlich erlebt. Ebenso können Gedankenformen anscheinend eine Art von Stofflichkeit annehmen, so daß sie spürbar werden und wörtlich »im Raume stehen«.

Das Hellfühlen macht sich diese Fähigkeit des Menschen, auch mit Unsichtbarem und Weitentferntem auf eine geheimnisvolle Art in Kontakt zu sein beziehungsweise treten, zunutze.

Das, was gefühlt wird, ist die Verbindung, die zum Fremden geschlagen wird.

Manche Menschen sind so hellfühlig, daß ihnen alles zu nahe geht und sie sich nicht abgrenzen können. Auch Feinfühligkeit und Empathie (Einfühlung), beides wichtige Eigenschaften eines Therapeuten, können so stark ausgeprägt sein, daß die eigene Grenze erst mühevoll erarbeitet werden muß.

Diese Menschen haben einen »Sinn« für Atmosphären, Schwingungen, Energien und unsichtbare Kräfte, wo andere gar nichts spüren. Hier haben wir es mit dem Übergang zum Bereich des Übersinnlichen zu tun.

Manche Menschen fallen allein beim Betreten eines Raumes, eines heiligen Ortes oder einer Stelle, an der etwas geschehen ist, in

Trance. Es scheint hier eine Art Wirkungsfeld zu bestehen, das aber auf die meisten keine Wirkung hat oder dessen Wirkungen nicht wahrgenommen werden.

Auch die handfeste Berührung, zum Beispiel das Streichen über die Stirn, das Kraulen am Hals usw., kann manchen in einen tranceähnlichen Zustand bringen, während es andere »nicht berührt«, nur leicht entspannt oder einfach als angenehm empfunden wird.

Manche Körperstellen scheinen sich mehr als andere dazu zu eignen, durch Berührung oder Manipulation den Bewußtseinszustand zu verändern. Eine solche Stelle ist der Nacken. In der Terpsichoratrancetherapie, die von Akstein und anderen in Brasilien entwickelt und therapeutisch eingesetzt wird, haben wir es mit einer Manipulation im Nacken zu tun, die in einem leichten »Drehen« der Halswirbelsäule besteht. Es ist, buchstäblich, ein Verdrehen des Kopfes, das bei Geübten sofortige Trance auslöst. Da das Verdrehen im Stehen geschieht, kann der derart Verdrehte dann in den »Trancetanz« geschickt werden, der aus einem »Ausleben« unwillkürlicher Bewegungsimpulse besteht. Dieses »Ausagieren« wirkt einerseits kathartisch und kann andererseits zu diagnostischen Zwecken eingesetzt werden. Der Therapeut sieht dann, was den Patienten buchstäblich »bewegt«. Der Trancetänzer sich kann auf Video selbst anschauen und an den Bewegungsmustern seines »Tanzes« erkennen, was die tieferen »Beweggründe« seines Verhaltens sind.

Wer aber, wie ich, das Ausagieren zu anstrengend findet, vor allem wenn es mit Übelkeit verbunden ist, kann auch nur den angenehmen Teil des Kopfverdrehens nehmen und sich von einer Person höchsten Vertrauens im entspannten Liegen in eine tiefe Trance hineinbewegen lassen. Ich habe zum Beispiel eine Masseuse, die das ganz besonders gut kann. Kaum nimmt sie meinen Kopf in ihre Hände und bewegt ihn in einer sanften Acht, schon falle ich in ein höchst lustvolles, warmes Dunkel. Dann ist die Welt wieder in Ordnung. Meine Verspannungen lösen sich auf, der Atem wird wieder tief, und Oben und Unten, Kopf und Rumpf sind wieder beieinander. Es ist, als ob Ströme wohliger Lebendigkeit durch die Schwachstelle meines verspannten Nackens endlich wieder hindurchfließen könnten – und auch dieses Gefühl kommt einer Trance gleich, wenn ich auch bei vollem Bewußtsein bleibe und mir das Ausleben spare.

Im afrikanischen Tanz und in vielen anderen Tanzstilen, die zunächst gar nicht als Trancetanz bezeichnet werden, findet man schleudernde, schüttelnde, sich hin- und herwiegende, vor- und zurückgehende Kopfbewegungen, die offensichtlich im Tanz diese Manipulation der Nackenpartie übernehmen. Doch Vorsicht! Ungeübte können für ihren Wagemut mit Kopfschmerzen bestraft werden und sich wie im Märchen einen doppelten Buckel aufhalsen, wenn sie nicht sehr behutsam mit sich umgehen. Die Nackenmuskeln sollten schon ein wenig trainiert worden sein, um den Hals abzustützen. So scheuern die Wirbel nicht aufeinander – das Knacken gilt allgemein als ein Zeichen von Verschleiß und ist freiwillig nicht öfter als unbedingt nötig hervorzurufen.

Übung: Trance durch Bewegung

Ähnlich wie Dinge zu überschlafen, gibt es den Grundsatz, vor jeder Entscheidung paarmal um den Häuserblock zu gehen, als würde die körperliche Bewegung des Gehens etwas an der Entscheidung verändern. Und tatsächlich schafft das Herumgehen einen Abstand – innerlich wie äußerlich. Die körperliche Bewegung verändert auch die Körperchemie. Jogger kennen den sogenannten »toten Punkt« als eine Hemmschwelle, die, wenn sie einmal überwunden worden ist, zu einem »neuen Atem« überleitet. Mit diesem Atem geht das Gefühl von neuen, schier unerschöpflichen Kräften und einer gewissen Euphorie einher. Durch vermehrte Muskelreizung werden körpereigene Glücklichmacher, die Endorphine, ausgeschüttet. Natürlich wird auch die Hemmschwelle mit besserer Kondition immer weiter herausgeschoben, weshalb es dann auch immer größerer Anstrengungen und Überwindungen bedarf, um den gewünschten Effekt zu erzielen.

Im Trancetanz gibt es mehrere Spielarten.

Eine Art von Trancetanz beruht nur auf der Überwindung der Hemmschwelle und besteht in stundenlangem Tanzen. Dies kann sowohl im religiösen Kontext geschehen als auch in den profanen Rahmenbedingungen jugendlicher Unternehmungen wie durchtanzter Nächte in Discos. Früher waren die Tanzhäuser Bestandteil des gesellschaftlichen Lebens. Erst im späten Mittelalter kam es zu folgenden Ausschreitungen, die dann das ekstatische Tanzen verboten: Mit zunehmendem Druck auf die Gläubigen, die angewiesen waren, die alten Volksbräuche und Feste hinter sich zu lassen und sich einer sehr rigiden Frömmigkeit zu unterwerfen, entarteten Gottesdienste zu wilden Orgien und Blasphemien. Auch wurde der Karneval als Gelegenheit zu politischem Protest benutzt und uferte in blutigen Massakern aus (siehe mein Buch »Dimensionen der Ekstase«). In dem Augenblick, da der Tanz als gefährlich, unheilvoll, verderbt und unzüchtig verboten wurde, erhielt er einen besonderen Reiz. Die sogenannten Veitstänze (irrtümlich nach St. Veit benannt, einem Heiligen, dessen Namenstag genau am Johannistag ist und damit auf die Sonnenwende trifft) waren wahre Tanzhysterien, die wie Epidemien um sich griffen. Berichte darüber sind dokumentiert und schildern diesen Tanz als ein unkontrolliertes Schütteln und Zittern. Einiges läßt auf Krampfzustände schließen, wobei die Ursache dafür nie wirklich geklärt wurde.

Die Tarantella ist ursprünglich ein solcher Trancetanz, der Legende nach entstanden aus dem Biß der Tarantula-Spinne, dessen unbändiger Schmerz nur durch wilde Zuckungen und Sprünge zu übertrumpfen war. Musikanten wurden eilends angefordert und mußten aufspielen, um die Gebissenen nicht dem Wahnsinn zu überantworten. Tanzen schien hier also eine Form der Schmerzbewältigung zu sein. Sehr bald jedoch zeigte sich, daß das ganze Dorf es ausnützte, wenn ein einzelner gebissen wurde, denn das Bedürfnis nach Austanzen und Toben ging offensichtlich weit über die gewöhnlichen Angebote von Festen und Feiern hinaus. So entstand ein Tanz, der einen schon auf Grund seiner starken Anstrengung ins Schwitzen und vielleicht auch in Trance bringen kann. Der Schritt von der sogenannten »wilden Trance« zum kontrollierten Trancetanz war gemacht.

In Afrika und den afroamerikanischen Kulturen, ebenso in Brasilien finden wir eine ähnliche Unterscheidung. Die wilde Trance entsteht dann, wenn ein Geist oder Gott sich außerhalb des ihm zugewiesenen Rahmens eines Menschen bemächtigt und ihn besessen macht. Die Besessenheit zeigt sich in unkontrollierten Bewegungen, die als Tanz gedeutet werden. Wird dem Besessenen die Gelegenheit zu rituellem Ausdruck gegeben, so sind die Götter gezähmt. Sie haben ihren Rahmen gefunden, wo sie auch richtig verstanden, geachtet und ihre Bedürfnisse befriedigt werden.

Eine wilde, unkontrollierte Besessenheit »außer Rand und Band« ist beidemal unerwünscht.

Das Ritual ermöglicht eine Gestaltung des Geschehens, das sich erst dann als wirklich heilend erweisen kann. Das Tanzen in Trance ist bekannt dafür, daß es den Menschen auslaugt und ihn bis zu seinen äußersten Grenzen gehen läßt. Die Götter, die im Menschen tanzen, kennen keine Grenzen. Deshalb muß das Ritual die Grenzen setzen. Es geschieht im Sinne des Menschen – die Götter brauchen so etwas nicht.

Eine Ausnahme im Trancetanz macht der Tanz der wirbelnden Derwische.

Er sieht sehr kontrolliert aus und ist es auch. Das stundenlange Wirbeln, das Drehen um die Achse fordert zwar eine andere Kontrolle als die der Pirouetten, die eine Ballerina dreht, aber dennoch zeigt das Schauspiel, das sich dem Auge bietet, durchaus keine wilde, ungebärdige und ungebändigte Dynamik. Alles ist vorgeschrieben und läuft wie nach ewigen Regeln ab, wie der Gang der Gestirne – an dem sich der Tanz der Sufis ja auch ein Beispiel nimmt.

Das Drehen als kinästhetische Trance-Induktion ist jedoch nicht nur auf die islamische Mystik beschränkt. Kinder kriegen schon sehr früh den »Dreh« raus und experimentieren mit den Bewegungen des Kreisens und Kreiselns. Die verdrehten Augen zeigen an, daß sie die gewohnte Orientierung verlieren, aber dies meist so gerne tun, daß sie gleich wieder aufstehen, wenn sie hingefallen sind, und weiter drehen. Der besorgte Ausruf »Da fällst du doch hin!« oder »Daß dir da schlecht wird!« scheint sie nicht abzuhalten.

Der Walzer, der sich von den Drehbewegungen des Ländlers ableitet, könnte sich aus der Lust am Drehen entwickelt haben.

Das Drehen um die eigene Achse ist aber nicht die einzige Art des Kreisens. Der schnelle Reigentanz, wie er in der mystischen Tradition des Chassidismus vorbildlich geworden ist, bewirkt denselben Schwindeleffekt, nur daß es nicht um den Tanz eines einzelnen oder eines Paares, sondern eine Gruppe geht, die sich an den Händen hält. Der Schwung, der aufkommt, schafft ein flüchtiges Gleichgewicht. Irgendwie richtet es sich durch die Energie des gemeinsamen Tuns, durch die Freude und Verzückung, die die Gruppe zusammenhält, ein.

Als letzte Form des Trancetanzes soll die sogenannte Schlangenform genannt sein. Sie ist vielleicht die älteste, zumindest ist sie oft abgebildet. Der Vortänzer bildet den Kopf der Schlange, sozusagen ihr Bewußtsein, das anführt, während die nachfolgenden Tänzer oft die Augen geschlossen haben und als der »unbewußte« Körper der Schlange dem Kopfbewußtsein folgen. Der Vortänzer stellt die Weichen, er weiß den Weg, er weiß auch die Lösung zu manchen Konflikten und Problemen, die rituell im Tanz von dem Kollektiv bearbeitet werden. Der Tanz aus dem Labyrinth ist ein solcher Tanz. Prozessionen, geführt durch einen Priester, der den Segen verteilt, weisen dieselbe Form auf.

Tanztheoretiker haben immer wieder auf den entscheidenden Unterschied zwischen einem kultisch gestalteten Tanz und einem wilden, ungestalteten Toben aus überschäumender Lust oder auch aus Schmerz, hingewiesen. Ersteres gilt als »inbildhafter« Tanz, durch den sich ein Sinnbild, ein Sinn offenbart. Letzteres wird »inbildlos« genannt. Da entsteht nichts weiter, abgesehen von der Lust an der Abreaktion.

Der Effekt des Trancetanzes, mit und ohne Bild, ist der einer seligen Erschöpfung.

Und das ist doch auch etwas.

Trance-Induktionen durch Hören

Der Hörsinn ist dem 5. Chakra zugeordnet, das den Körperbereich erfaßt, in dem sich einerseits die Ohren, andererseits der Kehlkopf befinden. Das 5. Chakra hat mit Ausdruck und Mitteilung, mit intellektuellen Prozessen der Informationsverarbeitung, mit Denken und Verstehen zu tun.

Im Deutschen unterscheiden wir zwischen Horchen (auch Lauschen) und Hören (auch Verstehen). Horchen hängt mit gehorchen und Gehorsam zusammen, hören mit hörig; Horchen ist eine gezielte auditive Wahrnehmung, Hören mehr eine weitgestreute und diffuse Aufnahme von allen möglichen Geräuschen, die vom Bewußtsein in sinnvolle Botschaften übersetzt werden sollten. Was gehört wird und was nicht, unterliegt also einer selektiven Filterung.

Das Wort Hören verweist auf eine Kontinuität in unserem Inneren, die sich im Unbewußten vollzieht. Im Bauch der Mutter hörten wir ihre Herzschläge und sind seitdem empfänglich für Rhythmen, die uns an dieses Stadium unserer Existenz erinnern. Das Hören ist, im Gegensatz zum Sehen, nicht fokussiert (Fokus kommt aus der Sprache des Visuellen). Ich kann mir nicht aussuchen, ob ich etwas hören möchte oder nicht, außer ich halte mir die Ohren zu – was einer gewissen voreingenommenen Haltung oder Erwartung bedarf. Die Ohren sind Körperöffnungen, die erst bewußt verschlossen werden müssen, also eine Entscheidung verlangen. Die offenen Ohren, mit denen wir ausgestattet sind, schaffen eine unauflösliche und unmittelbare Verbindung zur Außenwelt, die immer als ein Gemisch von Informationen, ob sie mich betreffen oder nicht, an mich herantritt. Im Ohr befindet sich zudem das Gleichgewichtsorgan, das für meine Orientierung in der Welt zuständig ist. Es regelt autonom und ohne mein bewußtes Zutun mein Gefühl dafür, wo ich mich in dieser Welt befinde. Durch das Ohr bin ich in Fühlung mit der Welt.

In dem Wort absurd steckt das lateinische »surdus«, taub, stumm. Das Wort ist eine Übersetzung des arabischen »jadr asamm«, was soviel heißt wie: taube Wurzel, was wiederum ursprünglich eine Übersetzung aus dem altgriechischen »alogos« ist und soviel bedeutet wie sprachlos oder irrational.

Das Hören ist also stark verbunden mit Verstehen, nämlich Verstehen einer Sprache, und Sprache ist wiederum verbunden mit Denken.

Das NLP unterscheidet zwischen dem

- **auditiv-tonalen Wahrnehmungstyp**, der analog hört, das heißt Geräusche so aufnimmt wie sie sind, auf Tonqualität und Tonart, Klangeffekte und die gesamte Geräuschkulisse achtet, bevor er über deren Bedeutung nachdenkt, und erst langsam, über den Weg der Verarbeitung sinnlicher Eindrücke, zu dem Ergebnis einer Deutung kommt,

und dem

- **auditiv-digitalen Wahrnehmungstyp**, der digital alles, was er hört, schon in Bedeutung übersetzt. Dazu eignet sich am besten die gesprochene Sprache, die allerdings auch verinnerlicht werden kann. Dieser Typ neigt zur Verbalisierung, das heißt er übersetzt alles, was er wahrnimmt und was ihm bewußt wird, sofort in Sprache.

Der auditiv-digitale Typ ist oft unter Intellektuellen zu finden, die schon auf Grund ihrer akademischen Ausbildung oder eines Berufs, der zu ständiger Definition und Formulierung von Gedanken verpflichtet, gezwungen sind, schnell zu abstrahieren, das heißt, vom Konkreten, Sinnlichen und dem Detail zu entfernen, um aus der Distanz einen übergeordneten Überblick durch Verallgemeinerung zu erhalten.

Dieser Typ spricht nicht immer aus, was er denkt, aber in seinem Kopf läuft ständig das eigene Radio, dessen Programm mit Kommentaren, Schlagwörtern, griffigen Sprüchen und suggestiven Botschaften ausgestattet ist. Auch negative Affirmationen können rund um die Uhr gesendet werden, etwa in der Art »Du bist ein Versager«, »Das schaffst du nie«, »Es hat alles keinen Sinn« etc. Positive Affirmationen, wie sie in bestimmten suggestiven Psycho-Techniken entwickelt wurden, versuchen auf dieser Ebene den auditiv-digitalen Neurotiker umzuprogrammieren, indem sie lästige und leidige Botschaften, die vielleicht noch aus einer neurotisierenden Kindheit stammen und Tag für Tag neu eingespielt werden – wodurch das neurotische Programm aufrecht erhalten wird –, umtexten und sozusagen für ein neues Programm mit einfachen, griffigen Slogans werben, beispielsweise »Die Welt ist ein wunderbarer Platz«, »Du bist willkommen hier«, »Du schaffst es!« usw.

Ist man allerdings kein auditiv-digitaler Typ und hat auch wenig Sinn für den inneren Monolog, für spruchreife Sätze, ob negativ oder positiv, und für Sprache und Denken überhaupt, so ist der ganze Aufwand, der um positive Affirmationen gemacht wird, umsonst. Positive Affirmationen greifen nur dort, wo schon andere Affirmationen gebildet, innerlich empfangen, gesendet wurden und sowieso im Programm des inneren Monologs enthalten sind. Intellektuelle allerdings sehen nicht ein, warum sie sich »solches Zeugs« einreden sollen, das nicht stimmt. Und oft sind sie in ihrem Erkenntnisprozeß ihrer eigenen seelischen Verhältnisse nicht so weit fortgeschritten, daß sie imstande sind, ihre ständige Selbstprogrammierung wahrzunehmen. Positive Affirmationen können also immer nur ein Teil einer Therapie sein und nie aus dem Zusammenhang gerissen angewandt werden – dann wirken sie schlechterdings komisch und fordern nicht nur den Humor, sondern auch den Zynismus heraus.

Die Fähigkeit zur auditiven Digitalisierung ist evolutionsgeschichtlich eine sehr neue Erfindung und typisch für den Menschen. Selbst wenn Tiere miteinander kommunizieren und eine Art Sprache dafür entwickelt haben, ist anzunehmen, daß sie dennoch nicht Sprache dazu benutzen, in einem kontinuierlichen Prozeß der Selbstreflexion die Außenwelt in einem verinnerlichten Modell abzubilden. Nur so aber ist Denken möglich. Denken setzt voraus, daß Informationen nicht nur aufgenommen werden, sondern gespeichert und bei Bedarf abgerufen werden können, um neu kombiniert zu werden. Daraus entstehen dann jene Konstruktionen, die veranwortlich sind für geniale Erfindungen, phantasievolle, ästhetische Werke der Kreativität, für ethische Ideengebäude, aber auch für Wahnvorstellungen, die auch ihr System haben.

Wichtig ist im Zusammenhang damit die Unterscheidung zwischen

- gefühlten Gefühlen (unmittelbare Sinnes-Ebene)
- und verstandenen Gefühlen (Ebene der Vermittlung durch Deutungen und Bedeutungen).

Das Fühlen ist zunächst eine Wahrnehmung auf der kinästhetischen Ebene. Dann schaltet sich die auditive Digitalisierung ein und benennt das Gefühlte. Dies kommt nicht nur einer Definition gleich, sondern ist sowohl eine Erklärung als auch das Festlegen der einmal gefundenen Bedeutung. Die Bedeutung wird durch den Namen, der ihr gegeben wird, aufrecht erhalten. Deshalb ist die Gesprächstherapie, die nur auf der Ebene von Sprache und Bedeutung arbeitet, in ihrem therapeutisch wirksamen Effekt begrenzt. Um Veränderung zu bewirken, bietet es sich an, auf andere Sinneskanäle und Wahrnehmungsebenen umzusteigen (zum Beispiel zusätzlich Körperarbeit).

Sprachmetaphern

Sie können sich als Übung diese Sprachmetaphern laut vorlesen – wenn Sie in einer Gruppe üben, dann gegenseitig – und nachhorchen, welchen Klang diese Metaphern für Sie haben.

Den Mund aufmachen, den Mund aufreißen, sich den Mund fußlig reden, den Schnabel halten, herumplärren, herausschreien, groß tönen, den Mund vollnehmen, sich das Maul zerreißen, eine spitze Zunge haben, böse Zungen behaupten es, es lauthals verkünden, die Spatzen pfeifen es schon von den Dächern, an die große Glocke hängen, mit Pauken und Trompeten durchfallen, von Tuten und Blasen keine Ahnung haben, eine Standpauke halten, eine Predigt halten, jemandem etwas einpauken, auf jemanden einreden, eine taube Nuß sein, auf dem Ohr nicht hören, stumm wie ein Fisch, da hat es mir die Sprache verschlagen, sprachlos vor Staunen, nur mit halbem Ohr hinhören, da hat es bei mir geklingelt, das klingt vertraut in meinen Ohren, Nachtigall, ick hör dir trapsen, das Gras wachsen hören, aufs Wort gehorchen, immer ein offenes Ohr dafür haben, sein Ohr leihen, jemandem sein Gehör schenken, erhören, Gedudel im Hintergrund, Singsang der Sprachmelodie, blödes Geschnatter, alles Geschwätz!, mit den Wölfen heulen, psalmodieren, schallend lachen, schmeichelnd umschnurren, das ist ein Unrecht, das zum Himmel schreit, schrille Farben, einen Höllenlärm machen, herumlärmen, Krach machen, Krach haben, das ist ein ohrenbetäubender Krach, unüberhörbar, Totenstille, Funkstille, Sendepause, etwas verschweigen, schweigen wie ein Grab, sein Wort geben, bei meinem Ehrenwort!, sein Jawort geben, wortkarg und einsilbig sein, verschwiegen sein, wortbrüchig werden, etwas unerhört finden, viel um die Ohren haben, mit den Ohren schlackern, die Ohren spitzen, die Ohren aufsperren, Ohren waschen!, Ohren ausputzen!, hast du nicht gehört, was ich gesagt habe?, ich höre wohl nicht recht?, was höre ich da?, was muß ich da hören?, zu einem Ohr rein, zum anderen raus, jemandem im Ohr liegen mit einer Angelegenheit, das klingt vielversprechend, einen vielsagenden Blick zuwerfen, ein einziger Aufschrei erfolgte, einem Ruf folgen, berufen sein, einen Beruf ausüben, eine Berufung in sich spüren, kleiner Mann im Ohr, die Engel singen hören, hellhörig werden, was ist das denn für ein Ton, in dem du mit mir sprichst?, das ist der typische Tonfall eines Dialekts, die Tonart wechseln, im Brustton der Überzeugung sprechen, laut tönen, eine Saite anschlagen, auf dem Gefühlsklavier spielen, alle Register ziehen, klingende Münze, das klingt gut in meinen Ohren, ich habe es schon läuten hören, das Zimmer hat eine gute Schwingung, auf derselben Schwingung sein, einen Mißklang oder einen falschen Ton wahrnehmen, im Mißklang sein, im Einklang sein, auf Resonanz stoßen, sich einstimmen, in Stimmung sein, es herrschte Hochstimmung, verstimmt sein, selbst bestimmen, von jemandem anderen sich bestimmt fühlen, vom Schicksal vorbestimmt, für etwas bestimmt zu sein, etwas stimmt oder stimmt nicht, etwas fühlt sich stimmig an, seine Zustimmung geben, in einer Gruppe abstimmen, jemanden umstimmen, etwas gutheißen, die Verheißung, das Versprechen, sich versprechen, zur Sprache bringen, zu Wort bringen, zu Wort kommen, zur Sprache kommen, etwas ansprechen, auf etwas zu sprechen kommen, jemandem zusprechen, ein Wörtchen zu sagen haben, bei etwas mitsprechen, das Gespräch wieder aufnehmen, Debakel, Debatte, Diskussion, Diskurs, Dialog.

Sprichworte

»Der Ton macht die Musik.«
»Wie man in den Wald ruft, so schallt es heraus.«

»Wer nicht hören will, muß fühlen.« Was soviel heißt wie: Wechsel von auditiv-digitalem Aufnehmen eines Befehls auf die darunterliegende Ebene der unmittelbaren kinästhetischen Wahrnehmung – zum Beispiel einer heißen Herdplatte, da die Warnung nicht gehört, verstanden beziehungsweise der Befehl nicht befolgt wurde.

»Gott gab dem Menschen zwei Ohren und nur einen Mund, damit er zweimal soviel hört wie er spricht.« Ein Sprichwort des Stoikers Epiktet, das darauf verweist, daß Gehorsam über Selbstausdruck durch Sprache gestellt wird, vor allem natürlich in hierarchischen Strukturen der Herrschaft und Kontrolle.

Übung: Trance durch Monotonie

Immer derselbe Ton – das ist das Prinzip der Monotonie, das auch auf andere Sinne übertragen wird.

Monotones Rasseln oder Trommeln ohne rhythmische Gestaltung und ohne Melodie, die sich darüber schwingt, ist eine der gebräuchlichsten Trance-Induktionen, die schon im Schamanismus üblich war und die heute noch, beispielsweise von Goodman und Harner, eingesetzt wird. Das Tempo ist dabei vorgeschrieben, nicht zu schnell, aber auch nicht so langsam, daß die einzelnen Töne voneinander zu unterscheiden sind. Das sinnliche Hörerlebnis vermittelt den Eindruck einer Art Klangteppichs, der die einzelnen Töne überdeckt und zu einem einzigen Ton zusammenfaßt. Die Klanggrenzen verschwimmen ineinander, bilden sogenannte »clusters«, die wie Klangwolken das Bewußtsein umhüllen und einlullen.

Bei dem Prinzip der Monotonie und seiner frappierenden Wirkung auf das Bewußtsein ist es wichtig, sich folgendes zu verdeutlichen: Unser heutiges Wachbewußtsein, das wir als normales Tagesbewußtsein zur Norm von Bewußtsein überhaupt gemacht haben, hat sich erst nach und nach entwickelt. Zunächst war das Wachbewußtsein nichs anderes als ein Zustand erhöhter Wachsamkeit. In diesem Zustand wurden alle Geräusche daraufhin beurteilt, ob sie Gefahr andeuteten oder nicht. Wenn sie sich wiederholten, war dies ein Anzeichen dafür, daß keine unheilvollen Folgen zu befürchten war. Die Wachsamkeit hatte ihren Dienst getan und konnte abtreten, ein Zustand der Entspannung einsetzen. Die Funktionen des Parasympathikus, wie Nahrungsaufnahme und Verdauung usw., konnten beginnen. Sobald aber nicht gedeutete Geräusche ans Ohr drangen, war die Wachsamkeit sofort wieder zur Stelle – wir können dies an Tieren beobachten, die auch beim Fressen die Ohren aufstellen, sobald sie durch Geräusche auf etwas aufmerksam werden. Deshalb ist es auch ungesund, beim Essen oder zur Zeit der Verdauung (Siesta, Mittagsschlaf, Nickerchen) laute Töne und aufregende Musik zu hören. Das Wachbewußtsein braucht immer noch Signale, um abzuschalten. Ein solches Signal zur tiefen Beruhigung kann (unter Umständen, dies gilt nicht für jeden) eine Geräuschkulisse monotoner Geräusche oder Töne sein.

Das Sprudeln, Glucksen und Murmeln eines Baches, das Rauschen des Meeres, das Rascheln eines Getreidefeldes kann eine solche Geräuschkulisse ergeben. Das Blubbern aus dem Synthesizer kann diese Wirkung künstlich herstellen. Die Brain Machines verwenden als auditive Stimulation diese sanften und monotonen Klopfgeräusche, die das Wachbewußtsein beruhigen und zum Abschalten auffordern. Erst nach einer Phase derartiger auditiver Stimulation schalten sich dann die visuellen Reize aus der Brille hinzu. Das Bewußtsein ist dann aufnahmebereit, die Frequenzen der visuellen Reizmuster zu übernehmen, da die Wachsamkeit nichts Gefährliches vermutet.

Monotones Rasseln und Trommeln wirkt hingegen weniger beruhigend als vielmehr bewußtseinsverändernd. Zur Beruhigung ist es den meisten Menschen zu laut und zu aufdringlich in der Klangqualität, um sich entspannen oder sogar einschlafen zu können. Tatsächlich sollte eine Trance-Induktion dieses ja auch nicht zum Ziel haben. Die Klangqualität soll auch nicht ästhetischen Maßstäben Genüge tun – es handelt sich nicht um Musik. Allerdings sollte die Person, die die Rassel schwingt oder die Trommel schlägt, schon einen gleichmäßigen Schlag über eine gewisse Zeit halten können (und 15 Minuten können eine lange Zeit sein). Jede Abweichung von dem Gleichmaß der Monotonie holt sofort wieder das Wachbewußtsein zurück. Auch sonstige Störgeräusche wie Telefon, Türklingel, Kindergeschrei (dies ist ein besonderes Signal für jede Mutter und reißt sofort aus dem Dämmerzustand heraus) oder gesprochene Worte bedeuten eine Botschaft an das Unbewußte, hinzuhören, um herauszukriegen, was eigentlich los ist.

Wird eine Trance-Induktion gesprochen, dann ist der Klang der Stimme entscheidend. Die Sprachmelodie sollte von oben nach unten führen und nicht, wie bei einer Frage, von unten nach oben. Eine Frage ist ein Appell an das Wachbewußtsein und läßt einen aus der Trance aufschrecken. »Was soll ich?«, »Wer ist gemeint?«, »Wie ist das gemeint?«, »Was läuft hier eigentlich ab?« Die Sprache sollte einfach und präzise sein, mit klaren Anweisungen an das Unbewußte, das ganz konkret umsetzt, was es hört. Es kennt keine Abstraktionen, und somit auch nicht das Wort »Nicht«. Bei der Anweisung »Nicht rauchen« versteht es vor allem »Rauchen«, das »Nicht« wird erst in einem zweiten Anlauf der Informationsverarbeitung bewußt gemacht, während das Unbewußte sich schon längst auf das Rauchen eingestimmt hat.

Die Anweisungen, wohin die Trance-Reise führt (in glückliche Kindertage, zu einem besonderen Erfolgserlebnis, zu einem Moment von Erfüllung und Frieden usw.), sollten zwar präzise sein, damit das Wachbewußtsein sich nicht fragen muß, was denn eigentlich gemeint sei, aber trotzdem nicht genau vorschreiben, worin ein solches Glückserlebnis besteht. Für manchen, eigentlich für die meisten, ist die Beschreibung von Meeresrauschen oder Glucksen des Wassers eine Bestätigung dessen, was man sich unter Urlaub und Erholung vorstellt. Für den, der fast einmal ertrunken ist, nicht. Auch gestalten sich glückliche Kindertage sehr verschieden. Die Anweisung sollte also eindeutig in der Hinführung sein, aber das eigentliche Sinnenerlebnis offen lassen. Ein solcher Trance-Satz könnte dann so heißen: »Und nun erlaubst Du Dir, in der Zeit zurück zu gehen, so weit wie Du es jetzt gerade für richtig hältst, und es kann sein, daß, während Du in Deine Kindheit gelangst, Dir ein Erlebnis einfällt, das Dich damals sehr glücklich gemacht hat und Dich heute noch mit Glück erfüllt, wenn Du daran denkst.« Sofort machst sich das Unbewußte auf die Suche und wird sicher bald fündig, denn allein das Aussprechen des Wortes Glück ist schon eine Suggestion. Noch besser ist es, in den gesprochenen Trance-Induktionen (auch wenn Sie sich selbst eine solche Trance-Induktion auf Band sprechen wollen, um sie später abzuhören und auf sich wirken zu lassen) immer die Möglichkeit einzubauen, daß das suggerierte Erlebnis nicht wirklich stattgefunden hat, sondern nur in der Phantasie und der Wunschwelt einer Person existiert. Es kann auch eine Anspielung auf Filme gemacht werden oder sogar auf Videoclips und Werbespots. Irgendwann hat jeder einmal etwas erlebt, das Glück bedeutet, ob nun direkt als Lebenserfahrung oder indirekt als Werbespot, der ein Produkt anpreist.

Dem Unbewußten ist es gleich, woher die Information kommt. Hauptsache, es gibt sie.

Duch das Anspielen auf Wunschwelten wird auch vermieden, daß das Wachbewußtsein sich zu Wort meldet und sich ausdrücklich verbittet, ein Glückserlebnis im realen Leben untergeschoben zu bekommen – vor allem wenn die Identität einer Person sich durch die Rolle des ewigen Unglücksraben definiert. »Glück? Ich? Denkste!« Und schon ist es mit der Trance-Reise zum möglichen Glück (auch ein Unglücksrabe kann sich ändern und plötzlich Glück haben, aber natürlich nur in der Zukunft, sonst hätten wir es ja nicht mit einem Unglücksraben zu tun) vorbei.

Versteht sich von selbst, daß die trance-induzierende Stimme nicht stottern, krächzen, sich räuspern, versprechen und schon gar nicht husten sollte. Das Ganze sollte einem Singsang ähneln, einem Wiegenlied. Es sollte in dunklen Tönen gehalten sein und den Sprachfluß ein bißchen verlangsamen.

Natürlich gibt es da auch Gegenbeispiele, zum Beispiel die anfeuernde Predigerstimme des Baptistenpfarrers, der sich und seine Gemeinde in Ekstase redet. Aber zum therapeutischen Normalverbrauch und auch bei Eigenbedarf eignet sich ein solches Salbadern nicht, weil es sofort unangenehme Assoziationen zu moralisierenden Besserwissern aller Art in Erinnerung bringt. Wichtig bei Trance-Induktionen: Der, der die Trance spricht, sollte einen Eindruck der Gelassenheit und Offenheit, einer gewissen Neutralität vermitteln und sein Interesse am Gelingen der Trance bekunden. Die besten Induktionen klingen wie beiläufig gesprochen und sind keinesfalls ein inbrünstiges Draufeinreden. Und schon gar keine Standpauke.

Übung: Trance durch Herzrhythmus

Das Pochen des Blutes, den Rhythmus des Herzschlags hören wir schon im Mutterleib. Und wann immer wir ihn wieder hören, werden wir unwillkürlich in einen Zustand versetzt, in dem wir uns unserer eigenen Herkunft gegenwärtig werden. Das mag Gefühlen der Beklommenheit, der Rührung, aber auch der freudigen Erregung und Anregung gleichkommen und uns in unserem Lebendigsein bestätigen. Keine auditive Trance wirkt so stark und unmittelbar wie die, die sich den Herzrhythmus zunutze macht.

In der brasilianischen Tanzform der Samba herrscht dieser Rhythmus vor, er macht es, daß die Brasilianer während des Karnevals tagelang durch die Straßen tanzen. In der Samba gibt es drei Tempi, langsam, um sich aufzuwärmen, mittel, sozusagen ein Andante, bei dem man in Schwung kommt, und dann schnell, sehr schnell, für die brillanten Tänzer, die das Becken kreisen, die Schritte wirbeln und die Füße sich scheinbar verknoten lassen, um dennoch immer im Fluß zu bleiben. Auch bei Demonstrationen (zum Beispiel 1990 anläßlich der Gefangenschaft von Mandela, der kurz darauf freigelassen wurde) wird heute immer mehr die Samba-Musik eingesetzt: Der Herzrhythmus ist einfach unschlagbar, wenn es darum geht, nicht nur Protest anzumelden, sondern auch Stimmung zu machen.

Übung: Trance durch das Spielen vertrauter Musik

Alte Menschen sind empfänglich für die Musik aus ihrer Jugend. In Altersheimen wird deshalb immer öfter ein Klavierspieler engagiert, der zum Tanz der alten Tage aufspielt. Musik beschwingt und bringt wieder in Fluß, was durch das Alter in Stillstand oder Vergessenheit geraten ist. Musik mobilisiert und verschafft Zugang zu verlorenen Erinnerungen. Im Alter, und vor allem bei bestimmten Krankheiten wie Alzheimer oder Senilität, verschwindet das Kurzzeitgedächtnis, und gleich den Ruinen eines vergangenen Imperiums tauchen Erinnerungen aus der frühen Zeit auf, die das Langzeitgedächtnis getreulich abgebildet und gespeichert hat.

Bei der Beobachtung von Emigrantenschicksalen habe ich beobachtet, was das Sprechen in der Muttersprache zu bewirken vermag: Der ganze Mensch kehrt durch entsprechende auditive Stimulation in eine Zeit zurück, da er sich zu Hause und sicher fühlte.

Die Kenntnis der Muttersprache oder der Hits und Slogans einer bestimmten Epoche schafft eine Vertrautheit zwischen Menschen, die durch fast nichts ersetzt werden kann.

Das Spielen der Schlager aus der Pubertätszeit versetzt Erwachsene wieder in ihre Jugend.

Bestimmte Melodien gehen ins Ohr und erwecken Erinnerungen an die Zeit, als sie zum ersten Mal gehört wurden. Die Melodie ist wichtiger als die Worte, sie prägt sich dem Unbewußten tief ein, während die Worte letztlich austauschbar sind, da sie erst als Bedeutungen digital übersetzt werden müssen. Haften bleibt der erste Eindruck, den sich das Unbewußte von der Situation macht, in der die Melodie gehört wurde. War die Situation angenehm, wird der angenehme Eindruck sich auf immer mit der Melodie verbinden. Dies machten sich die Komponisten von Kirchenliedern zunutze, die gängige Tanzmelodien verwendeten, um fromme Texte darauf zu dichten. Umgekehrt kann auch ein Kirchenlied »aufgewertet« werden, wenn die Freude des Tanzens dazukommt. Was ursprünglich fromme Gospels waren, sind heute die Soul-Hits, zu denen der Körper ganz von selbst in Verzückung gerät.

Übung: Trance durch Singen und Summen

Gemeint ist hier nicht das virtuose Singen, das als gültiger ästhetischer Ausdruck Maßstäbe der Meisterschaft setzt. Gemeint ist das Singen, das wie von selbst kommt. Vielleicht ist es ein Vorsichhersummen bei irgendeiner Tätigkeit, vielleicht ein forsches Pfeifen im finsteren Wald oder ein Singen unter der Dusche und im Bad. Vielleicht ist es auch ein Singen in der letzten Reihe des Kirchenchors – Hauptsache, Sie öffnen den Mund und es kommt etwas heraus.

Es geht um den Ausdruck. Es geht um einen Ausdruck um seiner selbst willen, zunächst soll er niemanden anderen glücklich machen als Sie selbst. Vielleicht haben Sie gelernt, Obertöne zu produzieren, dann um so besser. Oder sie schließen in Ihre tägliche Morgengymnastik an die Yogaübungen ein paar Minuten das »Tönen« an, wobei Sie Ihre Stimme nicht nur in die Außenwelt strömen lassen, sondern sich auch diese besondere Art von Selbstmassage zukommen lassen. Töne sind Schwingung und versetzen in Schwingung. Dies gilt nicht nur für die Außenwelt, sondern auch für das Innenleben. Sie können Ihre Organe durch die sogenannten »heiligen Töne« der chinesischen Medizin erreichen, Sie können aber auch ganz einfach durch Singen und Summen sich selbst beleben. Durch das Singen verstärkt sich Ihr Atem. Sie spüren ein leichtes Prickeln auf der Haut – das ist das Zeichen dafür, daß Sie in Schwingung geraten sind. Und von der richtigen Schwingung zur richtigen Stimmung ist es nur ein kleiner Schritt. Schwingen Sie sich ein, stimmen Sie sich ein, und dies dank Ihres eigenen dafür bestens geeigneten Instruments, der Stimme!

Trance-Induktionen durch Verbindung von auditiver Stimulation und digitalen Botschaften

Wie gesagt: Der Ton macht die Musik. Die Stimme, die die Botschaft überbringt, ist schon ein Teil der Botschaft. In den fünfziger Jahren wurden Werbespots eigens komponiert und gesungen, auch heute noch haben Radiosender, Automarken usw. ihre eigene Melodie, auf die ein werbender Text gesetzt wird. Die Melodien haben Signalwirkung. Sie »gehen ins Ohr« und die Worte mit.

Trance-Induktion durch Beschallung

Immer mehr kommt die öffentliche Beschallung in Kaufhäusern, Restaurants, Vorhallen usw. in Mode. Musik wird rund um die Uhr abgespielt. Man erhofft sich dadurch gesteigerte Umsätze und bessere Laune bei den Kunden. Musik dient dabei als Suggestivmittel, Menschen in eine bestimmte Stimmung zu versetzen, überhaupt sie in Stimmung zu bringen. Bei manchem unfreiwilligen Hörer kann dies jedoch nicht Beschwingtheit, sondern Unmut bewirken – nicht jeder mag es, von morgens bis abends einem ständigen Gedudel ausgesetzt zu sein.

Um Beschallung handelt es sich auch bei Musiktherapien, die den Patienten gezielt bestimmten Klangwellen aussetzen. Besonders heilsam haben sich die Schwingungen von Monochord, Tambura, Klangschalen und auch großen Gongs erwiesen. Daß der Schall durchaus eine reale physische Wirkung auf den menschlichen Organismus hat, zeigt sich durch die starken, unbeabsichtigten Effekte, die beispielsweise ein Gong in Form von epileptischen Anfällen auslösen kann. Deshalb: Vorsicht!

Auditive Konfusionstechniken

werden vor allem in der Trancetherapie nach Milton Erickson und im NLP angewandt. Zwei Therapeuten sprechen von zwei Seiten auf den Klienten ein, jeder in ein Ohr. Da diese Induktion sehr aufwendig ist, bleibt es meist bei eindrucksvollen Demonstrationen auf dem Podium. Zugleich scheint diese Trance-Induktion sehr alt zu sein, denn Castaneda berichtet ein ähnliches Erlebnis von seinen schamanischen Schulungen. Der Klient hört auf jedem Ohr etwas anderes, wird konfus und verändert schlagartig seinen Bewußtseinszustand. Nun kann er zwar alles hören, aber der Sinn der Botschaften ist anders, als wenn er sie getrennt, eine nach der anderen hören würde. Das zeitliche Zusammenfallen der Vermittlung, die sinnliche Überlagerung der Botschaften verändert diese. Einen solchen Stereoeffekt können wir erzielen, wenn wir zwei Menschen gleichzeitig zuhören wollen oder Radio und Fernsehen gleichzeitig angeschaltet haben. Zwei völlig verschiedene Botschaften aus verschiedenen Kanälen mit verschiedenen Texten oder Melodien ergeben zusammen eine Einheit, die einen neuen Sinn übermittelt. Die Dadaisten entdeckten als erste den ästhetischen Genuß der gewollten, bewußt intendierten und freiwilligen Konfusion. Sie zerschnitten Texte und klebten sie beliebig wieder zusammen, wodurch eine Textcollage entstand. Sie fügten auch Silben zusammen, die keinen auditiv-digitalen Sinn, aber lautmalerisch, also auditiv-tonal, eine Komposition ergaben. Konfusion heißt ja wortwörtlich »Zusammenfließen«, und das Zusammenkommen verschiedener auditiver Reize ergibt genau dies: Chaos durch Konfusion. Das Ohr aber, das sich um sinnvolle Deutung des Gehörten bemüht, kann statt Chaos auch eine neue Ordnung heraushören – darin besteht der ästhetische Reiz.

Auditive Konfusionstechniken werden auch benutzt, um bestimmte Reizworte wie »Glück«, »Erfolg«, »Optimum«, »exzellent« usw. suggestiv im Unbewußten zu verankern und so den Hörer auf die Bedeutung, die wie beiläufig und deshalb unterschwellig wahrgenommen wird, zu eichen. So können auf einem Tonband zwei völlig verschiedene Geschichten erzählt werden, die jedoch, beide in verschiedenen Kontexten, die Reizworte immer wieder einflechten. Diese prägen sich dann tief ein und wirken als Suggestionen.

Polyrhythmik als Konfusionstechnik

Polyrhythmik finden wir vor allem in der nicht-westlichen Musik Afrikas und Asiens und der arabischen Tradition. Polyrhythmik heißt nichts anderes, als daß verschiedene Rhythmen gleichzeitig existieren und sich übereinander lagern. Sie ist keineswegs als Konfusionstechnik gedacht, und ein Musiker, der mit solchen Traditionen vertraut ist, würde sich beleidigt fühlen, wenn man polyrhythmische Musik mit Chaos vergliche. Trotzdem klingt es für das westliche, ungeübte Ohr oft danach. Noch schwieriger wird es, wenn die rhythmische Ordnung, um die es zweifellos hier geht, soweit verstanden werden soll, daß sie reproduziert werden kann. Hier entpuppt sie sich als das, was sie tatsächlich ist: Eine Ordnung von solcher Differenzierung und Komplexität, daß sie den westlichen, vergleichsweise plumpen Hörgewohnheiten entgeht, geschweige denn nachgespielt werden kann.

Das Einüben von polyrhythmischen Strukturen ist nicht nur ein wunderbares Chaostraining, sondern vielmehr ein Vertrautwerden mit hochkomplexen Ordnungsformen. Der Körper, der klatscht, singt, stampft, das Becken schwingt und die Schritte setzt und dazu noch eine Rassel spielt, schafft es leicht, viele verschiedene Rhythmen gleichzeitig ablaufen zu lassen, während das Wachbewußtsein einfach nicht mehr mitkommt.

Trance-Induktion »Gähnendes Chaos«

Chaos wird als »Gähnender Abgrund« übersetzt. Nach einigen Erfahrungen, in denen ich das Einsetzen der Trance als ein Ziehen und Sausen in den Ohren erlebte und der Impuls zu einem großen Gähnen kam, stellte sich mir die Frage, ob das Gähnen ursprünglich vielleicht mit Trance und veränderten Bewußtseinszuständen allgemein – die in Abgrenzung zu dem entwicklungsgeschichtlich relativ neuen Wachbewußtsein als chaotische Zustände der eigenen archaischen Vergangenheit bezeichnet wurden – zu tun hatte und sogar dem Chaos als gähnenden Abgrund seinen Namen gab.

Ich experimentierte mit dem Gähnen, das sich als Reflex leicht auf eine ganze Gruppe überträgt, sobald ein einzelner damit begonnen hat. Es zeigte sich, daß das Gähnen nicht nur Müdigkeit anzeigte, sondern sie auch bewirkte, und zwar in der gewünschten Form einer wohligen Entspannung.

Ich benutze seitdem die Gähnübung als Einstieg in auditive Trance-Induktionen, vor dem Rasseln und Trommeln oder dem Einsatz von Gongs. Das Ohrensausen, das durch Gähnen verursacht wird, kann einen Vorgeschmack auf die (leichten) Gleichgewichtsstörungen geben, die mit auditiven Trance-Induktionen verbunden sein können. Da das Organ des Gleichgewichts sich im Ohr befindet, gehen auditive Erfahrungen oft mit kinästhetischen Veränderungen einher und umgekehrt. Ich bewege mich (heftig), zum Beispiel beim Wirbeltanz, und höre Rauschen, Dröhnen oder Sausen im Ohr. Viele mystische Erlebnisse werden als auditive Wahrnehmung geschildert. Rauschen und Sausen, Donnern und Dröhnen sind die bekanntesten Geräusche. Natürlich sind auch die Stimmen, die aus dem Inneren kommen und zum Menschen sprechen, auditive Wahrnehmungen. Ihre Herkunft und ihre Bedeutung festzustellen, ist Aufgabe des Verstandes, der das Gehörte richtig deuten will – und oft nicht kann.

Kombinierte Trance-Induktionen

Allzu sinnlich sein zu wollen, kann zu bedauerlichen Selbstbegrenzungen führen. Das Wort Sinnlichkeit ist in unserem Kulturkreis allzu sehr auf triebhaftes, sexuelles Verhalten beziehungsweise Empfinden beschränkt worden. Die Sinne für sich genommen sind nicht mehr als das: Kanäle der Informationsvermittlung. Auf die Information kommt es nun an, nicht nur auf die Weise, wie sie uns erreicht. Auf Form, Inhalt und Auswirkung der Information kommt es an, wenn Information wirklich etwas verändern oder einen entscheidenden Unterschied machen will.

Das Baden in den Sinnengenüssen kann leicht zuviel des Guten werden, wenn der Prozeß der Informationsvermittlung dort stecken bleibt, wo er eigentlich erst am Anfang ist.

Synästhesie (wörtlich: Zusammenwahrnehmung) als Zusammenwirken aller Sinne ist ein Phänomen, das einerseits als Symptom von Krankheit und Behinderung, andererseits als musische Begabung und Zeichen für eine außerordentliche Wahrnehmung jenseits alltäglicher Normen angesehen wird. Mystiker haben ihre Erfahrungen oft als synästhetisch beschrieben, Poeten ebenso. Das Hören von Farben, das Erleben von Tönen, als seien es Berührungen, das Erfassen von Gerüchen, als seien es Geschmäcker im Mund, scheint uns vielleicht gar nicht so außergewöhnlich, da wir oft auch im wachen Alltagsbewußtsein unsere Sinneskanäle nicht genau unterscheiden können. Je stärker das Erlebnis ist, desto schwieriger wird anscheinend auch die genaue Unterscheidung, welcher Sinn den Reiz ausgelöst, die Botschaft überbracht, den Bann der Verzauberung verhängt hat. Dabei gilt: je stärker der Reiz, desto stärker die Tendenz zur Synästhesie. Unter Drogen ist die synästhetische Wahrnehmung am stärksten ausgeprägt, da die Sinneskanäle überflutet werden. Eine solche Überwältigung macht die Unterscheidung unmöglich und erlaubt auch nicht mehr, von gewöhnlicher »Sinnlichkeit« zu sprechen. Jedes triebhafte »Ansinnen« ist ausgeschaltet, der Sinn als Funktion untauglich geworden. Um so größer die Euphorie, jenseits aller Sinne von Sinnen zu sein.

Es kommt immer gemischt. Reine Wahrnehmungstypen sind selten. Die Beschränkung auf einen Sinneskanal, der ermittelt, reicht kaum aus, um die Fülle des Lebens angemessen zu erfassen.

Schon früh lernen wir uns mit allen Sinnen in der Wirklichkeit zurechtzufinden. Sinnlichkeit ist nicht nur Trieb, sondern Instrument der Intelligenz.

Bei Trance-Techniken empfiehlt sich eine gute Durchmischung aller angesprochenen Sinne.

Als besonders erfolgreich haben sich Methoden erwiesen, die von der allgemein verbindlichen Abstraktion des auditiv-digitalen Verstehens (ohne das wir nicht einmal durch die Volksschule kämen und keinen Führerschein erhielten) zurückschalten auf evolutionsgeschichtlich archaischere Schichten der Wahrnehmung wie dem kinästhetischen Sinn von Bewegung und Berührung.

Schon Nietzsche empfahl, die Gedanken tanzen zu lassen.

Auch das Verstehen kann sich erweitern, wenn wir es wörtlich nehmen. An jemandes Stelle zu stehen ist eine andere Erfahrung, als sich dies nur vorzustellen. Zum besseren Verständnis der eigenen Person und der eigenen Problematik, wie sie mit bestimmten Konflikten, Entscheidungsprozessen oder grundsätzlichen Haltungen zusammenhängen mögen, empfiehlt es sich, diese innerseelischen Verhältnisse als Skulptur aufzustellen oder als Drama nachzuspielen. Dies wäre eine Verbindung von Bedeutungsinhalten, die auf eine sinnliche Ebene des kinästhetischen Erlebens durch Bewegung, Berührung transponiert werden und dort, zum Beispiel durch Umstellen, eine Veränderung erfahren, die dann wieder auf die ursprüngliche Ebene zurückgebracht wird, auf der ich das Geschehene deute.

Kombinierte Methoden erweisen sich auch beim Verankern einer erfolgreichen Lernerfahrung als geeignet, nicht nur auf einem Sinneskanal, sondern auf mehreren das Erfolgserlebnis zu speichern. Dabei prägt sich beispielsweise nicht nur der spezifische Bewegungsablauf des gerade erlernten Radfahrens ein, sondern auch der Geschmack von Erfolg, der eigene Körpergeruch, der von Erfolg belohnten Anstrengung, die leuchtenden Farben, in denen ich plötzlich die ganze Welt eingetaucht sehe, zusätzlich zu den äußeren und inneren Stimmen, die mir den Erfolg bestätigen.

Je mehr Sinneskanäle sich öffnen, indem sie sich angesprochen fühlen, desto stärker kann das Erlebte sich einprägen. Es ist ein Unterschied wie zwischen Mono und Stereo, schwarzweiß und bunt.

In Trance bin ich sowieso in einem Zustand erhöhter Empfänglichkeit – dies macht es auch so wichtig, daß bei bewußt induzierten Trancen eben alles stimmt: Die Luft soll angenehm riechen, der Raum eine Augenfreude sein, die Kleidung ein gutes Körpergefühl vermitteln, der Geschmack im Mund sich nicht mit der Assoziation von Unverdaulichem oder Unverdautem verbinden, und die Geräusche sollen sorgsam ausgewählt werden. Dazu gehört auch, unter anderem, daß Musik aus der Box langsam ausgeblendet und nicht lieblos abgedreht wird. Das laut klickende Abschalten eines Tonbands oder elektrostatisches Knacken aus den Lautsprechern kann die beste Trance zum Flop werden lassen – eine gute Trance-Induktion ist wie eine gekonnte Multimediashow. Alles muß bedacht werden.

Ein Tip zum trancegerechten Geschmack im Mund: leicht essen und nie mit vollem Magen in die Trance gehen. Es reist sich einfach besser. Ich habe immer wieder bemerkt, daß in meinen Trance-Gruppen nach dem Mittagessen der Aufschwung in ekstatische Höhen fast unmöglich war ...

Teil II
Traditionen und Rituale

Rituelle Trancen

Zu einer Zeit, als Rituale noch etwas bedeuteten und das Leben des einzelnen in der Gesellschaft regelten, ihm einen Sinn gaben und ihn sich in eine größere Ordnung einfinden ließen, war es üblich, sich vor dem Ritual in Trance zu versetzen und dieses in Trance zu durchleben. Anders konnte sich gar nicht jene überhöhte Bedeutung, die dem Ritual zugemessen wurde und die sich durch den Prozeß des intensiven Miterlebens herstellte, ergeben. Die rituellen Handlungen sind denkbar einfach. Für jemanden, der nicht an der Trance teilnimmt, ist es oft von außen nicht verständlich, wie sich durch diese banalen Gebärden und Vorgänge ein so erhabenes und heiliges Geschehen vollziehen kann, wie dies zum Beispiel in dem christlichen Ritual des Abendmahls der Fall ist. Die Enthebung aus der Alltagstrance der Gewohnheiten ist Voraussetzung für den Eintritt in jene Welt, in der Wunder möglich sind und das Wunderbare geschehen kann. In unserem Kulturkreis sind heute die meisten Rituale leer geworden, vielleicht aus jenem Mangel an Verzauberung. Aber in vielen Kulturen werden Rituale wie eh und je mit einer kollektiven, im religiösen Kontext sozial anerkannten Trance gefeiert und eingeleitet. Anstrengende Prozessionen, Wallfahrten, Fastentage, Schlafentzug oder auch Rauschmittel erleichtern den Übergang von der alltäglichen Welt in die »Andere Wirklichkeit«, die zwar immer da ist wie eine verborgene Seite unserer Welt, aber sich nur manchmal offenbart und demjenigen Einlaß gewährt, der dafür bereit ist. Allen traditionellen Ritualen geht deshalb eine mehr oder weniger lange Vorbereitungszeit voraus, deren Vorschriften genau zu beachten sind. Diese Vorbereitung, die allein schon die alltäglichen Gewohnheitsmuster durchbricht und so auch den Bann der unbewußten Alltagstrance, verstärkt außerdem die Erwartungshaltung, die in sich selbst schon einen Trancezustand hervorruft und steigert. Was wäre das Weihnachtsfest ohne Advent?

Je strenger die Regeln der Vorbereitung eingehalten werden, desto mehr baut sich die Bereitschaft und Fähigkeit, in Trance zu gehen, ganz von selbst auf, so daß sie äußerer Hilfsmittel wie zum Beispiel der Drogen nicht mehr bedarf. Oft bedarf es nur eines Zeichens der öffentlichen Erlaubnis, und schon sind alle Anwesenden in Trance, ohne daß etwas Besonderes geschehen wäre. Ich habe das oft in charismatischen Gottesdiensten erlebt. Die verbreitete Vorstellung, daß »echte« Trancen nur durch starke Drogeneinwirkung zustande kämen oder eben auf die Begabung einiger weniger Menschen zurückzuführen sei, ist typisch für eine Gesellschaft, die darunter leidet, keinen wirklichen Zusammenhalt mehr zu haben. Starke Reize müssen jene Dynamik ersetzen, die durch Gruppenenergie, Erwartungshaltung und Glauben, sinnliches und übersinnliches Miteinander und eine symbiotische Verbundenheit entsteht.

Die hier beschriebenen rituellen Trancen sollen als Anregung dienen, dem festlichen Ritual wieder einen Platz im modernen Leben einzuräumen. Einseits haben sie Tradition, andererseits sind sie so beschrieben, daß sie als Bewußtseinsreisen wie Meditationen in jene »Andere Wirklichkeit« führen können. Sie sind also durchaus im Alltag anzuwenden. Jedes ist für sich ein kleines Fest, das täglich, wöchentlich, monatlich oder zu bestimmten Gelegenheiten vollzogen werden kann. Rituelle Trancen zeichnen sich nicht durch ihre sorgsame Vorbereitung und ihre bewußte Einleitung aus, sondern sind auch in ihren Begrenzungen vorgeplant. Trancen können und sollen ein Ende haben. So vollzieht sich die Trance in einem rituell abgesteckten Rahmen, der dem Geschehen Sinn und Struktur, dem Reisenden Orientierung und Halt gibt.

Die rituellen Trancen sind nach den Elementen geordnet. Die Reihenfolge entspricht der Art, wie die entsprechenden Energiezentren im menschlichen Körper angeordnet sind und sich von unten nach oben aufbauen. Ein fünftes Element als Quintessenz schließt sich an. Es ist der alles verbindende und umgreifende Raum. Hier kann der Übergang von der rituellen Trance zur Meditation stattfinden. Dabei gehe ich davon aus, daß sich Trance und Meditation nicht gegenseitig ausschließt, sondern sich bedingt und aufeinander aufbaut. Ebenso wie die Sinne das Eingangstor zum Übersinnlichen sind, so kann der gekonnte und disziplinierte Umgang mit rituellen Trancen in eine Meditation überführen, die den Körper und seine Sinne mit einschließt.

Wasser-Trancen

Traditionelle Rituale und Bräuche:

Das Leben hat sich aus einer Ursuppe entwickelt, im Meer begann die Entwicklung der Lebewesen. Das Fruchtwasser, in dem das Ungeborene schwimmt, hat eine ähnliche Zusammensetzung wie Meerwasser. Der Mensch selbst besteht zu einem großen Teil aus Flüssigkeit. Vielleicht ist deshalb die Sehnsucht, an den eigenen Ursprung zurückkehren zu wollen, mit dem Element Wasser gekoppelt. Diese Sehnsucht hat einen starken Sog. Die Femmes fatales hat man sich zu allen Zeiten als Nixen und Nymphen vorgestellt (zum Beispiel die Lorelei). Der vorolympische Gott Poseidon, der ältere Bruder des Zeus und von archaischer Gewalt, ist gefürchtet ob seiner Fähigkeit, die Menschen in den Wahnsinn zu treiben. Die archaischen Gottheiten haben oft die Gestalt von Meeresschlangen und Wasserdrachen, die in der Tiefe leben, bis sie durch Helden überwunden und besiegt werden.

In vielen Mythen erscheint eine Wasser- oder Meeresgöttin als Mutter, die die wirkliche Mutter ersetzt; so nimmt beispielsweise Thetis den Hephaistos bei sich auf, nachdem ihn seine Mutter Hera verstoßen und aus dem Himmel geworfen hat. Das Aussetzen des Neugeborenen ist ein häufiges Motiv (siehe Moses im Körbchen), das die Übergabe an die Wasserkräfte versinnbildlichen könnte. Daraus entwickelten sich vielleicht Rituale, die dieses Urvertrauen bestätigen wollen, indem die Übergabe an das Wasser, insbesondere an das Meer gefeiert wird; zum Beispiel wird in Bali die Asche des Toten in einem zweiten Begräbnis dem Meer übergeben.

Das Element Wasser wird aber nicht nur mit Leben und Geburt, sondern auch mit Sterben und Tod in Verbindung gebracht. In dem altgriechischen Hades als Reich der Schatten und Toten fließt der Styx, ursprünglich eine Göttin. Es ist jener Fluß, der überquert wird, wenn die endgültige Ablösung vom Leben erfolgt und der Schleier des Vergessens sich über das Erlebte breitet. Noch heute sagt man »Über den Jordan gehen« für »sterben«. Der Fährmann ist eine mythische Gestalt des Seelenführers. Es wurde beim Styx (ebenfalls ein Fluß, der mit Tod und Unterwelt in Verbindung steht) geschworen und der heilige Eid mit dem Trinken aus dem Fluß besiegelt. Wenn der Eid falsch war oder gebrochen wurde, bewirkte das Wasser Vergessen: Der schlafähnliche Zustand von Lethe (siehe Lethargie und lethal) trat ein und währte ein »Großes Jahr«, ungefähr neun Jahre. Vielleicht lassen sich unsere profanen Rituale des feierlichen Begießens (mit Champagner zum Beispiel) von dieser Form des Eides ableiten. Gleichzeitig versinnbildlicht der Mythos die enge Verbindung von dem flüssigen Element Wasser und dem Unbewußten.

Wasser steht deshalb auch in Verbindung mit Fruchtbarkeit, Neugeburt, Regeneration. Das Trinken aus einer heiligen Quelle, die einer Fruchtbarkeitsgöttin geweiht ist oder den Quellnymphen wie bei den Kelten. Im Zuge der Christianisierung wurden solche Heilquellen oft der Muttergottes Maria geweiht. Wasserfälle sind heilige Orte. Oft sind sie Wohnstätten von Gottheiten des Glücks und des Reichtums (beispielsweise in westafrikanischen und afroamerikanischen Kulturen). Auch unser Füllhorn gießt seinen Segen aus. »In Geld baden« ist eine Metapher für die Verflüssigung reeller Werte zu einer glückbringenden Flut. »Liquide« weist auf einen Reichtum hin, der nicht nur Besitz ist, sondern auch tatsächlich zur Verfügung steht. Der Reichtum, der aus dem Wasser kommt, kann sich aber als trügerisch erweisen und von heute auf morgen zerrinnen.

Das Baden im Brunnen, der heilt, regeneriert und verjüngt (siehe Darstellungen des Jungbrunnens), ist ein Motiv des späten Mittelalters, dessen Badekultur erst mit dem Aufkommen der Syphilis zerstört wurde. Das Heilwasser spielt in Mythen und Märchen eine große Rolle. Es muß vom Helden unter schwierigen Umständen geholt werden und bewirkt Genesung oder Erlösung. Der Mythos des Grals als Heiligem Kelch des Blutes Christi bringt das Thema auf die Ebene christlichen Erlösungsdenkens.

Die Taufe als Untertauchen, Bespritzen oder Begießen ist ein christliches Ritual, das sein Vorbild in der Taufe Christi durch den heiligen Johannes den Täufer hat. Mit der Taufe geht die Namengebung einher, die eine neue Identität enthüllt oder besiegelt. Das Weihwasser ist eine Schutzvorkehrung, die prophylaktisch den Gläubigen immer wieder neu tauft und seine Zugehörigkeit zu den Auserwählten bestätigt. Das Weihwasser ist eine wirksame Waffe gegen den Teufel, wie wir aus Märchen und Legenden erfahren, und wird auch in Exorzismen verwendet.

Waschungen aller Art haben rituellen Charakter. Dazu gehört die obligatorische Reinigung vor dem Eintritt in die Moschee. Auch das symbolische Waschen der Hände in Unschuld, wie es von Pontius Pilatus überliefert ist, bedeutet Reinigung.

Funktion der Wasser-Trance: Verflüssigung

Wasser-Trancen sind angesagt,

- wenn Entspannung not tut,
- wenn vom Streß des Alltags auf eine Phase der Erholung und Muse umgeschaltet werden soll,
- wenn ein Bedürfnis nach Rückzug, Abgeschiedenheit und Vertiefung besteht,
- wenn die Zeit für Selbstbesinnung und Kontakt mit den eigenen Gefühlen gekommen ist,
- wenn der Zugang zum eigenen Ursprung verstellt ist und einen nichts mehr berührt,
- wenn die alte Identität in Frage gestellt ist und Transformation sich ankündet,
- wenn der Alltag zu eng geworden ist,
- wenn sich Vorstellungen verhärten, verfestigen,
- wenn Gefühle sich aufgestaut haben,
- wenn ein körperlich spürbarer Stau in der Persönlichkeit besteht und nach Lösung verlangt (Verklemmungen, Verbissenheit usw.),
- wenn Anmut und Grazie gefragt sind,
- wenn nichts mehr so recht von selbst sprudeln, fließen, strömen oder in Schwung kommen will.

Meist sind es diese Gründe, die Menschen in unserer rational betonten Zeit dazu bewegen, sich auf Trance einzulassen. Sie treibt eine Sehnsucht, auszusteigen aus der Tretmühle der Routine und einzutauchen in das Meer der Möglichkeiten.

Wasser-Trancen sollten nicht eingeleitet werden beziehungsweise sollten nicht am Anfang einer Arbeit mit Trance stehen,

- wenn eine Person sich selbst als verschwommen, aufgeweicht, aufgeschwemmt, in Mitleid zerfließend, grenzenlos verströmend oder auch auslaufend erlebt, sich selbst in Selbstmitleid versunken, von Gefühlen überquellend oder überflutet kennt,
- wenn sich jemand ohnmächtig den zurückgestauten Emotionen ausgeliefert fühlt, der Staudamm erst einmal gebrochen ist, und jemand nicht gelernt hat, mit Gefühlswallungen umzugehen,
- wenn Verdacht auf schwerwiegende Traumata oder verdrängte Schockerfahrungen besteht,
- wenn die Persönlichkeitsstruktur brüchig, das Ich schwach und die Grenzen aufgelöst sind, oder
- wenn jemand sowieso gern mit dem Strom schwimmt und bei den ersten Schwierigkeiten und Anforderungen abtaucht.

Außerdem sind Schwermut, extreme Introversion und niedriger Blutdruck Anzeichen dafür, daß lieber zuerst mit einer anderen Trance begonnen werden sollte, um ein Absinken auf allen Ebenen zu verhindern. Mancher tut sich schwer, wieder aufzutauchen und fühlt sich nach den Wasser-Trancen schwer, langsam, dunkel und in sich selbst eingeschlossen. In einem Trainingsprogramm, das mit Trancen arbeitet, wird oft mit Wasser-Trancen begonnen, um die notwendige Entspannung einzuleiten und ein erstes Erlebnis von Grenzauflösung zu bieten. Nie sollte jedoch mit Wasser-Trancen das Training oder auch nur eine Arbeitseinheit beendet werden.

Einstimmung:

Stimmen Sie sich auf das Element Wasser ein, indem sie ohne bestimmte Vorstellungen, vorgefaßte Bedeutungen, Zuordnungen und Interpretationen ihre Gedanken sprudeln, plätschern, spritzen, fließen, dahintreiben, strömen lassen. Wiederholen Sie innerlich das Wort Wasser und lassen sie innere Bilder, Assoziationen, Erinnerungen, sinnliche Eindrücke kommen. Achten Sie dabei auf Ihre Gefühle.

– Welche Formen des Wassers sind Ihnen vertraut und lösen in Ihnen Emotionen aus? Welche Form nehmen die Gefühlsbewegungen an, an welche Form des Wassers erinnern sie Sie?

* an einen Tropfen
* an eine Quelle
* an einen Gebirgsbach
* an einen stillen Teich
* an eine Lagune
* an ein Moor oder Sumpfgebiet
* an einen Meeresstrand
* an hohe See

– Verbinden Sie damit Erinnerungen an bestimmte Situationen, die Ihr Leben bestimmt haben und Sie immer noch beeinflussen? Und wie fühlen sich diese Erinnerungen an?
– Welche Gefühle können Sie unterscheiden und benennen?
– Welche Ereignisse verbinden sich mit diesen Gefühlen?
– Wie fühlen Sie sich im Element Wasser?
– Was möchten Sie vom Element Wasser lernen?

Machen Sie sich dazu Notizen. Sie sind wichtiges Material für die weitere Arbeit mit Wasser-Trancen.

Körperhaltung: Liegen

Sie können die Einstimmung auf das Element Wasser durch die Körperhaltung des Liegens unterstützen. Alle guten Erfahrungen, die Sie mit dem Element Wasser in Ihren Trance-Reisen machen, können in dieser Körperhaltung verankert werden und lassen sich im Alltag sofort abrufen, wenn die Situation es erfordert. Das Liegen ruft die Erinnerung an das Abtauchen, Dahintreiben im Strom, Getragensein vom Fluß wach.

– Das Liegen ist die Körperhaltung, die am meisten der wirkenden Schwerkraft nachgibt und deshalb am entspannendsten wirkt.
– Das Liegen auf dem Rücken wird oft verbunden mit der Vorstellung, von dem flüssigen Element getragen und fortbewegt zu werden. Das Schaukeln und Wiegen eines Bootes in sanften Wellen erinnert vielleicht an das Getragenwerden von Mutter oder Wiege.
– Das Liegen auf dem Bauch erweckt eher die Assoziation, selbst aktiv zu schwimmen oder zu tauchen. Der Bauch im Kontakt mit dem tragenden Grund kann das Gefühl geben, durch eine Art unsichtbarer Nabelschnur mit dem nährenden und tragenden Kosmos verbunden zu sein.
– Wenn im Liegen auf dem Bauch ein Bein angewinkelt wird, so tut dies bei Rückenschmerzen besonders gut und soll stärkend auf die Nieren wirken. Oft bewirkt eine Entspannung des verspannten Rückens schon Lösung. Die Nieren sind Organe der Entwässerung, die für eine Durchspülung des Organismus sorgen. Der Wasserhaushalt ist geregelt. Wo sie versagen, wird das empfindliche Gleichgewicht der Flüssigkeiten gestört.
– Das entspannte Hinlegen kann also zur unbewußten und sofortigen Lösung von Problemen führen, wenn entsprechende Trance-Erfahrungen das Vertrauen zur eigenen Tiefe, zum Unbewußten bestärkt haben.

Visualisierungen:

– die Reinheit einer Quelle
– die Klarheit eines Sees
– die Weite des Meeres

Affirmationen:

LEBEN HEISST IM FLUSS SEIN.
ICH LASSE MICH VON DEN GROSSEN STRÖMUNGEN TRAGEN.
ICH FINDE MEINE QUELLE, AUS DER ICH KRAFT UND FRISCHE SCHÖPFE.
WASSER DURCHSPÜLT MICH UND REINIGT MICH VON ALLEM ÜBERFLÜSSIGEN.
WASSER ERNEUERT MICH UND HÄLT MICH JUNG.

Wasser-Trancen

Trance-Reisen:

- Reise zum Ursprung der Kraftquelle
- Baden im See
- Abtauchen zum Meeresgrund

Trance-Induktion zur kurzen Erfrischung, zur ständigen Erneuerung:

Nehmen Sie sich ab und zu die Zeit für diese Trance, die nicht lange dauert und Ihnen doch das Gefühl gibt, als hätten Sie viel Zeit gewonnnen. Gerade wenn Sie glauben, keine Zeit zu haben, die Termine unverrückbar näher kommen und alles festzustehen scheint, gerade wenn Sie sich eng und steif fühlen und Sie dicht machen wollen, weil der Druck unerträglich wird, gerade dann, wenn Sie sich auch im Körper gestaucht und gestaut erleben, ist es an der Zeit, in Trance zu gehen und die Wirklichkeit zu verflüssigen.

Stellen Sie sich vor, oder erinnern Sie sich an das wunderbar erfrischende Gefühl, in das klare Türkis des Meeres zu tauchen, das kühlende Naß auf der Haut und die Schwerelosigkeit Ihres Körpers zu spüren, dann, wenn Sie mit dem Kopf unter Wasser gehen, an die Entdeckung einer anderen Welt, die sich irgendwie langsamer bewegt, die voller dunkler Geheimnisse und Überraschungen ist und Ihnen auch ein ganz neues Zeitgefühl offenbart. Hier unter Wasser scheinen Sie mehr zu gleiten als durch die Anstrengung vereinzelter Bewegungseinheiten vorwärts zu kommen. Und nicht nur Ihre Bewegungen sind flüssig, anmutig, von natürlicher Schönheit. Auch ihr Denken wird anders, irgendwie weicher, als wollte es sich gleich auflösen und Sie in einer Art Traumzustand dösen lassen. Nichts ist jetzt mehr so wichtig, die harten Fakten des Lebens verschwimmen, die Lösung von Problemen kommt Ihnen entgegen, fließt Ihnen zu, je mehr Sie sich treiben, sinken oder schweben lassen. Sie sind mitten drin, mitten in einem See von Zeit. Zeit ist nichts anderes als dieses fließende Element, das alles mit allem verbindet. Zeit fließt durch Sie hindurch, trägt Sie weiter, wie das Wasser Ihren Körper trägt. Und dann, wenn Sie die Trance beenden wollen, tauchen Sie langsam wieder hoch aus Ihren Phantasien, aus den Gewässern dunklen

Blaus oder Grüns, kommen Sie an Land, indem Sie sich langsam aufrichten – falls Sie gelegen haben –, und lassen Sie die Hände in den Schoß gleiten. Mit dieser Geste beenden Sie die Trance und verankern in sich die Vorstellung, alles Unangenehme abfließen zu lassen. Wenn Sie diese Trance öfter machen und mit dieser Geste verbinden, werden Sie immer dann, wenn Sie die Hände in den Schoß legen, unwillkürlich daran erinnert. Alles Überflüssige fließt ab. Neue Kräfte fließen zu. Alles ist im Fluß. Sie werden eine kurze Erfrischung erleben, als wären sie eine lange Zeit weit weg gewesen, und gehen nun mit neuen, frischen Kräften an Ihre Aufgaben heran.

Alltagsritual: Ab und zu ein Bad

Gönnen Sie sich ab und zu ein Bad (oder eine Dusche, auch eine Spülung der Hände, wenn Sie keine Gelegenheit zu Bad oder Dusche haben), auch wenn Sie schon sauber sind und sich nicht zu waschen brauchen. Betrachten Sie dieses Bad, die Dusche oder die Spülung, das Händewaschen als ein Ritual, das Sie von Altem befreit und mit neuen Kräften versorgt. Lassen Sie das Wasser an sich herunterrinnen, und lassen Sie alles, was Sie stört, was Ihnen zuviel ist, was Sie bedrängt, bedrückt, was sich in Ihnen verdichtet und aufgestaut hat, abfließen. Lassen Sie es gehen. Lassen Sie es los. Lassen Sie »die Felle wegschwimmen«, geben Sie es auf, festhalten zu wollen. Entspannen Sie sich, während Sie baden, und steigen Sie wie die schaumgeborene Venus daraus hervor.
– Vielleicht gibt es einen bestimmten Duft, der Sie besonders entspannt oder anregt.
– Oder Sie nehmen Kühle beziehungsweise Wärme durch das Wasser auf, je nach Ihrem Bedürfnis.
– Vielleicht wählen Sie eine bestimmte Farbe und tauchen Ihr Badezimmer in dieses Licht.
– Vielleicht möchten Sie eine bestimmte Musik hören. Oder die Stille genießen.

Gestalten Sie das Bad ganz bewußt nach Ihren Ansprüchen, als ginge es um Ihre Taufe!

Beenden Sie das Ritual, indem Sie mit dem Abtrocknen Ihre Haut als äußere Grenze Ihrer Person ölen oder mit einer geeigneten Substanz einreiben, um sie weich und geschmeidig zu erhalten. Gleichzeitig betonen Sie durch diese Handlung – so alltäglich und selbstverständlich sie auch für Sie sein mag – ihre ganz persönliche Grenze. Es ist Ihre Haut. Sie schützt Sie, Sie ermöglicht Ihnen Kontakt. Sie ist unser größtes Organ. Sie kann fein und durchlässig sein, aber auch zu dünn oder zu dick. Sie kann vertrocknen oder aufgeschwemmt werden. Beenden Sie das Ritual, indem Sie Ihrer Haut etwas Gutes tun.

Musik:

Dunkle, weiche Klänge; unter den Instrumenten sind vor allem Hörner oder allgemein Bläser und volles Orchester zu bevorzugen. Abfallende Kadenzen, Moll-Tonarten, Modulationen von einer Tonart in die andere, so daß der Eindruck eines Gleitens durch viele Schichten und Nuancen entsteht. Langsame, rollende, beständig sich wiederholende Rhythmen, die fließend (kein Staccato!) einen durchgehenden Orgelpunkt bilden. Naturgeräusche von fließendem, sprudelndem, glukkerndem und glucksendem Wasser, ebenso Meeresrauschen, Brandung. Wal- und Delphinstimmen. Synthesizerklänge, die den Eindruck von Blubbern erwecken, Halleffekt.

Weitere Hinweise:

Der Raum, in dem Wasser-Trancen angeleitet werden, sollte vor allem gut geheizt und verdunkelbar sein. Der Boden sollte warm und weich sein, gegebenenfalls sollten Schaumstoffunterlagen oder Matratzen bereit stehen. Die Teilnehmer sollten angewiesen werden, Decken, Kissen, bequeme Kleidung und warme Sokken mitzubringen, da die Wasser-Trance den Blutdruck absinken und den Körper an den Extremitäten auskühlen läßt. Es schadet nicht, sich auf alle Fälle eine besonders kuschelige Decke mitzunehmen und Handschuhe für Leute mit leicht absterbenden Händen.

Die Trance-Reisenden sollten während der Trancen auf keinen Fall gestört werden. Der Raum muß also abschließbar sein, Telefon und Klingel abgestellt, laute Geräusche vermieden werden. Ohrstöpsel und Augenbinden können die Trance erleichtern.

Erde-Trancen

Traditionelle Rituale und Bräuche:

Der Mensch wird von Gott aus einem Stück Lehm gebaut. Das Element Erde steht für den Körper, das Körperliche, das Stoffliche, das gleichzeitig das Sichtbare, Konkrete ist. Erdung heißt in der Therapie nicht nur, die Schwerkraft zuzulassen, sondern auch das Konkretwerden und »auf den Boden der Tatsachen« zu kommen. Erde steht für Realität, für Form und Struktur, für das Praktische im Leben. Gleichzeitig wird der Erde die Fähigkeit zugeordnet, Informationen in sich aufzunehmen und zu bewahren. Daraus lassen sich viele Erde-Rituale ableiten. Während das Wasser mit dem Unbewußten, mit dem Schlaf und den Träumen zu tun hat, steht die Erde für das, was geworden ist. Das ist also auch die reale Vergangenheit und die Erinnerung daran. Ahnenkulte sind meistens mit der Erde, mit bestimmten Plätzen und Orten verbunden.

Prähistorische Funde weisen eine Grabhaltung auf, die der embryonalen Haltung des Ungeborenen im Mutterleib entspricht. Auch hat man in megalithischen Bauten kleine Kammern gefunden, in die ein Mensch in kauernder Haltung gerade hineinpaßt. Da es noch heute Initiationsriten gibt, bei denen sich Menschen in Höhlen zurückziehen oder sich eingraben lassen, um in den Mutterleib der Erde zurückzukehren und neugeboren daraus hervorzugehen, könnten diese Kammern nicht nur die Funktion von Speichern gehabt haben, sondern auch für rituelle Zwecke benutzt worden sein.

Die steinzeitlichen Höhlenmalereien bezeugen, daß Höhlen als Kultstätten dienten. Dort wurden Versammlungen vollzogen, aber auch die Toten begraben. Der Geist der Ahnen stand dann den Nachfahren mit Rat und Visionen bei.

Der Heilschlaf an einem bestimmten Ort, der vielleicht ursprünglich ein natürlicher Kraftort war und auf dem dann die Kultstätte eines heilenden Gottes erbaut wurde (zum Beispiel der Heiltempel zu Epidaurus, dem Asklepios geweiht), war in der Antike bekannt. Aussagen von Heilsuchenden sind überliefert. In der späthellenistischen Phase der Antike, in der sich immer mehr Geheimkulte aus dem Orient durchsetzten, fanden Initiationsriten in Höhlen statt, oder es wurden unterirdische Häuser mit verschiedenen Kammern nach dem Vorbild von Höhlen und Gängen gebaut. Jeder Gang, jede Kammer hatte symbolische Bedeutung und entsprach einer Phase der Transformation.

Prähistorische Anzeichen eines heiligen Weges, der in geschlungenen, aber äußerst geordneten Pfaden entweder spiralig einen Berg hinaufführte oder ebenerdig ein Muster von Kreisläufen und Spiralen bildete, wurden als Kalender oder festgelegte Wege für rituelle Bewegungsabläufe gedeutet.

Prozessionen und Wallfahrten zu heiligen Plätzen und geweihten Orten sind auch vom Christentum übernommen worden. Dazu gehört auch das Aufsteigen auf einen Berg (zum Beispiel St. Patrick in Irland) unter erschwerten Umständen, beispielsweise durch das Rutschen auf Knien, ebenso die mühselige Annäherung über viele Stufen oder weite Anlagen zu dem Allerheiligsten.

Bekannt ist auch das rituelle Umgehen eines Ortes (Circumambulatio), das ursprünglich die magische Wirkung des Einkreisens hatte und später zu einer Geste der Ehrfurcht und Demut wurde. Die langsame Annäherung könnte auch als eine Art Vorbereitung auf den Eintritt in den Kraftort gedeutet werden. Wandelhallen und Kreuzgänge mögen auf die Gewohnheit ritueller Vorbereitung und Einstimmung durch langsames Schreiten zurückgehen.

Das ausgestreckte Liegen auf dem Boden mit dem Gesicht zur Erde ist ein Teil der christlichen Ordination für Nonnen und Mönche. Dies könnte nicht nur als Demutsgeste gesehen werden, sondern auch auf die archaische Verehrung der Erde zurückgehen.

Die Orakel der Antike fanden in Höhlen (Cumae) oder in der Nähe von Schluchten (Delphi) statt. Die Nähe zur Erde scheint ein übersinnliches Wissen zu verleihen. Man hat auch Dämpfe und Strahlungen dafür verantwortlich gemacht, daß die Priesterinnen in Trance waren, wenn sie weissagten. Noch heute gibt es im westafrikanischen Togo Höhlen, die der Erdgöttin Nana geweiht sind. Von ihnen wird gesagt, daß man in ihrem Inneren entweder in tausend Sprachen zu sprechen lerne oder wahnsinnig würde.

In den afroamerikanischen Besessenheitskulten wie etwa dem Voodoo gibt es eine Form von Orakel, bei dem die Zeichen der Gottheiten, auf einer Kreisbahn aufgezeichnet, verschiedene Orte markieren. Dort, wo der Tänzer in Trance zu Boden geht, ist der Hinweis auf seine Zugehörigkeit zu den Voduns (westafrikanische Gottheiten) gegeben. Das Aufzeichnen von magischen Kreisen und Zeichen ist auch in der abendländischen Magie von Wichtigkeit.

Das Labyrinth auf Kreta ist ursprünglich eine natürliche Höhle beziehungsweise ein aufgelassenes Bergwerk gewesen. Nach dem Vorbild der verschlungenen Wege im Erdinneren entstand nach den Plänen des genialen Daedalus das Bauwerk des Labyrinths, das heute noch in den Ruinen des Palasts von Knossos zu besichtigen ist. Das Labyrinth beherbergte das Monstrum Minotaurus, dem Menschen zum Fraß vorgeworfen wurden. Es wurde durch den Held Theseus überwunden, der die Opfer befreite und den Opferkult abschaffte. Das Labyrinth jedoch blieb ein Symbol der Initiation, das auch im christlichen Mittelalter abgebildet wurde. Theseus wurde zu Christus, der Minotaurus zum Teufel. Christus besiegt das Dunkel des Erdinneren, bringt das überirdische Licht und führt die im Dunkeln gefangenen Seelen hinaus aus dem Gefängnis des vergänglichen Diesseits. Die Erde wird als »nur irdisch« abgewertet.

Beim christlichen Begräbnis wird der Leib dem Element Erde unter dem Motto »Staub zu Staub«, »Asche zu Asche«, »Erde zu Erde« zurückgegeben. Die Erde nimmt die sterblichen Reste in sich auf. Sie wird also zum Gefäß und Behälter des Sterblichen, wobei die unsterbliche Seele sich davon trennt und befreit. Der Leib ist oft als Gefängnis der Seele gesehen worden – dies verweist unter anderem auf das Höhlengleichnis Platons. In esoterischen Traditionen ist der Leib jedoch als Tempel gesehen und gepflegt worden. Damit verbinden sich Vorstellungen des heiligen Raums, des heiligen Bauwerks in Form von Türmen oder Tempeln und der Heiligen Stadt.

Rituale des Ordnens und der Orientierung verbinden sich mit Gründungsritualen. Im sumerischen Reich mußte der König bei Beginn jedes neuen Jahres die Stadt neu gründen und gegen die auflösenden Kräfte der Urschlange verteidigen, die rituell zerstückelt wurde. Die Stadt wurde nach den vier Windrichtungen ausgerichtet, in der Mitte des Kreuzes symbolisch der Nabel der Welt errichtet. Dieser war ein phallischer Stab, der sich aus und über der Erde erhob. In der Antike wurde er als Omphalos bezeichnet.

Die rituelle Zerstückelung der Urschlange taucht in vielen Traditionen auf. Gewisse Fruchtbarkeitsriten bestehen in dem rituellen Vergraben der Schlangenstücke (siehe Hainuwele-Mythos aus Borneo). Das Vergraben, Lebendigbegraben beziehungsweise Einmauern scheint sich in urtümlichen Gebräuchen noch bis in die Neuzeit erhalten zu haben. Im Alpengebiet gab es einen grausamen Brauch, bei dem ein Narr für einen Tag als König alle Wünsche erfüllt bekam, woraufhin er dann gesteinigt und unter Steinen begraben wurde. Daher stammt der Ausdruck der »begrabenen Wünsche«. Oft wurde auch bei Gründungsritualen ein Eckstein gelegt, in dem ein Opfertier begraben wurde. Grausige Legenden erzählen von dem Mischen des Mörtels mit menschlichem Blut.

Das Errichten von überdimensionalen Bauten, seien es die Pyramiden von Ägypten oder im präkolumbianischen Amerika ebenso wie moderne Gebäude, die Repräsentationsfunktion haben, kann als Versuch des Menschen gesehen werden, sich selbst ein Denkmal zu setzen und seine eigene Vergänglichkeit zu überwinden.

Insbesondere das Errichten von Monumenten ist eine Art das Flüchtige zu verfestigen: der Versuch, vergängliche Geschichte einzumeißeln in Stein, der das Menschenleben überdauert.

> *Funktion der Erde-Trancen: Verfestigung*
>
> Erde-Trancen sind angesagt,
>
> – wenn ein Bedürfnis nach Erdung, nach Verankerung in der Welt, nach Halt, Struktur und Orientierung besteht,
> – wenn die Zeit für Selbstbestimmung und Kontakt mit den eigenen Besitzansprüchen gekommen ist,
> – wenn das Ich sich niederlassen und Form annehmen, im Leben etwas erreichen will,
> – wenn das Bewußtsein sich an Aufgaben, Pflichten und Leistungen, aber auch an möglichem Erfolg orientiert und dazu die Unterstützung des Unbewußten braucht,
> – wenn eine Gründung ansteht und der Boden vorbereitet werden soll,
> – wenn der Boden unter den Füßen wegzurutschen droht oder schon verloren ist,
> – wenn das Chaos als bodenloser Abgrund droht und das Bedürfnis nach Sicherheit im Vordergrund steht.

Meist sind es diese Gründe, die Menschen in die Illusion treiben, Vernunft und Verstand allein könnten für Ordnung sorgen. Dabei verzichten sie allzuoft auf die Kräfte, die die Erde für sie bereit hält, wenn sie bereit sind, sich auf sie einzulassen. Dies geschieht in den Erde-Trancen. Sie werden oft nach Phasen der Wasser-Trancen eingesetzt, um die neuen Erfahrungen, die durch den Kontakt mit dem Unbewußten gemacht wurden, zu verfestigen und zu verankern.

> Erde-Trancen sollten nicht eingeleitet werden, wenn die Persönlichkeit
>
> – festgefahren in ihren alten Mustern und Gewohnheiten ist,
> – stur und trotzig auf ihren Urteilen und Meinungen besteht,
> – mit dem Leben abgeschlossen hat und sich durch nichts überraschen und aus der Fassung bringen läßt.

Erde-Trancen haben eine integrierende Wirkung. Aber natürlich muß schon Stoff da sein, der verarbeitet und integriert werden kann. Wer lernunwillig oder lernunfähig ist, tut sich mit Erde-Trancen schwer, weil der Panzer oder die Kruste eines verhärteten Lebensstils nicht genügend aufgeweicht werden kann. So kann auch nichts Neues aufgenommen werden. Erde hat absorbierende Wirkung, vor allem als Heilerde. Hingegen eignen sich Erde-Trancen sehr gut als Abschluß eines Trance-Programms.

Einstimmung:

Stimmen Sie sich auf das Element Erde ein, indem Sie ohne bestimmte Vorstellungen, vorgefaßte Meinungen, Bedeutungen, Zuordnungen und Interpretationen ihre Gedanken Schritt für Schritt in einer Art Prozession einen Weg finden lassen. Ihre Gedanken leiten Sie von einem Eindruck zum anderen, hinterlassen eine Spur, ein Muster, eine Struktur, an der Sie nicht nur erkennen können, was Sie, sondern auch wie Sie gedacht haben. Die Erde bewahrt alles auf und legt Zeugnis davon ab. Wiederholen Sie innerlich das Worte Erde und lassen Sie Bilder, Assoziationen, Erinnerungen, sinnliche Eindrücke aufsteigen. Achten Sie dabei darauf, welche Wirkung dies bei Ihnen zeigt. Achten Sie auf die Ergebnisse und Konsequenzen, die Ihnen einfallen, als würden Sie eine Spur verfolgen. Ziehen Sie erste Schlüsse und Bilanzen. Achten Sie dabei vor allem auf ihre unmittelbaren Körperempfindungen. Was geschieht in Ihrem Körper, wenn Sie sich folgende Übergänge vorstellen:

* den Übergang vom Wasser zur Erde, zum Beispiel durch das Betreten von Festland, nach einem Bad, einer Bootsfahrt oder einem Gang über sumpfiges oder zugefrorenes Gebiet
* den Übergang von der Luft zur Erde, zum Beispiel durch eine sichere Landung nach einem Flug oder dem Herabsteigen von großer Höhe auf den Erdboden
* den Übergang von Ihnen unbekanntem Land in Landschaften, die Ihnen sehr vertraut sind
* den Übergang von Wildnis oder Wüste in bebautes, kultiviertes und fruchtbares Gebiet
* den Übergang vom erstarrten und kahlen Winterboden zu den ersten Anzeichen von neuem Leben und Treiben der Natur
* den Übergang von der Erde voller Geheimnisse, Schätze und Kräfte zu einer ausgebeuteten Schutthalde.

- * den Perspektivenwechsel von der Erde als festes Element zur Erde als Planet.
- Können Sie zwischen den einzelnen Empfindungen unterscheiden und sie den vorgestellten Übergängen zuordnen?
- Können Sie bei den Empfindungen zwischen angenehm und unangenehm unterscheiden?
- Gibt es Situationen in Ihrem Alltag, die mit den Vorstellungen und den dazugehörigen Empfindungen vergleichbar wären?
- Welche Veränderungen wären in Ihrem Alltag nötig, um die angenehmen Empfindungen vorherrschen zu lassen?
- Und was wären die Bedingungen für solche Veränderungen?
- Was möchten Sie von dem Element Erde lernen?

Machen Sie Sich dazu Notizen. Sie sind wichtiges Material für die weitere Arbeit mit Erde-Trancen.

Körperhaltung: Sitzen oder Kauern

Sie können die Einstimmung auf das Element Erde durch die Körperhaltung des Kauerns, Hockens oder der zusammengezogenen Haltung eines Embryos im Mutterleib unterstützen. Alle guten Erfahrungen, die Sie mit dem Element Erde in Ihren Trance-Reisen gemacht haben, können in dieser Körperhaltung verankert werden und lassen sich im Alltag sofort abrufen, wenn die Situation es erfordert. Das Kauern, bei dem die Extremitäten von Kopf, Hand und Fuß aus dem Kontakt mit der Außenwelt und der Peripherie geholt werden und sich nach innen, zur Leibesmitte hin orientieren, vermittelt große Konzentration. Auch die Körperöffnungen scheinen sich nach außen hin zu verschließen, die Aufmerksamkeit kann sich durch dieses Zusammenziehen und Einrollen ganz nach innen wenden. Es ist eine Haltung des Schutzes, aber auch der Vorbereitung und des Abwartens, der Abkehr von außen, um ganz bei sich sein zu können und alle Kräfte auf sich selbst zu lenken. Die Haltung wirkt beruhigend bei Schock und Schmerz und wird unwillkürlich eingenommen, wenn die Anforderungen der Außenwelt zu groß sind. Sie wird deshalb oft mit Phasen der Regression assoziiert. Es geht jedoch darum, uns diese Räume der Selbstbewahrung zu erlauben, wenn wir sie brauchen, um dann langsam und nach unserem Ermessen wieder nach außen zu treten und Kontakt aufzunehmen, wenn es uns richtig erscheint. Körperkontakt und Berührung kann einerseits Vertrauen wecken, andererseits stören – ein Außenstehender benötigt Fingerspitzengefühl, um die Bedürfnisse zu erkennen.

Visualisierungen:

- die eigene Körperlichkeit (Konturen)
- die eigene Vergänglichkeit (Begräbnis)
- sich selbst ein Denkmal setzen (Vermächtnis)

Affirmationen:

- DIE FESTE FORM MEINES KÖRPERS MIT SEINEN KONTUREN VERGEGENWÄRTIGT MIR MEINE IDENTITÄT UND INTEGRITÄT.
- DER GEDANKE AN MEINE EIGENE VERGÄNGLICHKEIT UND STERBLICHKEIT VERLEIHT MIR ENTSCHLOSSENHEIT.
- DIE GEGENWART IST DER ORT GRÖSSTER KRAFT. ICH BIN IM KONTAKT MIT DER ERDE, DIE MICH TRÄGT.
- ICH LEBE IN DER GEGENWART UND MIT VOLLER KRAFT.
- ALLES, WAS ICH MACHE, ERHÄLT SEINEN SINN DURCH DAS, WAS ICH DER WELT VERMACHE – IN WELCHER FORM UND ZU WELCHER ZEIT AUCH IMMER.

Trance-Reisen:

- Reise entlang der Schwerkraft zum Inneren der Erde
- Reise zu den Bodenschätzen und dem eigenen Potential
- Das persönliche Orakel (den richtigen Platz finden)

Trance-Induktion zum Auffinden des richtigen Platzes:

Nehmen Sie sich ab und zu die Zeit für diese Trance, besonders wenn Sie sich unentschlossen, verwirrt, heimatlos und irgendwie abgehoben fühlen, als hätten Sie den Boden unter den Füßen verloren. Nehmen Sie sich Zeit, Ihrer inneren Heimat eine Chance zu geben, Sie zu finden.

Stellen Sie sich vor oder erinnern Sie sich an einen Moment, da Sie Boden betraten, in ein Land kamen, eine Landschaft sahen, einen Platz für sich fanden, der genau Ihren Bedürfnissen entsprach und Ihnen unmittelbar das Gefühl gab, hier zu Hause zu sein. Spüren Sie noch einmal, wie das war: dieses Absitzen, Ablassen aller Spannungen, dieses gemütliche Kuscheln, Verkriechen, dieser erste lange, erleichterte Atemzug, mit dem Sie die Anstrengung, die Verwirrung, die Unruhe und Hetze aller vorhergegangenen Momente einfach abstreiften und sich angekommen fühlten. Endlich waren Sie dort, wo Sie immer schon sein wollten. Angekommen! Erlauben Sie diesem Gefühl, sich in Ihrem Körper auszubreiten und vor allem dort, wo Sie mit dem Boden in Kontakt kommen, sich geerdet zu fühlen. Ob Sie liegen, sitzen oder stehen – erlauben Sie sich, die Anspannung, die Sie vom Boden weghielt, aufzugeben und der Schwerkraft nachzugeben. Erlauben Sie sich diese Entspannung und verstärken Sie das Gefühl von Sicherheit, am richtigen Platz zu sein. Und nun lassen Sie dieses Gefühl der Sicherheit und des Vertrauens zum tragenden Grund Gegenwart werden. Sie spüren jetzt in den Kontakt mit dem Boden oder der Sitzfläche hinein. Suchen Sie nicht besonders viel und angestrengt. Lassen Sie sich einfach vom Boden finden, aufnehmen, aufbewahren. Legen Sie sich selbst ab, wie ein zu schweres Gepäck. Verweilen Sie einen Augenblick so. Und beenden Sie diese Trance, indem Sie über die Konturen Ihres Körpers streichen und sich der festen Form Ihrer Gegenwart im Hier und Jetzt bewußt werden. So verankern Sie das Gefühl, angekommen zu sein, und bewahren sich ein Gefühl von Selbstsicherheit auch in Momenten größter Getriebenheit.

Alltagsritual: Ab und zu am persönlichen Kraftort verweilen

Es braucht keinen besonderen Platz, der schwer zu erreichen ist und den Sie nur manchmal aufsuchen können. Es braucht einen Platz, auf den Sie sich jederzeit zurückziehen können, einen bestimmten Platz in Ihrem Haus, in Ihrem Garten oder in unmittelbarer Umgebung. Es muß nicht unbedingt ein Platz in der Natur sein – vor allem nicht, wenn Sie Zugluft, Insekten und Feuchtigkeit scheuen. Wählen Sie einen Platz, der Sie entspannen und sich zu Hause fühlen läßt – erfahrungsgemäß ist dies für die meisten Menschen das eigene Bett, die Couch, der Liegestuhl auf dem Balkon oder eine Meditationsecke. Das Ritual, das täglich gemacht werden sollte, besteht eigentlich nur darin, diesen Ort ganz bewußt aufzusuchen und sich zu vergegenwärtigen: Hier bin ich angekommen, hier bin ich sicher, hier bin ich zu Hause, hier bin ich jetzt, so wie ich bin und ganz im Kontakt mit dem tragenden Grund. Auch wenn der Grund nur gemietet wurde: Dieser Grund ist jetzt im Augenblick des Rituals der Grund, auf dem ich mich sammle. Er ist mein Heim, meine Heimat. Lassen Sie die Anspannung des Alltags mit all seiner Beunruhigung, Verunsicherung, seiner Ungewißheit und seinen Sorgen hinter sich, und konzentrieren Sie sich ganz auf das Körpergefühl von wohliger Schwere und Geschlossenheit. Lassen Sie Ihren Atem sich beruhigen, die Sorgen abstreifen, die Geschlossenheit und Einheit Ihres Lebens in diesem Augenblick bestätigen. Beobachten Sie Ihren Atem, wie er immer ruhiger und tiefer wird, und erlauben Sie sich dieser Gewißheit, da zu sein, Ihnen Sicherheit und Selbstvertrauen zu schenken. Gehen Sie ganz in sich, verweilen Sie dort, wo Sie sich in Ihrer eigenen Mitte fühlen, und lassen Sie ein Gefühl von entspannter, ruhiger Selbstbeherrschung aufkommen: Sie sind hier der Herr im Haus!

Beenden Sie das Ritual, indem Sie sich noch einmal durch einen letzten nachdrücklichen Atemzug eines Gefühles von Halt und Gehaltenwerden vergewissern. Vielleicht kommt gerade jetzt ein Gefühl von Dankbarkeit auf, und Sie möchten das Ritual mit einem Satz der Dankbarkeit beenden, zum Beispiel »Gott sei Dank!« Das Gefühl von Dankbarkeit wird dann in Ihnen verankert sein und Ihnen Halt geben, wenn Sie ihn brauchen.

Musik:

Traditionelle Trommelmusik aus Afrika, Australien, den nord- und südamerikanischen Indianerkulturen. Klar strukturierte Musik in harmonisch proportionierten Phrasierungsbögen, wie etwa in der Hofmusik des Barocks. Musik, die sich zu Schreittänzen, Prozessionen und Reigen eignet und keine großen Schwankungen in Rhythmus und Tempo aufweist. Bevorzugt Viererrhythmen, Marschcharakter. Dunkle, tiefe Trommeltöne, Bässe. Das australische Instrument Didgeridoo, das tibetische Ragdong. Tiefe Gesangsstimmen. Auch der Synthesizer kann sehr tiefe Töne erzeugen, die sofort ein »erdiges« Gefühl hervorrufen.

Weitere Hinweise:

Erde-Trancen sind am besten an geeigneten Plätzen in der freien Natur (Höhlen, Schluchten, aber auch in der offenen Landschaft von Wiesen und Hügeln) zu machen. Jedoch sollte eine Unterlage für ein entspanntes Liegen oder Kauern sorgen, warme Unterwäsche und Schlafsack als kuscheliger Schutz gegen Kälte und Nässe, Insekten, Stacheln, ablenkende Geräusche und störendes Licht dienen. Eventuell »Kuscheldecke«, Ritualdecke zum Meditieren. Genügend Wasserflaschen, am besten heißen Tee in Thermoskannen mitbringen, auch einen kleinen Proviant als Stärkung danach. Fotos von dem Trance-Ort können als Erinnerung dienen, auch die genaue Angabe des Ortes auf einer Landkarte, um ihn wieder zu finden. In geschlossenen Räumen sollte der Höhlencharakter betont sein, jeder sollte Zeit haben, den geeigneten Platz im Raum für sich zu finden, am besten in Ecken, Nischen oder am Rand.

Feuer-Trancen

Traditionelle Rituale und Bräuche:

Viele Mythen erzählen von der Errungenschaft des Menschen, Feuer zu machen und es für sich zu nutzen. Dies wird oft mit einer Heldentat (zum Beispiel Prometheus) in Verbindung gebracht, bei der ein Mensch oder Halbgott seinen Willen gegen die Naturgewalten beziehungsweise die Götter durchsetzte. In einem westafrikanischen Mythos tauscht der Mensch das Feuer gegen seine eigene Unsterblichkeit ein: Er hat seinen Willen durchgesetzt und das Feuer bekommen, aber er ist sterblich geworden. Riten und Bräuche machen bewußt, daß das Feuer gewahrt, gepflegt und immer wieder neu entzündet werden muß, soll der Mensch auch weiterhin im Besitz dieser kostbaren und unter Opfern erkämpften Gabe bleiben.

Das Entzünden einer Flamme, zum Beispiel in der Osternacht, oder auch das Ewige Feuer der Olympischen Fackel, das Spenden einer Kerze, die rituell angezündet und, verbunden mit einem bestimmten Anliegen, vor dem Altar aufgestellt wird, das Weitergeben von Feuer, wie im olympischen Staffellauf oder in einem westafrikanischen Ritus, der dem Feuergott Shango gewidmet ist: der von Shango Besessene geht von Haus zu Haus und trägt dabei das Feuer in einer Kalebasse auf seinem Kopf.

Umzüge mit Fackeln. Ursprünglich trug der Held, der das Dunkle besiegte, als Zeichen seines Triumphs eine Fackel. Im Dritten Reich wurden archaische Riten wiederbelebt, so auch Fackelzüge und monumentale Lichtschauspiele, bei denen Scheinwerfer eingesetzt wurden, um eine Massentrance zu bewirken.

Das Bewahren des wertvollen Feuers, das früher erst durch langwierige Prozesse entzündet werden konnte, war in Zeiten wichtig, da das Feuer oft der einzige Schutz gegen

Kälte, Dunkelheit und wilde Tiere war. Das Wachen am offenen Feuer wurde zum Bewachen des Feuers im häuslichen Herd. Es wurde zur Aufgabe der Frau, deren Domäne das Haus war. Die römischen Vestalinnen waren Priesterinnen des heiligen Herdfeuers. Die Hexen des Mittelalters riefen ihre Hilfsgeister in der Nähe des Ofens oder Kamins an, der so zur Einfallspforte für die Geister aus der Luft wurde. Auch hier ist der Wille zur Beherrschung und Bändigung das treibende Motiv.

Die direkte Berührung mit Feuer hat normalerweise Verbrennungen zur Folge. Im Ausnahmezustand der Trance jedoch kann glühende Kohle angefaßt, in den Mund genommen oder auch im Feuerlauf überquert werden. Feuerläufe sind ursprünglich Heilzeremonien, wo der Willensakt des Menschen, seinen Geist über die Natur siegen zu lassen, wiederholt wird. Auch im orthodoxen Christentum Griechenlands hat sich die Tradition des Feuerlaufs bis heute bewahrt.

Tänze um und durch das Feuer, beispielsweise am Johannistag, an dem im Alpenland ein Brauch junge Mädchen und Männer zusammen durchs Feuer springen läßt. Wenn das Paar sich an den Händen hält und sich nicht losläßt, gilt die Verbindung als beständig.

Feuer leuchtet und wärmt nicht nur, sondern soll auch eine reinigende Wirkung haben. Die mittelalterlichen Scheiterhaufen, die für Häretiker und Hexen errichtet wurden, um sie bei lebendigem Leibe zu verbrennen, hatten die makabere Funktion, die unsterbliche Seele von den Sünden der diesseitigen Verfehlungen zu befreien.

Das Fegefeuer ist ein Ort der Läuterung. Die Flammen der Verdammnis, wie wir sie auf mittelalterlichen Darstellungen sehen, haben die Wirkung eines reinigenden Fiebers, das alles Unlautere hinwegbrennt.

Das brennende Herz Jesu ist ein Abbild eines Mitgefühls, das keine Grenzen kennt. Die mystische Vereinigung mit Gott wird oft als verzehrendes Entbrennen geschildert, so bei Theresa von Avila oder innerhalb der islamischen Mystik der Sufis.

Die auflodernde Flamme überwindet die Schwerkraft und strebt nach oben, dem Himmel entgegen. Die Flamme ist somit ein Symbol für das Streben des Menschen nach Höherem, für seine Sehnsucht nach Größe und Ewigkeit. Bezeichnenderweise haben bis heute die italienische Faschisten ein Flammenbündel in ihrem Parteiabzeichen.

Funktion: Begeisterung

Feuer-Trancen sind angesagt,

- wenn Leidenschaft sich ausdrücken will,
- wenn Kampfgeist entfacht werden soll,
- wenn die Triebe rastlos machen und nach einem Höhepunkt verlangen,
- wenn innere Dynamik sich zu entzünden droht und in äußere Bewegung umgesetzt werden muß,
- wenn Extremzustände, Ekstasen und Exzesse danach verlangen, in einem geschützten und sicheren Rahmen ausgelebt zu werden,
- wenn die Zeit reif dafür ist, alle Kräfte für ein hohes Ideal einzusetzen und sich hundertprozentig dafür zu engagieren,
- wenn ein Prozeß der Reinigung und Läuterung sich ankündigt,
- wenn radikale und revolutionäre Umwandlungen anstehen,
- wenn das innere Feuer klein geworden oder ganz erloschen ist. So zum Beispiel bei verringerter Vitalität, geschwächter Gesundheit, mangelndem Antrieb, verklemmter Sexualität und allgemeiner Lustlosigkeit.

Feuer-Trancen haben ekstatischen Charakter und werden vor allem von den Menschen praktiziert, die sich zum Element Feuer hingezogen fühlen. Sie lieben das Risiko und sind zu totalem Einsatz bereit. Aber auch für die, die von Natur aus weniger feurig sind, kann eine Feuer-Trance nicht nur eine große Herausforderung sein, sondern auch großen inneren Gewinn bringen, da sie das innere Feuer wieder aufflammen läßt und Sexualität und Lebenslust erweckt. Dies allerdings unter der Voraussetzung, daß die Trance gut vorbereitet ist und freiwillig geschieht. Sonst kann das Erlebnis des inneren Feuers eine Überforderung, eine Gefahr oder sogar einen Schock darstellen und die Lust an Trance-Erlebnissen ganz allgemein verderben.

Feuer-Trancen sollten nicht eingeleitet werden,

- wenn der Erschöpfungszustand zu groß ist,
- die Sexualität als zu bedrohlich erlebt wird oder wurde (traumatische Erlebnisse),
- die Herausforderung einen Leistungsanspruch darstellt oder als Mutprobe den eigenen Wert unter Beweis stellen soll, wobei das Sichbeweisenmüssen mehr von sich selbst ablenkt als zu sich selbst hinführt.

Außerdem sind hoher Blutdruck und Herzprobleme ein Hinweis darauf, sich selbst nicht unter Druck zu setzen, allmählich und stufenweise nach einer Phase des Anwärmens in die Gänge zu kommen und langsam die Steigerung anzugehen, statt schnell und abrupt einen Kaltstart zu versuchen. Auch sollte der Feuer-Trance mit ihrem ekstatischen Höhepunkt immer ein Nachspiel folgen, das das Geschehen abrundet und sanft ausklingen läßt. Es ist wichtig, wieder runter zu kommen und auszukühlen, um die Hitze des Fiebers in eine normale Temperatur überzuführen.

Traditionen und Rituale

Einstimmung:

Stimmen Sie sich auf das Element Feuer ein, indem Sie ohne bestimmte Vorstellungen, vorgefaßte Bedeutungen, Zuordnungen und Interpretationen ihre Gedanken sich entzünden, auflodern, sich erhitzen lassen, gleich einem Strohfeuer Feuer fangen lassen, sich gleich einem Lauffeuer verbreiten lassen, gleich einem Licht in der Dunkelheit leuchten lassen. Wiederholen Sie innerlich das Wort Feuer und lassen Sie innere Bilder, Assoziationen, Erinnerungen, sinnliche Eindrücke kommen. Achten Sie dabei darauf, was Ihr Interesse weckt und welche Form des Feuers Ihnen am meisten zuspricht. Lieben Sie das Feuer als

* auflodernde Stichflamme,
* ein Funken, der überspringt,
* ein Feuer, das plötzlich und unerwartet ausbricht,
* ein Strohfeuer oder ein Lauffeuer, das sich schnell ausbreitet,
* ein ruhig vor sich hin prasselndes Kaminfeuer,
* ein Herdfeuer, einen Ofen, der beständige Wärme abgibt,
* einen Flächenbrand, der alles in der Umgebung verzehrt,
* schwelende Glut, die sich immer wieder neu entfacht,
* rotglühendes Magma eines Lavastroms,
* das gefährliche Leuchten von apokalyptische Weltenbränden,
* das bläulich kalte Licht elektrischer Ladung?

Untersuchen Sie, ohne sich von moralischen Gedanken nach Gut und Böse, von Gedanken des Nutzens oder Schadens leiten zu lassen, welche Form des Feuers Ihre Leidenschaft und Begeisterung am meisten entfacht.

– Mit welcher Form können Sie sich am besten identifizieren?
– Und was löst eine solche Identifikation in Ihnen an Körperempfindungen, Gefühlen und Gedanken aus?
– Was bedeutet das Element Feuer für Sie, und wie gestaltet sich Ihr eigenes inneres Feuer?
– Was würde geschehen, wenn Sie in Ihrem Alltag Ihr inneres Feuer mehr zulassen oder ihm eine andere Form geben würden?
– Welche Konsequenzen hätte dies vor allem für ihre Beziehungen?
– Was möchten Sie vom Element Feuer lernen?

Machen Sie sich dazu Notizen. Sie sind wichtiges Material für die weitere Arbeit mit Feuer-Trancen.

....

....

Körperhaltung: Stehen

Sie können die Einstimmung auf das Element Feuer durch die Körperhaltung des Stehens unterstützen, wobei dieses feurige Stehen sich von dem alltäglichen Stehen unterscheidet. Wann immer Sie einer Flamme gleich sich im Stehen entgegen der Schwerkraft hochgezogen fühlen, können Sie alle guten Erfahrungen, die Sie mit dem Element Feuer in Ihren Trance-Reisen machen, verankern, so daß diese sofort abrufbar und als Kräfte verfügbar sind, wenn Sie sie brauchen. Sie können das hochgereckte Stehen noch verstärken, indem Sie sich wie im Ballett auf die Fußspitzen ziehen und in die nach oben strebende Spannkraft den ganzen Körper einbeziehen lassen. Sie können die Arme nach oben sich erheben lassen, bis sie weit über Ihrem Kopf in den Himmel zu wachsen scheinen, und nun spreizen Sie Ihre Finger, strecken sie aus, als wollten Sie die Sterne vom Himmel holen.

Visualisierungen:

– das innere Feuer entzünden
– das innere Feuer bewahren
– das innere Feuer übertragen

Affirmationen:

- ICH HABE FEUER.
- MEIN INNERES FEUER WÄRMT MICH UND LEUCHTET MIR.
- MEIN INNERES FEUER IST IMMER WIEDER ZU ENTZÜNDEN, UND ICH WEISS WIE.
- MEIN INNERES FEUER KANN ANDERE MENSCHEN BEGEISTERN.
- WENN ICH MEIN INNERES FEUER ERWECKE, WERDE ICH MIT MIR SELBST EINS.
- WENN ICH MICH FÜR ETWAS BEGEISTERE, LEUCHTET MEIN INNERES LICHT AUF.
- WENN ICH MEIN LICHT LEUCHTEN LASSE, LIEBE ICH MICH UND ALLES, MIT DEM ICH IN KONTAKT KOMME.

Trance-Induktion zur Erweckung des inneren Feuers:

Nehmen Sie sich ab und zu die Zeit für diese Trance, besonders wenn Sie sich schlapp und resigniert fühlen und dem Leben keinen Reiz mehr abgewinnen können. Nehmen Sie sich die Zeit, Ihrem inneren Feuer eine Chance zu geben, wieder aufzulodern und Sie zu erfassen.

Stellen Sie sich vor oder erinnern Sie sich an Augen eines Menschen, der Sie liebte und begehrte und den ganzen geradezu fiebrigen Glanz der Leidenschaft in seine Augen legte und Sie anschaute: wild, fordernd, feurig, so daß Sie von diesem Blick allein die Hitze in sich aufsteigen fühlten. Geben Sie diesem Körpergefühl der inneren Hitze nun eine Chance, sich auszubreiten, Sie ganz zu erfassen, Gegenwart zu werden. Atmen Sie dabei tief durch, so daß Sie noch mehr Hitze, noch mehr Glanz, noch mehr Leidenschaft in sich aufnehmen können. Atmen Sie in Ihren Solarplexus, entspannen Sie ihn, fühlen Sie gleichzeitig, wie Ihr Atem tiefer, vielleicht auch schneller wird, und geben Sie diesem leidenschaftlichen Atem eine Chance, Ihren Körper in einen Zustand innerer Bewegung geraten zu lassen. Und dann legen Sie die Hände auf das Herz und lassen Ihr Herz weit werden, so daß die Erregung aufsteigen und Ihr Herz ergreifen, öffnen, entbrennen, wärmen und aufleuchten lassen kann. Spüren Sie für einen Augenblick diesem Feuer, das in Ihnen entstanden ist, nach, fühlen Sie, wie es sich ausbreiten und alles um Sie herum erfassen will, weit über die Grenzen Ihres eigenen Körpers, Ihrer eigenen Haut hinaus.

Spüren Sie, wie das Feuer auch vor dem Fremden nicht Halt macht und Sie in Kontakt bringt mit Ihrer Großherzigkeit, auch wenn Sie sich bis jetzt als klein- oder engherzig erlebt haben. Die Hände über dem Herzen können sich nun von Ihrem eigenen Körper weg in den Raum hineinbewegen.

Bleiben Sie eine Weile in diesem Zustand, genießen Sie den neuen Raum, den Sie gewonnen haben, und dann, wenn Sie das Gefühl haben, daß sich Ihr inneres Feuer in Ihnen gut verankert hat, beenden Sie die Übung, indem Sie die Hände wieder aufs Herz legen und fest an sich drücken, als wollten Sie das innere Feuer dort als Flamme verwahren. Achten Sie darauf, daß Sie die Übung wirklich ganz bewußt mit der Schließung des Herzraums beenden. Es ist dies kein Verschließen, sondern eine bewußte Geste, die Grenzen kennt, anerkennt und wahrt.

Und wenn Sie nun diese Vorstellung, diese Phantasie, die Erinnerung nicht in Ihrem Bewußtsein und auch nicht in Ihrem Unbewußten finden, so daß Sie sie in die Gegenwart holen können? Dann stellen Sie sich vor, daß es sich hier um einen dieser rührseligen Filme handelt. Und erlauben Sie sich, den Schmalz anzuschauen, auch wenn Sie sonst keinen Schmalz und Schmelz in Ihrem Leben zulassen. Erlauben Sie es sich einfach, einmal richtig im Schmalz zu baden. Sie werden erstaunt sein, wie schnell Sie dahinschmelzen – Sie brauchen es ja niemandem erzählen.

Alltagsritual: Ab und zu Fieber

Wir wissen heute, daß Fieber heilende Wirkung hat. Manche Menschen haben nie Fieber. Trotzdem können Sie dieses Ritual in Ihrem Alltag integrieren, wenn sie sich ab und zu erlauben, so richtig ins Schwitzen zu geraten. Das kann beim Treppensteigen sein, beim Sport, aber auch in einer Situation, die für Sie ungewöhnlich ist und der Sie sich nicht ganz gewachsen fühlen. Überwinden Sie sich, und lassen Sie die innere Erregung zu. Spüren Sie das innere Zittern, vielleicht ein Schlottern der Knie, oder auch nur ein leichtes Prickeln auf der Haut. Spüren Sie den Kitzel der Herausforderung. Machen Sie die Herausforderung zum Gegenstand Ihres Rituals. Das kann die Überwindung von Scheu und Schüchternheit sein oder auch von Unentschlossenheit, Trägheit, Resignation. Erlauben Sie sich, Engagement zu zeigen – und sei es auch nur Ihnen selbst gegenüber. Erlauben Sie Ihrem inneren Feuer, Sie ab und zu richtig fiebern zu lassen. Und beenden Sie das Ritual immer mit der Geste, die Hand aufs Herz zu legen, so daß Ihre Herzensflamme geschützt und gewahrt wird.

Musik:

Wiegende, rollende Rhythmen, insbesondere Dreierrhythmen, rhythmische Beschleunigung, anheizende Rhythmen, Schlaginstrumente, vor allem Trommeln. Wichtig ist die sich langsam aufbauend Dynamik. Traditionelle Musik aus arabischen Kulturen, indische Ragas, die langsam beginnen und in einem rasenden Höhepunkt gipfeln, afrikanische und afroamerikanische Musik mit schnellem, treibendem Charakter.

Weitere Hinweise:

Bei Feuer-Trancen sollten die Räume festlich und farbenprächtig geschmückt sein, Blumen, schöne Gewänder und Tücher, Düfte eine Atmosphäre verbreiten, die sich vom grauen Alltag absetzt. Der Raum sollte gut vorgeheizt sein, damit am Anfang die Phase des Anwärmens unterstützt wird. Die Kleidung sollte schichtenweise an- und ausgezogen werden können und die eigenen Schönheit unterstreichen – keine ausgeleierten Trainingsanzüge! Ein Hauch von Erotik hilft, das innere Feuer zu entfachen.

Luft-Trancen

Traditionelle Rituale und Bräuche:

Schöpfungsmythen erzählen von einem Zustand der Welt, in dem es weder Luft noch Raum gab. Die Ureltern lagen dicht gedrängt ohne Abstand ineinander verkeilt, und erst als die Kinder aus dieser Verbindung geboren wurden, erhob sich ein Problem. Die Kinder brauchten Luft und Raum, um zu atmen. Mehr oder weniger unsanft machten sich also die Kinder daran, sich ihren Lebensraum zu nehmen und die Eltern auseinander zu drängen. So wurde zwischen Himmel und Erde erst ein Raum für den Menschen geschaffen, wo er zu Hause ist und »Luft hat«. Das Element wird also zunächst mit einer lebensnotwendigen Trennung der Ur-Einheit in Verbindung gebracht. Gleichzeitig ist Luft aber auch das Element, das uns alle verbindet. Andere Schöpfungsmythen berichten wiederum, daß die Morgenröte von einem Windhauch befruchtet wurde und das Ur-Ei gebar. Traditionelle Rituale betonen vor allem den verbindenden, informierenden und inspirierenden Charakter von Luft. Botschaften werden dem Wind übergeben, um so weitergetragen zu werden oder zu den Göttern aufzusteigen.

Rituale des Rauchens wollen Zeichen setzen. Das Rauchen der Friedenspfeife verbindet den Kreis der Anwesenden und bestärkt sie in dem gemeinsamen Entschluß, Frieden zu machen oder Frieden zu halten. Kain beneidet Abel um sein Rauchzeichen, das gerade zum Himmel aufsteigt und die Gottgefälligkeit von Abels Opfers bezeugt, wähend sein eigener Rauch vor sich hinschwelt und nicht abziehen mag.

Botschaften können vermittelt werden, indem Bitten und Wünsche aufgeschrieben und aufgehängt werden, so daß die Luft sie mitnimmt und weiterleitet. Dies ist der Grund des Schmückens von Bäumen mit Bändern und Wimpeln. Die buddhistischen Gebetsfahnen, die zum Beispiel in Tibet zu sehen sind, erfüllen einen ähnlichen Zweck. Heilige Texte sind darauf geschrieben, heilige Gestalten abgebildet, so daß die Botschaften durch den Kontakt mit der Luft bestärkt und verbreitet werden.

Wimpel und Fahnen setzen Signale. Sie sollen die bösen Geister abhalten und die guten Geister einladen. Totempfähle vor den Häusern und Siedlungen der Nordwest-Pazifik-Indianer haben ebenfalls den Zweck, schon von weitem sichtbar zu sein und das bewohnte Territorium sichtbar zu machen.

Flaggen und Fahnen sind auch in der modernen Zeit noch bedeutsam. So wird beispielsweise in den USA ein Eid auf die Fahne abgelegt, die Kriegstoten werden in der Fahne zu Grabe getragen. Das Hissen der Fahne gilt als internationales Zeichen des Sieges und der Besitznahme.

Windharfen, in Italien »caccia spiriti« genannt, werden in die Bäume oder in die Eingänge der Häuser gehängt, um Geister abzuhalten. Diese Windspiele sind auch vor den buddhistischen Tempeln Japans zu finden.

»Dreamcatchers« sind in einigen nordamerikanischen Traditionen der Indianer netzartige Gebilde, die, auf einen kreisförmigen Rahmen aufgezogen, neben dem Bett aufgehängt werden. Sie sollen nur die guten Träume durchlassen, während die bösen Träume abgehalten werden.

Als Zeichen der Befreiung werden Singvögel, die für diesen rituellen Zweck gehalten wurden, aus ihrem Käfig entlassen und buchstäblich an die Luft gesetzt. Mit diesem Akt verbindet sich der Wunsch, ebenfalls Befreiung zu erfahren. Dieser Brauch ist mir einerseits aus Nepal, andererseits aus Süditalien bekannt. In beiden Fällen soll er Glück bringen.

Die Asche eines Toten kann in alle vier Winde zerstreut werden, um die völlige Vernichtung seiner Existenz, seiner Vergangenheit wie seiner Zukunft rituell zu bewirken. In vielen Kulturen herrscht die Vorstellung, daß der Tote, der in geweihter oder heimatlicher Erde ruht, von dieser aufgenommen wird, im Kontakt mit dem Element Luft aber eine Art der Zerstreuung erfährt, von der er sich nicht mehr erholen kann.

> *Funktion: Befreiung*
>
> Luft-Trancen sind angesagt, wenn ein Mensch
>
> – Abstand zu allem gewinnen will,
> – bereit ist, die Dinge spielerisch zu sehen und leicht zu nehmen,
> – sich mehr Freiheit und Spielraum wünscht,
> – seine Denk- und Lernfähigkeit erhöhen will.

Diese Trancen sind als solche kaum erkennbar. Dennoch haben wissenschaftliche Untersuchungen über den Zustand der Gehirnwellen während solcher Trancen gezeigt, daß sie sich von dem normalen Alltagszustand unterscheiden. Statt des Beta-Zustandes wird ein Alpha-Zustand gemessen. Alle Mentaltechniken wie sie sowohl im Yoga als auch in neuen Bewußtseinstrainings (z. B. Silva Mind Control) entwickelt wurden, führen zu einem veränderten Bewußtseinszustand, der sich vom alltäglichen deutlich unterscheidet. Gerade darin besteht der Unterschied zu herkömmlichen Techniken. Trance ist die Basis für ein neues Denken, Lernen und Kommunizieren. Luft-Trancen, wie sie hier geschildert werden, können einen guten Einstieg bieten.

> Luft-Trancen sollten nicht eingeleitet werden, wenn
>
> – ein Mensch auf Grund seiner Neigung oder auch seines Berufes (Computer) zu sehr und zu oft »im Kopf« ist,
> – ein Mensch nervlich überreizt, »überdreht«, exaltiert und eventuell von seiner Konstitution oder auch Lebenssituation zu wenig geerdet ist,
> – die Gefahr besteht, »abzuheben«, »auszuflippen«, sich in Wahnideen, Gedankengebäude, philosophische oder esoterische Theorien der Welterklärung zu

verstricken und nicht mehr allein auf den Boden der Tatsachen zu kommen,
- Konzentrationsschwierigkeiten bestehen,
- Aufgaben des Denkens und Lernens übergroßen Leistungsdruck ausüben,
- die Intelligenz aus welchen Gründen auch immer geschwächt oder wenig entwickelt ist (Drogeneinfluß, angeborene Debilität als Behinderung, geistige Zurückgebliebenheit, Lernstörungen oder Konzentrationsschwäche auf Grund sozialer Faktoren).

Diese Kontra-Induktionen gelten allerdings nur für die fortgeschrittenen Trance-Techniken, die hier nicht aufgeführt sind. Sie beschäftigen sich mit Konfusion, Chaos und Paradoxen. Eine wichtige Einführung in solche Trancen kann die Polyrhythmik (zum Beispiel die Ta-Ke-Ti-Na-Methode von Reinhard Flatischler) darstellen.

Luft-Trancen ergänzen ein Trainingsprogramm, das Trance konstruktiv im Alltag nutzen und einsetzen will. Sie sind in der Schule, im Kreativitäts- und Intuitions-Training und bei der Visionssuche ausgezeichnete Induktionen, die spielerisch und leicht Intelligenz fördern. Gleichzeitig wecken sie die Freude am Denken und widerlegen alle Vorurteile, denen zufolge Trance dumpf und dumm macht. Da jedoch Trancen auf einem Zustand tiefer Entspannung und gelassener Absichtslosigkeit aufbauen, ist es wichtig, auf die spielerisch leichte Stimmung zu achten und keinen verbissenen Ehrgeiz aufkommen zu lassen.

Da es eigene Bücher zu Mentaltechniken und suggestopädischem Lernen gibt, sollen hier nur die Luft-Trancen beschrieben werden, die unmittelbar mit dem Erleben des Elements zu tun haben.

Einstimmung:

Stimmen Sie sich auf das Element Luft ein, indem sie ohne Interpretationen ihren Geist einfach schweifen, die Gedanken kommen und gehen lassen wie Wolken am Himmel, aufsteigen, abregnen, Nebel, Dunst und verschiedene Wolkenformen bilden und sich wieder auflösen lassen. Genießen Sie es, eine klare Aussicht und Übersicht zu haben und die Perspektive nach Belieben wechseln zu können.

Lassen Sie den Geist wehen wohin er will, und achten Sie dabei darauf, was Ihnen so alles einfällt.

Was fällt Ihnen ein, wenn Sie an die verschiedenen Formen von Luft denken?

* an einen Windhauch, eine Brise, einen Luftzug,
* an Zugluft,
* an stehende Luft,
* an frische Luft, die durch das geöffnete Fenster dringt,
* an kühle Nachtluft,
* an Schneidende Winterluft,
* an Sturm.

Welche Form des Denkens verbindet sich mit den einzelnen Formen?

- Ist es ein analytisches Denken des Trennens und Unterscheidens?
- Ist es ein Denken, das nach neuen Kombinationen sucht und versucht, die Trennungen zu überwinden?
- Ist es ein Denken, das sich kontinuierlich vorarbeitet und durch verschiedene Atmosphären, Stimmungen und Schwingungen, durch verschiedene Jahreszeiten und Klimazonen hindurch führt?
- Oder ist es ein Denken, das sich schnell und sprunghaft bewegt und auf überraschende Einfälle kommt, ohne die Kausalzusammenhänge zu kennen?
- Ist es ein Denken, das mehr vom Einzelnen ausgeht?

- Oder ein Denken, das die Einheit des Ganzen im Blick hat?
- Ist es ein Denken in Paradoxen, das mit Konfusion und Chaos umgehen kann?
- Wie bewegen Sie sich in dem Element Luft?
- Welche Gedanken haben mit der Zukunft zu tun, und was bedeuten Sie Ihnen?
- Können Sie Ihr Denken von Ihrem Wollen, Ihrem Fühlen und Ihrem Empfinden unterscheiden, und wann in Ihrem Alltag sind Sie besonders auf Ihr Denken angewiesen?
- Was möchten Sie vom Element Luft übernehmen und mehr in ihrem Leben verwirklichen?

Machen Sie sich dazu Notizen. Sie sind wichtiges Material für die weitere Arbeit mit Luft-Trancen.

Körperhaltung: Sitzen

Im Gegensatz zu einem kauernden Sitzen, wo die Brust zusammengepreßt bleibt und keinen Raum hat, geht es hier um eine Haltung, die wir unwillkürlich einnehmen, wenn wir uns dehnen und strecken und den Lungen erlauben, sich tief mit frischer Luft zu füllen. Während langen Phasen des Sitzens empfiehlt es sich, immer wieder Pausen einzulegen, den Rücken zurückzulegen, über die Stuhllehne zu legen und auszuhängen. Die Schulterblätter können dabei über die Lehne gelegt, abgelegt, die Schultern selbst gleich einem beschwerten Kleiderbügel abgehängt werden, die Lungen sich weiten, ausbreiten wie Flügel. Die Arme können über den Kopf nach hinten geführt werden, sich öffnen und ebenfalls hängen. Es ergibt sich eine Haltung der Hingabe, des Vertrauens und der Weitung. Fast glauben wir zu fliegen und genießen den Moment der luftigen Befreiung von allen Fesseln und Zwängen. Auch der Kopf kann sich in den Nacken legen, die Körpervorderseite, Herz, Magen und Bauch aufatmen. Die Körperhinterseite wird gedehnt und gestreckt. Zu guter Letzt können die Füße den Boden verlieren und nach vorne weggleiten, die Beine sich aus dem Becken heraus wegschieben, als wollten auch sie gleich schweben. So fühlt es sich an, als wenn wir alle viere von uns strecken würden.

Dabei stellen wir uns einen kurzen Höhenflug vor, stellen uns vor, wie wir leicht und unbeschwert werden und alles hinter, unter uns lassen, was uns belastet. Zurück von diesem kurzen aber rundum erfrischenden Ausflug können, wir dann mit neuer Inspiration die Aufgaben des Alltags angehen.

Visualisierungen:

– Abstand nehmen, eine Schritt zurücktreten,
– auf einen Berg steigen, Höhe gewinnen,
– das Leben als Ganzes sehen, zum Beispiel als einen Fluß, vom Ort seines Ursprungs bis zu der Stelle, da er ins Meer mündet.

Affirmationen:

LUFT TRENNT MICH, LUFT VERBINDET MICH, LUFT GIBT MIR DEN RAUM, DEN ICH BRAUCHE.

LUFT NÄHRT MICH, LIEBE BEFLÜGELT MICH, ICH ATME LUFT UND LIEBE EIN.

ICH NEHME MIR DIE FREIHEIT, DIE ICH BRAUCHE UND GEBE DAFÜR MEINEN AUSDRUCK IN DIE WELT.

Trance-Reisen:

- Perspektive wechseln (Vogelperspektive)
- Übersicht gewinnen (Panoramablick)
- Reise in die Obere Welt (Kontakt mit der inneren Führung, Rat bei inneren Mentoren holen)

Trance-Induktion zur Eröffnung des inneren Raums:

Nehmen Sie sich ab und zu die Zeit für diese Trance, vor allem wenn Sie sich von den Alltagsaufgaben überwältigt fühlen und keinen Raum mehr für sich selbst haben, wenn Sie glauben, daß die Luft Ihnen abgeschnürt wird, und Sie nicht mehr frei atmen können, oder auch, wenn Sie in einer Beziehung zu einem anderen Menschen sich selbst nicht mehr spüren können und sich zu kurz gekommen glauben.

Stellen Sie sich vor oder erinnern Sie sich an die Stimme, die aus Ihrem Innersten ertönt, wenn Sie ihr Raum geben, an die mächtigen Klangschwingungen und Wellen Ihres Gesangs, der durch den Raum getragen wurde, weit in die Welt hinaus. Auch wenn Sie kein Opernsänger oder eine Sängerin sind, weiß Ihr Körper um die Möglichkeit, durch Ton und Klang, durch die Stimme in die Welt hinein zu wirken. Gehen Sie ganz in dieses Körpergefühl hinein, da Ihre Stimme mächtig anschwillt und aus Ihrem Mund herausströmt, sich fortsetzt in einem Lied, das Sie, noch während Sie es singen, als Ihr ureigenstes Lied erkennen. Es ist ein Lied, das Ihnen Macht und Kraft, Vertrauen und Stolz verleiht. Und während Sie es in die Welt schmettern wie eine Fanfare oder sanft wie eine Beschwörung als Botschaft in die Welt entlassen, wissen Sie, daß Sie eine Antwort darauf erhalten, in welcher Form auch immer diese Sie erreichen mag. Noch während Sie den Mund aufmachen und sich tönen, klingen, strömen lassen, wissen Sie, daß Ihr Ausdruck wichtig ist und einen Unterschied macht. Sie wissen sich, auch wenn Sie jetzt gerade ganz allein sind, mit allen anderen Lebewesen verbunden, die in jedem Augenblick zu ihrem Ausdruck finden. Fast glauben Sie die große Symphonie des Lebendigen zu hören. Und dann, wenn sich dieses Gefühl einer großen übergreifenden Resonanz eingestellt hat, verankern Sie es in sich selbst, indem Sie die Augen schließen, nach innen gehen, eine Hand auf Ihren Bauch legen und dort Ihren eigenen Resonanzboden im Becken spüren, während die andere Hand leicht den Kehlkopf umschließt, so daß Sie in Kontakt mit den Saiten Ihres Instruments, mit den Stimmbändern, sind. Streichen Sie mit dieser Hand behutsam an der Vorderseite des Körpers herab, bis beide Hände über dem Bauch zu ruhen kommen. Beenden Sie die Trance-Induktion ganz bewußt, indem Sie noch einmal mit einem langen Atem in sich hineinspüren und dann langsam die Augen öffnen.

Alltagsritual: Ab und zu einen Ton von sich geben

Wenn Sie schon immer einen wertvollen Gong, eine kostbare Klangschale oder ein heiliges Instrument in Form einer Glocke besitzen wollten, ist es jetzt an der Zeit, diesem Wunsch nachzugehen. Sie können es sich zum täglichen Ritual machen, einen Ton von sich zu geben und diesem Ton nachzulauschen. Ein solcher Ton kann der Beginn einer Entspannungsphase, einer Ruhepause, einer Meditation sein, und mit einem zweiten Ton können Sie ein Ende setzen.

Natürlich können Sie selbst singen, summen oder tönen, und auch andere Instrumente kommen in Frage. Für den Einsteiger aber haben sich die oben genannten am meisten bewährt.

Machen Sie es sich zur Regel, jeden Tag einen Ton von sich zu geben. Konzentrieren Sie sich auf den Augenblick, in dem Sie den Gong oder die Klangschale anschlagen, die Glocke läuten. Sie werden erstaunt sein, wie sehr dieser Ton über Ihre Verfassung Aufschluß gibt. Sind Sie heute innerlich weit und können gelassen den Ton in die Welt entlassen, oder klingt der Ton gepreßt, verstockt, halbherzig, schräg? Stimmen Sie sich in die Verfassung ein, in der Sie am liebsten eine Botschaft in die Welt schicken möchten.

Als Beendigung dieses Rituals ist es wichtig, sich für alle Töne, die man hat, zu lieben, auch wenn sie noch so schräg herauskommen. Morgen ist noch ein Tag, und es werden sich immer wieder Möglichkeiten eröffnen, einen Ton von sich zu geben, und irgendwann einmal wird es genau der richtige sein.

Musik:

Sphärenklänge ohne rhythmische Struktur, von heller, hoher Tonqualität, die zuweilen auch schrill sein darf. Glasharfen, Klangschalen, Monochord, Obertonsingen. Naturgeräusche rauschenden Windes. Sorgfältig ausgewählte Synthesizer-Musik, die synthetisch das Rauschen der Luft und die Weite des Himmels nachbildet. Auch Musik, die gesprochene Texte verwendet und verzerrt, so daß eigene Kompositionen entstehen. Dadaistische Sprachmusik oder Rezitationen von Gebetsformeln.

Weitere Hinweise:

Der Raum, in dem Luft-Trancen geübt werden, sollte hell und weit sein, eventuell spiegelnder Parkettboden, der das einfallende Licht reflektiert und verstärkt. Gepflegte Gemeindesäle, freundliche Schulräume, Konferenzzimmer eignen sich am besten. Stühle sollten im Hintergrund bereit stehen. Mitzunehmen sind Audiorecorder, die die Stimmimprovisationen aufnehmen können – das Anhören der eigenen Stimme versetzt noch einmal in dieselbe Trance-Stimmung und verstärkt den Effekt der Trance-Übung.

Zeit- und Raum-Trancen

In der tibetischen Lehre baut sich auf den vier Elementen ein fünftes Element auf: der Raum. Er wird durch die Schale des Halbmonds, der auf Viereck, Kreis, Dreieck und Punkt balanciert und sich dem Himmel als Behälter anbietet, symbolisiert.

Den vier bekannten und »handfesten« Elementen wurde auch im Westen von jeher ein fünftes Element zugefügt, das in der Tradition der Alchemie als Quintessenz und von Newton, der in der Tradition der Alchemisten stand, als Äther bezeichnet wurde. Dieses fünfte Element hat vor allem die Funktion, alle anderen vier Elemente nicht nur zu enthalten, sondern sie unauflöslich miteinander zu verbinden.

Es gibt keine Wirklichkeit, in der die Elemente voneinander getrennt und einzeln existieren – sie existieren zusammen. Genau das ist es, was mit Quintessenz gemeint ist.

Dieses fünfte Element bildet die Verbindung, die Kontinuität, und ist deshalb auch oft Raum genannt worden, wobei sich Trance-Induktionen, die sich mit diesem fünften Element befassen, sehr viel anders anfühlen als Luft-Trancen, in denen ja auch Raum entdeckt wird. Dennoch ist es irgendwie eine andere Art von Raum, die sich jetzt eröffnet – ein Raum jenseits aller Räume oder das Zentrum aller Orte. Es ist ein Raumerlebnis, das uns tief in die Vorbedingungen unserer Wahrnehmung und unseres Wirklichkeitsverständnisses selbst hinein- oder herausführt, oder auch beides. Dieser Raum öffnet sich dem, der jenseits der Elemente dorthin geht, wo Wahrnehmung entsteht: ins Bewußtsein.

Das fünfte Element könnte also Bewußtsein genannt werden oder Dimension des Bewußtseins, das sich seiner selbst bewußt wird oder Bewußtseinsraum. Die Trancen, die von diesem Landeplatz aus starten, sind nie »naiv«. Nie nehmen sie die Wirklichkeit als das, als was sie erscheint. Immer gehen sie schon davon aus, daß Wirklichkeit eine Konstruktion unseres Bewußtseins ist – die Konstruktion eines geeigneten Start- und Landeplatzes. Wirklichkeit wird also nicht für wahr genommen, sondern einfach als das benutzt, was es ist: als Ausgangspunkt.

Die Elemente sind grundlegend für unsere Verankerung in der Wirklichkeit, so wie wir sie kennen und wie wir alltäglich mit ihr umgehen. Wir brauchen Luft zum atmen, Feuer für Wärme und Licht, Wasser zu trinken und die Erde, um darauf zu stehen. Wir beziehen uns ständig auf die Elemente, auch wenn sie in ihrer Reinform nicht vorkommen, sondern mehr abstrakte Begriffe, Orientierungspunkte im Strom unserer Wahrnehmungen sind.

Doch es gibt einen Bewußtseinszustand, der es ermöglicht, wenn auch vielleicht nur für ein paar Augenblicke, in den »Ozean der Bezugslosigkeit« eintreten zu können. Dort sind die Elemente aufgehoben, als wären es nur Krücken unserer Wahrnehmung gewesen, die, einmal über sich selbst hinaus gelangt, wie Stufen, die überwunden wurden, weggestoßen werden. Dieser Zustand wird »Reine Nackte Präsenz« genannt. Graf Dürckheim sprach von »Seinsfühlung«. Das Sein, das hier gefühlt wird, ist zwar elementar, aber an keine Elemente mehr gebunden. Ein durchgängiges Prinzip setzt sich an die Stelle der Unterscheidung: Energie.

Energie, wörtlich aus dem Altgriechischen übersetzt als »wirkende Kraft«, ist das, was sich als Kontinuum durch alles Sein, alle Formen, alle Inhalte und alle Wirkungen hindurch als Kontinuität aufbaut. Wir können diese Kontinuität wahrnehmen, als wäre sie ein Element. Wir sind mitten drin: Jenseits der Elemente und doch in der Mitte all dessen, was wir als vereinzelte Phänomene beschrieben haben. Nun sind wir startbereit.

Traditionen und Rituale

Die Trance der nicht-alltäglichen Wahrnehmung von Zeit – Zeitreisen in Trance

Die üblichen Zeitreisen, die in der Trance angestrebt werden, beziehen sich meist auf Regressionen oder Progressionen. Das heißt, das Bewußtsein versetzt sich in der Trance an einen früheren oder späteren Punkt in einem zeitbedingten Verlauf. Man könnte das fast grafisch angeben, indem man auf einer Geraden, die die Zeitlinie darstellen soll, einen Punkt vor oder nach dem gegenwärtigen Punkt markiert und sich dann auf direktem Bewußtseinsweg dorthin begibt. Dies ist durchaus möglich und auch nützlich. Altersregressionen in Trance werden vorgenommen, wenn es darum geht, bestimmte traumatische Erlebnisse in der Vergangenheit ausfindig zu machen, sie noch einmal zu durchleben, um sie dann, nachdem sie bewußt gemacht wurden, als Störfaktoren auszuschalten. Auch einmal erlernte Fähigkeiten und natürliche Begabungen können durch Altersregression wieder in das Bewußtsein zurückgeholt werden, so daß sie auch in der Gegenwart verfügbar sind. Alles Lernen greift letztlich auf vergangene Erfahrungen zurück, die man sich der Einfachheit halber wie Perlen auf einer Kette vorstellt. Altersprogressionen können auf gleiche Weise im Zeitraffer nach vorne abgespult werden, als wäre das Leben ein Film, der ordentlich auf einem Band abgepackt bereit läge, um dann im realen Erleben abgewickelt zu werden. Das ist eine Vorstellung, die sich bereits in den alten Mythen findet, in denen die Schicksalsgöttinnen als Näherinnen, die eifrig mit den Schicksalsfäden beschäftigt waren, dargestellt sind.

Zeit-Trancen können aber auch in eine ganz andere Richtung gehen, indem sie nämlich jede Richtung verlieren und aus der Dimension des Linearen herausspringen. Zeit wird dann zum See, zum Meer, eben zu jenem Meer der Bezugslosigkeit, von dem Ngakpa Chögyam spricht.

Mitten im Reisen das Wissen, immer schon angekommen zu sein!

Die Trance der nicht-alltäglichen Wahrnehmung von Raum

Reisen jenseits der Entfernung führt in die Mitte des Erlebens.

Auch die Dimensionen des Raums können sich in Trance-Erlebnisse plötzlich auflösen. Umsonst all die genauen Ortsangaben, wo sich der bemühte Reisende einfinden soll – plötzlich und unvermittelt befindet er sich überall und nirgends, ist in ein Raumparadox hineingefallen, ohne je an das Ende des Abgrundes zu kommen.

Im Wort »Dimension« ist immer schon das Ich, das den Raum vermißt, enthalten. Wenn sich das vermessende, vermessene Ich aufgelöst hat, gibt es keinen Raum mehr. Diese Trance wird oft als ein Fallen aus allen Wolken, durch alle Himmel und Höllen hindurch beschrieben. Es ist ein wenig wie der Traum des ewigen Falls, der erst mit dem Erwachen endet.

Trance-Reisen, die mit Ich-Verlust einhergehen, sind mystische Erfahrungen. Sie werden in der Therapie nicht beabsichtigt, müssen aber miteinberechnet werden. Trancen sind hier nicht mehr das Mittel zu irgendeinem Zweck, sondern stehen als Erfahrung für sich.

Der Therapeut, der Trance als Mittel einsetzt, sollte imstande sein, damit umgehen zu können, wenn die Trance auch weiter führt als ursprünglich beabsichtigt. Er sollte immer das Ziel im Auge behalten, weswegen Trance eingesetzt wurde, aber er sollte die Augen nicht verschließen, wenn mystische Erfahrungen sich einstellen und jede Zweckgerichtetheit zwecklos wird.

Dasselbe gilt um so mehr, wenn ich mein eigener Therapeut sein möchte.

Nur die Weite des Bewußtseins ermöglicht eine vorläufige Verengung. Nur wenn ich das Ich vor dem Hintergrund meines Seins in jenem Meer der Bezugslosigkeit zulassen kann, kann ich mich in Ruhe auf ein naheliegendes Ziel konzentrieren. Ich weiß, daß die Weite mir nicht entgeht, ebenso wie ich ihr nicht entkommen werde.

Teil III
Funktion der Trance in den Religionen

Trance und Spiritualität

Bei den meisten Abhandlungen über Spiritualität macht sich die jahrtausendealte Trennung von Geist und Materie bemerkbar; Geist wird über Materie gestellt, und somit ist Spiritualität etwas Besseres als zum Beispiel Materialismus (selbst der dialektische). Während sich noch in den Jahren der 68er Studentenrevolution die Intellektuellen bemühten, das Gute in einem pragmatischen und sozial engagierten Materialismus zu sehen, ist nun, vor allem seit dem Fall der Mauer und des Eisernen Vorhangs, das Primat des Geistes wieder tonangebend.

Trance und Spiritualität überhaupt in einem Atemzuge zu nennen, mag manchen Anhängern des Geistes als ein fauxpas erscheinen, aber es ist notwendig. Schließlich hat ja so mancher in Trance Geister gesehen, also muß das eine mit dem anderen doch irgend etwas zu tun haben.

Die vorherrschende Meinung verbannt die Trance in die Niederungen primitiver Machenschaften, Aberglauben und Magie oder sieht sie vornehmlich als Instrument der Manipulation. Vorurteile gegen Trance haben oft ihre geschichtliche Grundlage, denn tatsächlich sind Trance-Zustände leicht mit Magie und Aberglauben in Verbindung zu bringen, und tatsächlich wird Trance unter anderem auch zur Werbung und sogar zur Gehirnwäsche eingesetzt. Trance erweckt nur zu oft Assoziationen von einem finsteren Treiben unterhalb der Bewußtseinsschwelle, dort wohin das Licht der Aufklärung nicht gefallen ist. Aber im folgenden Kapitel soll kurz aufgezeigt werden, daß diese Schwarzweißzeichnung nicht überall und immer zutreffend ist und auch hier die Grenzen fließend sind.

Was dem einen seine Trance, ist dem anderen seine Verblendung. Und wer nun was richtig sieht, ist oft auch nur vorläufigen Weltanschauungen und flüchtigen privaten Lebenseinsichten unterworfen. Es empfiehlt sich hier, eine wohlwollend humorvolle Einstellung zu den Thesen und Trends, den jeweiligen Ausgeburten des Zeitgeistes einzunehmen und sich daran zu erinnern, daß das Dasein so wie wir es kennen sowieso einem ständigen Hin und Her, Auf und Ab, Vor und Rück, Tasten, Überblicken, Verstehen, Gehorchen unterworfen und eine Sache des Geschmacks ist, die das sprichtwörtliche menschliche Irren miteinbezieht.

Als in den Siebziger Jahren die Bücher von Castaneda das weltweite Interesse für nichtalltägliche Bewußtseinszustände erweckten, lösten sie einen Boom aus. Plötzlich war nicht mehr Meditation und fernöstliche Abgeklärtheit, sondern archaische Berührung mit der anderen Seite der Wirklichkeit, jener Welt der Geister das Ziel. So kam auch der Schamanismus in die Buchhandlungen und Kursangebote. Doch war es nicht nur eine vordergründige und flüchtige Laune, sondern eine regelrechte Bewegung, die sogar abgeklärte Wissenschaftler, Ethnologen und Anthropologen durch den Kontakt mit dem Fremden, Rätselhaften erweichen ließ, und so entstand ein modernes Verständnis dafür, was es wohl mit den Schamanen und Schamaninnen auf sich haben könnte.

Natürlich ist es nicht ganz gerecht zu sagen, Castaneda sei der Erste gewesen. Die Kulturanthropologin Goodman und der Ethnologe Michael Harner hatten zu der Zeit schon

Ergebnisse ihrer eigenen Feldforschung vorgelegt, aber dennoch war es Castaneda, der einen Trend anregte.

Gleichzeitig besannen sich große Teile der Frauenbewegung auf ihr matriarchalisches Erbe, nannten sich wieder Hexen und gewannen dadurch Zugang zur Trance, die wohl in archaischen Kulturen tatsächlich der uralte Weg zum religiösen Erleben war. In Abgrenzung dazu fühlten sich nun Zeitkritiker dazu gedrängt, eine neue Lust am Irrationalen zu konstatieren. Und es ließe sich diesem Trend, der gut mit einem zivilisationsmüden »Zurück zur Natur« zu vereinbaren ist, durchaus eine gewissen Romantik bescheinigen. Ebenso wie diese antwortet er auf eine Epoche des Rationalismus, der die seelische Entwurzelung der Nachkriegsjahre zu verarbeiten suchte. Es gibt ja bei dem existentialistischen Philosoph und Schriftsteller Albert Camus einige Hinweise auf Trancezustände, doch hat die Trance dort immer den Aspekt der Verwirrung, die zum Absurden überleitet und amoralische Handlungen bis hin zum Totschlag rechtfertigt. Der entgrenzende Rausch hat in der französischen Literatur eine lange Tradition, und nicht zuletzt entstanden die wildesten und schönsten Texte Antonin Artauds in Mexiko, wo er altes indianisches Brauchtum kennenlernte.

Die Faszination des Archaischen hatte schon die Dadaisten erfaßt, die die gewöhnliche Vernunft durch Querdenken, Spontanhandlungen und pseudoarchaische Rituale zu sprengen versuchten.

Diese vielen verschiedenen Einflüsse und Kulturschichten erschweren es, Begriffe wie »Trance«, »Ekstase«, »archaisch«, »religiös« eindeutig zu definieren. Zu oft sind sie zweckentfremdet in einem neuen Kontext verwendet worden und haben dann als moderne Worthülsen ein Eigenleben gewonnen. Es ist dann in neuester Zeit zwar versucht worden, den Dschungel der Worte mit dem Buschmesser der wissenschaftlichen Bestimmung zu durchforsten, aber oft hält sich der Sprachgebrauch nicht an solche Erkenntnisse. Ich habe mir deshalb erlaubt, mich ganz auf den normalen, mitunter saloppen Sprachgebrauch meiner eigenen Kultur (falls es eine ist) und meiner Generation (die nun auch älter wird und mit Erstaunen feststellen muß, daß die Jungen eine ganz andere Auffassung von Trance ebenso wie eine andere Herangehensweise haben) zu beschränken und eine Kategorisierung vorgenommen, die sicher manche Kritik herausfordert.

> Dabei möchte ich drei Kategorien von Trance unterscheiden:
> – Die ökologische Trance und der Schamanismus
> – Die ekstatische Trance, die Mystik und charismatische Religionsbewegungen
> – Trance als Mittel zur Transformation

Als Antwort auf die häufig gestellte Frage nach dem Unterschied zwischen Trance, Ekstase und Meditation möchte ich mich nach den Kriterien der Assoziationen, die diese Begriffe auslösen, richten. Da wird Trance als etwas Unheimliches, aber auch Uriges eingestuft, das irgendwie mit Wildnis und Verwilderung und manchmal Verwahrlosung zu tun hat. Ekstase wird mit Sex in Zusammenhang gebracht, und wenn dieser fehlt, wie bei der Heiligen Theresa von Avila (von Bernini in einer Skultpur im Augenblick höchster ekstatischer Verzückung verewigt), dann wird ein Verdacht auf ungesunde Sublimation und Kompensation geäußert. Sowohl Trance als auch Ekstase sind Synonyme für Rausch, der ja in den besseren Kreisen als unfein gilt. Bei der Meditation ist das etwas ganz anderes: das ist zwar exotisch, aber fein. Das macht keinen Krach, keinen Schmutz, kein Aufsehen und kommt einer Art freiwilliger Ruhigstellung gleich. Wer sich allerdings einmal näher mit den ungeheuer komplexen und differenzierten Meditationspraktiken des Hinduismus, Taoismus und Buddhismus auseinandergesetzt hat, wird einsehen, daß ein solch grobes Urteil (auch wenn es durch Untersuchungen von Hirnströmen Meditierender angeblich belegt worden ist) der Sache nicht gerecht wird. Auch ist die Abgrenzung der Meditation von Trance und Ekstase nicht ganz so eindeutig, da auch diese Kulturen eine lange Tradition haben, die oft ein archaisches, schamanisches Erbe miteinschließt. Und ebenso wie im Christentum bestimmte Tendenzen zum Wunschdenken oder Aberglauben immer bestehen werden – und bestehen müssen, da sie einfach einem Grundbedürfnis des Menschen zu entsprechen scheinen –, so konfrontieren uns auch noch so artige Angebote fernöstlicher Besinnung mit einem unübersichtlichen Sortiment von Geisteszuständen, die zwischen Verwirrung, Gewohnheit und Erwachen oszillieren, so wie das Leben auch.

Die ökologische Trance und der Schamanismus

Ich habe diese Richtung von Trancetechniken deshalb ökologisch genannt, weil sie so gut zu den Idealen der heutigen Ökologie passen. Statt der Gier nach dem Gutem beziehungsweise der Besserung werden diese Arten von Trance eingesetzt, um ein globales Gleichgewicht zu überprüfen, zu heilen und zu erhalten. Natürlich kann es auch um das persönliche Gleichgewicht oder das Gleichgewicht in einer Familie, einem Team, einer Gruppe, einem Stamm oder einem modernen Betrieb gehen, aber es geht da um das gleiche: Es geht um Angemessenheit. Das Maß steht nicht vorher als Absolutes, als Ideal, als Gesetz, als Tugend oder sonstwas fest, sondern es ergibt sich. Es ergibt sich aus der Messung. Und die Messung geschieht in der Trance. Nur in einem Bewußtseinszustand, der anders ist als der gewöhnliche, sich an den üblichen Normen orientierende, kann die Lage neu wahrgenommen werden. Und im Gegenteil zu der Sünde der Vermessenheit setzt der Maßstab nicht an der eigenen Größe an, sondern an dem Ganzen, das bekanntlich mehr ist als die Summe aller Teile. Das Ganze kann die Persönlichkeit mit ihren Schattenseiten, die Familien mit ihren schwarzen Schafen, den Betrieb mit seinen Saboteuren, den Staat, die Nation, die Kirche mit ihren Häretikern und Dissidenten betreffen.

»Wie verhält es sich mit dem Ganzen?« fragt der Schamane und reist in seinen Seelennachtfahrten und auf seinen Höhenflügen in die entsprechenden Bereiche einer Welt, die sich nur in Trance erschließt. Da gibt es eine Untere Welt, eine Mittlere Welt, eine Obere Welt. Zu jeder Welt gehören Bewohner, und diese Bewohner begegnen dem Schamanen auf seiner Mission, die ein gestörtes Gleichgewicht wieder »in Ordnung« bringen will. Vorsichtige Annäherungen an fremde Welten, Respekt und eine Motivation, die sich aus dem

Auftrag ergibt, sind die Voraussetzungen für das Gelingen einer solchen Mission. Dazu muß der Auftrag von einer Gruppe kommen, die den einzelnen, der sich auf den Weg macht, unterstützt.

Die Schamanen wurden von ihren Stämmen beauftragt, die Missionen auszuführen. Das Schicksal des Schamanen bestimmte indirekt auch das Schicksal des Kollektivs. Die Schamanen waren gefürchtet, aber auch verehrt, und, was vielleicht am wichtigsten ist, sie wurden durchgefüttert – allerdings nur so lange sie erfolgreich waren. Ein Therapeut, der sich als Schamane versteht, muß sich dieser Grundbedingungen bewußt sein. Er handelt in einem Auftrag. Er setzt seine Begabung, in Trance gehen und so in entlegene Bewußtseinswelten reisen zu können, bewußt ein. Er verlangt etwas dafür, nämlich Anerkennung des Kollektivs und entsprechende Absicherung, was seinen Lebensunterhalt betrifft. Wer will aber heute schon für etwas bezahlen, was das Ganze betrifft und nicht nur den eigenen Vorteil? Das ist das Dilemma, in dem sich ein moderner Schamane befindet.

Ein moderner Schamane – gibt es den überhaupt?

Mit dem globalen Denken (siehe das Schlagwort »Global denken, lokal handeln«) und der holistischen Weltanschauung (wie gesagt »Das Ganze ist mehr als die Summe seiner Teile«) rückt das Ganze in den Fokus der allgemeinen Aufmerksamkeit. Ganzheitliche Zusammenhänge, die alles und das All miteinbeziehen, sind gefragt. Sicher ist das Comeback der urigen Schamanen mit ihrem Zottellook durch dieses Umdenken vorgezeichnet, die Stunde der neuen Schamanen mit dem Bewußtwerden ökologischer Notstände verbunden. Die beängstigenden Tatsachen, die sich wie noch nie zuvor in der Geschichte der Menschheit dem ökologisch motivierten Auge aus globaler Satellitensicht darbieten, die rasanten Klimaveränderungen, die Katastrophen in einem planetarischen Gleichgewicht tragen das ihrige noch dazu bei, die Wichtigkeit eines menschlichen Eingriffs zu verdeutlichen. Viele Menschen fühlten und fühlen sich verpflichtet, Gleichgewicht zu schaffen, wo Ungleichgewicht droht.

Schamanische Trance-Erfahrungen sind auch immer noch, wenngleich versteckt, in unseren Märchen enthalten. In meinem Buch »Tanz, Trance, Transformation« gehe ich ausführlich darauf ein. Die nicht-menschlichen Gestalten, die uns dort als Helfer und Hüter von Schätzen entgegentreten, können auch in die sogenannte »Andere Wirklichkeit« führen. Viele Märchen erzählen von Jägern, die sich auf ihren Streifzügen plötzlich mit solchen Gestalten konfrontiert sahen und so, mehr oder weniger unfreiwillig, in diese andere Wirklichkeit hineinstolperten. Manchmal fielen sie durch ein Ameisenloch hinein oder kamen, wie die Goldmarie in dem Märchen von Frau Holle, durch einen Sprung in den Brunnenschacht unten an, oder sie wurden von Nixen und anderen verführerischen Wasserwesen auf den Grund eines Sees entführt. Bezeichnenderweise gibt es gerade in letzterem Fall zwei Varianten: Die eine, uns bekannte, endet mit dem tragischen Tod des Opfers, wie zum Beispiel in der Sage von der Lorelei. In anderen Märchen aber, vor allem aus nicht-westlichen und damit nicht-christianisierten Kulturen, beginnt hier eine Reise, die durchaus eine Rückkehr und ein glückliches Ende kennt. Sehr oft werden Kinder entführt und gelangen in die »Andere Wirklichkeit«, wo sie unterrichtet werden, um das Erlernte ihrem menschlichen Kollektiv beizubringen. Die nicht-menschlichen Wesen der »Anderen Wirklichkeit«, die, entgegen unserer anthropozentrischen Anschauungsweise, sehr wohl nicht nur Lebendigkeit, sondern auch Intelligenz besitzen, haben meist ein Anliegen, wenn sie solche Übergriffe in die Welt der Menschen machen. Das Anliegen ist ökologischer Natur. Oft wollen sie auf sich und auf ihr für uns unsichtbares Dasein aufmerksam machen, bestimmte Ansprüche melden, bestimmte Gebiete als die ihren – und für uns unverträglichen – kennzeichnen oder auch warnen, wenn etwas nicht stimmt. Dem von Jagdlust besessenen Jäger erscheinen die Seelen der erlegten Tiere, dem Bauern Zwerge, die auf Bodenschätze hinweisen, dem Fischer Nixen oder das Robbenvolk und der Goldmarie eben Frau Holle. Jedesmal gibt es etwas zu lernen. Pechmarie ist eigensüchtig und hat nichts gelernt, und deshalb geht es ihr schlecht. Aber das ist eigentlich nicht als Strafe anzusehen, sondern als Konsequenz ihrer eigenen Dummheit.

Ursprünglich war der Schamane ein besonderer Mensch, der auf Grund seiner Begabung oder auch Vererbung prädestiniert war, die nicht immer ganz ungefährliche und meist nicht sehr gemütliche Aufgabe des Trance-Reisens zu übernehmen. Heute gibt es sicher auch Menschen, die eher dazu neigen, leichter in Trance zu gehen, aber leider wird diese Disposition selten als Begabung und Auftrag erkannt, sondern nur zu oft als Behinderung eingeschätzt.

Trance-Reisen kann jeder Mensch lernen. Die Beschäftigung mit Rhythmus kann ein geeigneter, weil ungefährlicher und geerdeter Einstieg in leichte Trancen sein. Trommeln oder Rasseln, das Schlagen monotoner Rhythmen ebenso wie das Anhören derselben, monotones Singen im Wechselgesang oder das Wiederholen von einfachen Bewegungsformeln wie das Hin und Her von einem Fuß auf den anderen, das gleichmäßige Wiegen – dies hat einen beruhigenden Effekt, der zudem noch sanft in eine neue Welt der fließenden Wirklichkeit führen kann. Da wir es jedoch hier mit einem Bereich zu tun haben, der von der Gesellschaft und einem großen Teil der Menschen nicht anerkannt wird, ist es empfehlenswert, sich nicht alleine auf den Weg zu machen, sondern geeignete Lehrer zu finden.

Ethnologen und Anthropologen, die Kulturen studiert haben, in denen das »schamanische Bewußtsein« noch intakt ist, haben von ihren Feldforschungen Informationen darüber erhalten, wie schamanisches Reisen funktioniert, was dabei zu beachten ist, und was man auf keinen Fall tun sollte. Diese Anweisungen müssen für uns nicht verbindlich sein oder bleiben, aber sie bilden Richtlinien, an denen wir uns anfangs halten können, bis wir unsere eigene Orientierung gefunden haben. Wir können sie als Hypothesen benutzen – und wenn sie uns noch so märchenhaft vorkommen –, um sie dann an unseren Erfahrungen zu überprüfen oder sie durch diese zu ersetzen.

Die ekstatische Trance, die Mystik und charismatische Religionsbewegungen

Während die schamanischen Trance-Reisen zwar einen Nutzen haben und in die märchenhafte Welt des »ganz Anderen« entführen, sind die ekstatischen Trancen doch sehr viel mehr mit Lust verbunden. Sie haben keinen unmittelbaren Nutzen für das Kollektiv, auch das Lernen steht im Hintergrund, und die Gestalten, falls man ihnen überhaupt begegnet, haben meist keine festumrissene Gestalt. Oft sind es Lichterscheinungen, so überwältigend hell und grell gleißend, daß das menschliche Auge davon nur geblendet sein kann. Solche Trancen treffen den Menschen oft wie ein Blitz und steigern sich zu fulminanten Feuerwerken, wie etwa dem brennenden Dornbusch des Moses oder der Flammenschrift des Nebukadnezar. Es ist erstaunlich, wie viele ekstatische Trancen in der Bibel beschrieben werden, und auch in der christlichen, der jüdischen und islamischen Mystik finden wir Hinweise auf solche Trance-Erlebnisse. Sie haben oft Feuercharakter, während die schamanischen Trancen sich mehr durch den Charakter von Wasser, Erde oder auch Luft auszeichnen. Um in Ekstase zu geraten, wird deshalb in religiösem oder spirituellem Rahmen oft auf die Kraft des Feuers angespielt. Das Feuer überwindet die Schwerkraft, die Trägheit der Masse und die Verbindlichkeit des Gewohnten. Feuer läutert, reinigt, verzehrt und zerstört. Feuer kennt, im Gegensatz zur Erde, keine Grenzen, es sei denn, es erlischt. Das Feuer der Leidenschaften ebenso wie der geläuterten Liebe will sich verströmen, ohne sich aufhalten zu lassen. Feuer ist der Wille zur Expansion, es frißt sich in die Luft, in den Raum hinein, bis es keinen Nährstoff mehr findet. Feuer braucht Futter. Und so ist es mit der ekstatischen Trance, die sich von der Leidenschaft, von der Kraft der Gefühle nährt. Sie reißt alles an sich, einem Fieber gleich wütet sie im Körper, heizt die Emotionen an und löst den Geist aus dem schwerfälligeren Behältnis der Materie. Nicht umsonst ist in der Alchemie das Feuer der eigentliche Motor aller Umwandlungsprozesse. Spiritus löst sich aus dem dumpf brodelnden Gebräu und will entfliehen. Feuer steht hinter jener Umwandlung, die die Freisetzung schlafender Energien bewirkt, die aus Materie Asche macht, die Energie in die flüchtigen Aggregatzustände aufflammenden Lichts und erhitzender Wärme umsetzt. Das Beständige wird aufgelöst, verbraucht, nicht wieder ersetzt. Feuer will über sich selbst hinaus wachsen und zerstört damit seine eigenen Grundlage, indem es den Stoff, der es nährt, verbrennt.

Um solche ekstatischen Trancen sozusagen im Labor, außerhalb eines religiösen oder spirituellen Kontextes »herzustellen«, braucht es eine starke Bereitschaft zur Hingabe und eine gläubige, geradezu »brennende« Erwartungshaltung, daß etwas geschehen wird, das mein ganzes Leben nicht nur beeinflussen, sondern umkrempeln wird. In den charismatischen Bewegungen innerhalb der christlichen Kirche ist es die »Frohe Botschaft«, die durch die Endzeiterwartung und die Vorfreude auf den Jüngsten Tag (der ja nicht der letzte, sondern der erste Tag ist!) noch eine besondere Dringlichkeit erhält. Die Ankündigung des Weltuntergangs fügt noch eine besondere Note der Verengung, Zuspitzung und dadurch Erregung hinzu. Erstaunlicherweise geht es, wie ich selbst immer wieder erleben konnte, ohne eine solche »Hysterie« anscheinend nicht. Menschen, die eher phlegmatisch schon der Bequemlichkeit wegen zum stoischen Gleichmut neigen, tun sich äußerst schwer, mit dem inneren Feuer gegen die Schwerkraft aufzusteigen, sich erfassen und in schwindelerregenden Höhen des Geistes beziehungsweise der gesteigerten Beeinflußbarkeit entführen zu lassen.

Um in Ekstase zu geraten, muß ich bereit sein, mich auf mein inneres Feuer einzulassen.

In meinem Buch »Play Ecstasy« habe ich vier Spielarten der ekstatischen Trance beschrieben:

1. **Die ozeanische Trance** ist eine Ekstase, die durch Verschmelzung zustande kommt. Durch Verschmelzung werden alle Unterschiede aufgelöst, alle Grenzen übersprungen, durch eine absolute Entgrenzung, die die Indviduialität des Einzelnen opfert und so in die größere Einheit eingeht.
Die Sehnsucht nach Selbstaufgabe, nach Vereinigung steht hinter vielen vordergründig erscheinenden Sucht-Strukturen, die den Menschen nach etwas suchen lassen, das er nie erreichen kann – zumindest nicht im Zustand seines abgegrenzten Einzeldaseins, weshalb in der Sucht eine Grenzauflösung angestrebt wird.

2. **Die konvulsive Trance** wirkt zunächst auf Außenstehende durchaus nicht ekstatisch, weil sie sich oft in kataleptischer Starre, sogar in chronischer Katatonie äußert. Auch die Schüttelkrämpfe, der verzerrte Ausdruck von Gesicht und Körperhaltung deutet nicht unbedingt auf Verzückung hin, und dennoch ist dies eine Art von ekstatischem Zustand, dessen ungeheure Dynamik sich als Überregung in Krampf und Starre verkörpert. Leicht kann dieser Zustand höchster Bewegtheit als Bewegungslosigkeit erscheinen, ähnlich wie das schnelle Flügelflirren der Libelle diese an Ort und Stelle zu bannen scheint. Die Lähmung, die keine ist, kann jedoch von dem, der in konvulsiver Trance keinen Bewegungsausdruck für seine Ekstase findet, selbst so empfunden werden.

3. **Die dionysische Trance** ist eine Ekstase des Tobens und Rasens. Dionysos wurde der rasende Gott genannt. Die außergewöhnlichen Energieschübe werden in ziellose, unkontrollierte Dynamik umgesetzt, die blind macht für alle gewöhnlichen Bedingungen und Begrenzungen. Das ist ein Zustand »außer Rand und Band«, ausgelöst durch religiösen Glaubenseifer oder die Wogen höchster Wollust in der Sexualität. Durch Rauschmittel in einen solchen Zustand des Rasens versetzt, konnte sich den Berserkern niemand entgegenstellen – diese Art von Mobilmachung wird bis heute als psychologische Waffe eingesetzt. Das Rasen kann auch durch fanatische Ideologien ausgelöst werden und einen aufgebrachten Mob zur Lynchjustiz anheizen. Der Prozeß des Aufheizens, Anstachelns kulminiert in einem ekstatischen Höhepunkt, der sich nur durch frenetisches Handeln zu entladen weiß.

4. **Der Zustand der sogenannten Ekstase** – einem ekstatischen Innesein und Beisichsein in vollkommener Stille – wird in der Meditation angestrebt. Da er sich bei den meisten Menschen jedoch eher als Ruhe nach dem Sturm erweist und das Ziel anscheinend am besten auf Umwegen erreicht wird, hat es sich bewährt, eine dynamische Phase ekstatischen Durchlebens den anderen drei Trancen vorhergehen zu lassen, anstatt sich gleich im Kaltstart auf das hohe Energieniveau schwingen zu wollen, das der Zustand der Enstase dem Körper abverlangt. Die Kenntnis von Trance- und Ekstase-Techniken hat sich also im Bereich der Meditation bewährt.

Wie aber kann man zu diesem inneren Feuer kommen, wenn man sich wie ein nasser Lappen fühlt?

Wie soll man leicht entflammbar werden, wenn Phlegma oder Schwermut sich wie eine dicke Decke darüber legen und Resignation schon im voraus das Feuer im Keim ersticken will?

Hier empfehlen sich rituelle Trancen, die mit Feuer zu tun haben. Durch Vertrautwerden mit dem Element – das einer elementaren

Fähigkeit ebenso wie einem Bedürfnis im Menschen entspricht, – ergibt sich nach und nach eine wachsende Ekstase-Begabung, auch wenn sie nicht von Anfang an da war. Ebenso wie Begeisterung wachsen kann, so läßt sich auch Ekstase lernen.

Dies ist nicht nur im Zusammenhang mit aggressiven und religiösen Ekstasen der Fall, sondern auch in der Sexualität. Gerade in einer psychotherapeutischen Behandlung der Sexualität sollten Ekstase-Techniken nicht fehlen.

Im Trance-Laboratorium meiner Gruppen entdeckte ich eine Möglichkeit der Hilfestellung beim Aufschwung. Der Vergleich des Ablaufs ekstatischer Trancen mit der sogenannten Orgasmuskurve veranschaulichte mir, um was es da ging und warum beziehungsweise wann und wo es so schwer war, den Absprung zu finden. Ähnlich wie beim Orgasmus überkommt die Ektase den Menschen meist nicht aus heiterem Himmel, auch wenn es so erscheint. Bestimmte Anzeichen weisen auf einen Prozeß hin, der einer unsichtbaren, aber kontinuierlichen Anspannung und Aufladung entspricht. Wenn Anspannung und Aufladung zunehmen – und das tun sie, gemäß ihrer Eigendynamik –, dann kommt es zu einem Punkt, der »point of no return« genannt wird. Entladung ist dann die einzige Möglichkeit, zur Entspannung zu kommen. Diesem Punkt der unmöglich gewordenen Umkehr geht aber ein anderer Punkt voraus. Ich will ihn den Punkt der bewußten (oder unbewußten) Entscheidung nennen. Ich kann es üben, diesen Punkt zu erspüren und lernen, mich bewußt zu entscheiden, ob ich umkehren, alles beim alten lassen oder weitergehen und das Risiko des Neuen eingehen will. Trancebereitschaft setzt immer viel Risikobereitschaft voraus, aber nirgends ist sie so sehr eine Vorbedingung für die Dynamik und den Prozeß wie hier. Ich will es einmal mit einem Beispiel vergleichen, das uns vielleicht noch körperlich gegenwärtig ist: der erste Kopfsprung. Irgendwann einmal muß gesprungen werden. Bis zu einem bestimmten Punkt kann ich den Anlauf und oder das aufladende Wippen auf dem Sprungbrett noch abstoppen und wieder in Ruhe überführen, als wäre nichts geschehen, aber wenn es mir um den Kopfsprung geht, dann muß ich springen. Irgendwann muß ich den Punkt des Absprungs in mir finden, mich dafür entscheiden, und zwar hundertprozentig, und dann springen. Vielleicht wird deshalb der Sprung in der Philosophie auch so oft als Metapher für einen Wechsel gebraucht, der nicht allmählich, sondern plötzlich vor sich geht und einen Überschlag von alter zu neuer Qualität beinhaltet. Wenn ich einmal abgesprungen bin, werde ich zwar immer noch als Mensch aus den Fluten des Wassers hervortauchen, aber etwas wird sich grundsätzlich in meinem Leben geändert haben: Ich bin gesprungen!

Nicht nur Quanten springen. Auch von Gläubigen wird verlangt, den Sprung in den Glauben zu tun. Mancher Sprung ins kalte Wasser hat sich im alltäglichen Leben als einzig richtiges Verhalten im Rahmen unübersichtlicher Lebensumstände erwiesen, wo Zaudern, Zögern und Verharren auf der Stelle weder angemessen noch anzuraten gewesen wären. Die Einübung in ekstatische Trancen hat also den Vorteil, sich mit solchen Sprüngen und sprunghaften Entwicklungen vertraut zu machen, bevor sie einen überrollen. Jeder Springer weiß, daß es nicht nur darauf ankommt, abzuspringen, sondern daß das Wie und das genaue Wann eine entscheidende Rolle spielen. Das Wie und das Wann können wie beim Trockenschwimmen eingeübt werden, aber die Entscheidung selbst ist ein Geschehen, das jedemal neu stattfindet, eine gewisse Überwindung kostet und sogar eine Art Anstrengung darstellt. Dabei muß nicht nur der Körper aufgewärmt und in Hochform gebracht werden, um den Sprung zu schaffen. Auch die Seele, der Geist, der ganze Mensch müssen gegen die Schwerkraft des Bestehenden, gegen die Trägheit der alten Ordnungen ankämpfen und sich lösen.

In den Gottesdiensten charismatischer Bewegungen (als neueste Spielart sei hier der »Toronto-Segen« genannt) finden wir eine überaus kluge Gestaltung des Geschehens vor. Der Gottesdienst wird durch rhythmisches Singen, Stampfen, Wiegen, Klatschen eingeleitet und beendet. Der Vorsänger feuert die Gemeinde in einem Wechselgesang an, bestimmte liturgisch bedeutungsvolle Texte oder auch nur einzelne Worte zu wiederholen. Ein solches Wort ist etwa das Halleluja. Die Wiederholung bewirkt Beruhigung und Einschläferung des kognitiven Verstandes, der nicht mehr argumentieren oder disputieren will (wie etwa in der scholastischen Kasuistik des Mittelalters). Statt dessen ist Feiern vorgesehen, und die Stimmung steigt. Die festliche, feierliche Erregung wächst, vor allem wenn die Gemeinde das Pfingsterlebnis des Zungensprechens als Herzstück der Veranstaltung erwartet und diese besondere Form von Trance als Gegenwart des lebendigen Gottes gewertet wird. Aber auch in einem »ganz normalen« Gottesdienst mit Predigt, die meist sehr kurz ausfällt und mehr beschwörenden als aufklärenden Charakter hat, ist das Herzstück die Verkündigung. Die Kunde verbreitet sich wie ein Lauffeuer, das die Herzen erfaßt und erhebt. Im Pfingsterlebnis wird von Flammen gesprochen, die über den Häuptern der Apostel erschienen.

Es geht um eine Boschaft, eine Information, die sich tief in die Herzen der Gläubigen senkt, dort verankert, begraben und durch abschließenden Ausklang versiegelt wird. Diese Botschaft ist nun Fleisch geworden, ebenso wie Gott durch seinen Sohn Fleisch geworden ist, und im Fleisch ist der Geistesfunke eingeschlossen. Er kann jederzeit entflammt werden. Das ist der eigentliche Sinn ekstatischer Gottesdienste. Auch »normale« Gottesdienste sollten diese Wirkung zeigen, nämlich den Geist erwecken, ihn erheben aus der Trägheit des Alltags, in der er gefangen ist. Der Bund mit Gott soll erneuert und bestätigt werden und so eine geistige Kontinuität wiederbeleben, die dann auch dem Alltag mit seinen Anfechtungen gewachsen ist. Durch das Fehlen von Trance und Ekstase ist der nötige Anlauf nicht gewährleistet, und wenn die rechte Lust nicht vorhanden ist, fehlt somit das, was ein begeisterndes Erlebnis sein könnte. Dies gilt dann als der beste Beweis dafür, daß Religiosität zwar etwas Gutes, aber doch Langweiliges ist.

Trance als Mittel zur Transformation

Trance ist so sehr mit der Möglichkeit einer tiefgehenden, einer radikalen und fundamentalen Transformation verbunden, daß daraus eine Wortneuschöpfung entstand: Tranceformation.

> Trance und Transformation gehören unauflöslich zusammen, denn nur in Trance bin ich wirklich in Kontakt mit meinem Potential, das mir die Transformation ermöglicht. Hierzu gibt es verschiedene Argumentationsansätze:
>
> – Nur in Trance erkenne ich die Vorbedingungen aller Formen und tauche ab in die Tiefen jener Schichten, wo Formen entstehen und mein Leben sich gestaltet.
> – Nur in Trance komme ich an einen Punkt, wo ich in Kontakt bin mit meinen eigenen unbewußten Programmen, die über Formen und Gestalten meines Schicksalsweges entschieden haben.
> – Nur in Trance habe ich die Möglichkeit, mich neu zu entscheiden, weil ich selbst genauso wie die Wirklichkeit in einem Zustand ständiger, fließender Erneuerung bin und durch Trance, in diesen Fluß eintauchend, die Weichen am Scheideweg neu stellen kann.
> – Nur in Trance befinde ich mich in jenem Strom von Magma, in jenem Potential von Urstoff, wo die Schöpfung noch so flüssig ist, daß sie jede Form annimmt, die ich denken kann.
>
> Eine solche Erfahrung meiner eigenen Allmacht, die mir ermöglicht, das zu sein, was ich will und denke, wird durch ganz spezielle Trancen vermittelt, insbesondere etwa durch die Droge LSD.

Im Schamanismus sprechen wir von einem protoplastischen Ich. Ich habe dies in meinem Buch »Dimensionen der Ekstase« näher ausgeführt. Proteus war eine Gestalt der griechischen Antike, eigentlich kein Gott wie die Olympier, sondern ein archaisches Geistwesen, das in den Tiefen des Meeres lebte. Er hatte die Fähigkeit, seine Gestalt nach Belieben zu wechseln. Märchen aus Kulturkreisen, in denen bis heute noch der Schamanismus lebendig ist, erzählen von einem Menschen, der sich in den Stein, den er berührte, den Elch, den er erlegte, den Fisch, den er wieder ins Wasser warf, den Adler, den er mit seinem Blick verfolgte, verwandelte. Schließlich sieht er aus der Flughöhe seine Mutter, die ihr Kind vermißt, und wird ihr zuliebe wieder ein Kind. Auch die Hexen konnten sich in Tiere verwandeln: Zaubersprüche geben davon Zeugnis. Das protoplastische Ich ist also ein Ich, das durch die Formen wandert und sich mit der jeweiligen Form identifiziert, ohne mit ihr zu verwachsen. So schnell wie der Blick springt, so schnell kann auch durch Tranceformation die eine Form durch die andere ersetzt werden.

Eine moderne Variante des protoplastischen Ichs wird durch Videoclips erzeugt, in denen durch Simulation der Computeranimationen ein ursprüngliches Portrait wie das einer bekannten Persönlichkeit durch alle anderen möglichen Erscheinungsformen hindurch verändert werden kann.

Wir kommen nun, im Zusammenhang mit diesen phantastischen Möglichkeiten der Tranceformation zu einem Anwendungsbereich der Trance, der sehr umstritten ist. Tranceformation kann freiwillig geschehen – oder auch nicht. Ebenso wie der Zauberer sich selbst in einen Hasen verwandeln kann, so kann er auch jemanden in einen Hasen verwandeln, der gar kann Hase sein möchte.

Natürlich ist die zauberhafte Verwandlung in Tiere nur eine Metapher für eine Suggestion, die tiefgehende Veränderungen in einem Menschen hervorrufen kann, ohne daß er sich ausdrücklich und bewußt dazu entschieden hat. Immer wieder stellt sich die Frage, ob Trance dazu mißbraucht werden kann, anderen Menschen durch Suggestionen Formen, genauer gesagt, Verhaltensformen aufzuzwingen, auch wenn er nicht eingewilligt hat. Die Frage geht noch weiter und betrifft den menschlichen Willen: Wie verhält sich der persönliche Wille oder auch der Eigenwille zu der Macht der Suggestion? Es geht hier um einen Bereich, in dem eine Kunde, eine Botschaft, oder, moderner ausgedrückt, eine Information, ein neues Programm im Unbewußten der Persönlichkeit ohne die bewußte Einwilligung der Person verankert werden soll.

Dies ist ganz offensichtlich in der Werbung der Fall, in der, mehr oder weniger legal, eine subliminale Beeinflussung des potentiellen Kunden und Käufers angestrebt wird. Subliminal heißt hier: unterhalb der Bewußtseinsschwelle. Es wird gar nicht explizit von Trance gesprochen.

Sie sehen also, daß Sie, wenn Sie am modernen Leben teilnehmen und durch die Medien damit verknüpft sind, immer irgendwelchen Beeinflussungen ausgesetzt sind und es mehr oder weniger ständig mit Trance-Induktionen zu tun haben, ob Sie es wollen oder nicht. Auch das kleinste Bergdorf in den Alpen oder auf griechischen Inseln hat einen Fernseher – und schon ist die Moderne in der Küche, in der Bar – ein Gast, der kaum mehr bemerkt wird. Natürlich können Sie den Fernseher ausschalten, keine Zeitung lesen, beim Kiosk die Augen verschließen und blind und taub durch die Welt gehen. Sie können auch Zuflucht im Kloster oder in einem entfernten Ashram Asiens suchen. Aber wenn Sie aus ihrer Reserve zurückkehren, empfängt Sie der allgemeine Zeitgeist wieder mit Bildern, die förmlich ins Auge springen, und drängt Ihnen seine Programme auf. Sie können Ihr geistiges Immunsystem nur dadurch stärken, daß Sie ganz bewußt nachspüren, was für Botschaften denn da »rüber gebracht« werden sollen, und wie es bei Ihnen »ankommt«. Machen Sie sich Ihre eigenen Schwachstellen bewußt, wo die werbenden Programme greifen und Ihrer Bedürfnisstruktur entsprechen. So müssen Sie die Werbung nicht ablehnen und gegen den Strom der allgemeinen Beeinflussung ankämpfen, sondern können es genießen, umworben zu werden.

Werbung ist kostenlos und unverbindlich. Keiner kann Sie zum Kauf zwingen. Lassen Sie also diesen Kitzel zu und tasten Sie sich immer wieder an diese Entscheidungsschwelle des Kaufens heran, um genau zu erspüren, was es damit auf sich hat. Bald werden Sie einen untrüglichen Sinn für Verführungen haben und genau erkennen, wann wo was »zieht«, ohne daß Sie dem Zug folgen müssen.

Sie werden auch gegen Botschaften anderer Art immun werden, ohne sich die Ohren verstopfen zu müssen oder wie Odysseus gefesselt am Mast seines Segelschiffes bewegungslos zu verharren, um den Gesang der Sirenen anhören zu können. Sie können ruhig hinsehen, hinhören, die Botschaft verstehen. De Gaulle war einer der wenigen Menschen im Ausland, der die Konsequenzen des Machtaufstiegs Hitlers voraussah – weil er Deutsch verstand, die deutschen Nachrichten anhörte und Hitlers »Mein Kampf« gelesen hatte. Viele andere Politiker, ganz zu schweigen von der Menge des Volks, ließen sich bluffen.

Heute wird der Begriff der Trance mit den manipulativen Machenschaften dubioser Sekten in Verbindung gebracht. Worin aber besteht der Zusammenhang zwischen Trance und Botschaft, die eingebleut beziehungsweise subliminal vermittelt werden soll?

Aus dem vorhergehenden Beispiel anhand der charismatischen Bewegungen wissen wir, daß eine Information um so mehr im Unbewußten haftet, je größer die Erregung, lustvoller oder schmerzvoller die Art ist, die sich mit der Herabsenkung des geistigen Inhalts in das »Fleisch«, also in die neuronalen Bahnen der Reizverarbeitung, verbindet. War die Ekstase sehr stark, so ist das Programm, das darauf folgte, kaum mehr zu löschen, es sei denn, das Erlebnis würde durch ein noch stärkeres Erlebnis übertrumpft. Dann ist Löschung möglich. Ansonsten kaum. Deshalb lösen traumatische Erlebnisse und Schockzustände so große Veränderungen in der Persönlichkeit aus. Sind sie mit bestimmten Botschaften gekoppelt, dann brennen sie sich förmlich in das Fleisch ein. Wiederholt sich der Schock oder das Trauma und ist ebenso stark oder noch stärker als das vorhergehende Erlebnis, das die Veränderungen ausgelöst hat, dann kann es sein, daß Menschen, die jahrelang geschwiegen haben, wieder sprechen, Erblindete sehen, Taube hören, Lahme laufen. Hier könnte eine Erklärung für Wunderheilungen sein: Das Erlebnis des Gläubigen angesichts einer religiösen Erfahrung oder der heilige Ort allein kann schon eine einschneidende Wirkung haben, um so mehr dann, wenn schon andere Menschen an diesem Ort geheilt wurden.

Viele Schauergeschichten, die von dunkler Magie und teuflischem Treiben erzählen, flechten deshalb gerne Drogen ein. Drogen induzieren jene Trance, die nötig ist, um in den ekstatischen Wirbel hineingesogen zu werden, ob freiwillig und aus Lust oder gänzlich unfreiwillig. Tatsächlich bedienen sich die klassischen Techniken der Gehirnwäsche der Macht der Drogen. Und von jeher wurde der heilige Rausch im religiösen Kontext unterstützt, wobei die moderne Abstinenz eher den Ausnahmefall als die Regel darstellt.

Aber es geht auch ganz ohne Drogen. Wenn der empfindliche Schwachpunkt einer Persönlichkeit berührt wird, kann diese Person eine Suchtstruktur entwickeln, wie sie selbst von harten Drogen allein nicht ausgelöst werden kann. Und was ist diese verborgene Schwäche, die so verbreitet ist, daß sie schon als ein Stück menschlicher Natur und sozusagen zu unserer seelischen Grundausstattung gehörig erscheint? Halten Sie einen Augenblick an und raten Sie. Sie werden es nicht glauben. Doch bei genauer Überprüfung werden Sie es vielleicht bei sich selbst feststellen: die Schwachstelle liegt nicht in der Schwäche des Fleisches, der menschlichen Natur oder sonstiges, sondern in dem Verweigern von Schwäche. Es ist die Sehnsucht nach Stärke, die Sucht nach Besserung, die viele Menschen gefangen hält und dorthin lenkt, wo Besserung versprochen wird.

Manchmal lese ich die Anzeigen in esoterischen Zeitschriften und erkenne jene Aufforderungen, die gleichzeitig Versprechungen sind, wieder: Ähnlich wie in der Alchemie üben sie ihre aufrüttelnde Faszination dadurch aus, daß sie Transformation versprechen. Und natürlich geht es bei diesen Transformationsprozessen nicht um Verwandlungen beliebiger Art, sondern um das stufenweise Aufsteigen innerhalb einer Hierarchie. In der Alchemie war es die Verwandlung von Blei in Gold, symbolisch also die Überwindung von Schwere und Umwandlung von Masse in ein wertvolles, beständiges, geradezu unvergängliches Material, das nicht korrodiert und rostet und noch dazu eine eine leuchtende Ausstrahlung hat. Wer will das nicht? Um aber in der Umwandlung von Blei in Gold eine erstrebenswerte Transformation zu sehen, für die zu opfern es sich auch wirklich lohnt, muß zunächst etwas geschehen, nämlich die Abwertung von Blei und die Aufwertung von Gold. Die Sehnsucht, die den Bemühungen und Opfern der Alchemisten zu Grunde lag, war nicht nur der unbeirrbare Glaube an das Bessere und die Möglichkeit, es auf Umwegen durch harte Arbeit zu erreichen, sondern auch die Abwertung der Ausgangslage und der Verhältnisse, in denen man lebte. Verachtung war und ist also immer noch ein Antrieb, »auf Teufel komm raus« Transformation erwirken zu wollen. Der Pakt des Doktor Faustus mit dem Teufel gehört in diese alchemistische Mythologie.

Der Fortschrittsglauben ist eine moderne Version des alchemistischen Bekenntnisses der Sehnsucht nach Besserung.

»Der Mensch ist nicht in das Leben gekommen, um immer die dieselben Verhaltensmuster zu wiederholen. Der Mensch lebt, um zu lernen.« Viele Therapien, die mit Trance arbeiten, (Trance wird hier als direkter Kontakt zum eigenen Unbewußten verstanden), bieten Aufklärung darüber an, was die jeweils alten, überholten Muster sind, und wo es in der Entwicklung, die sich manchmal über einige oder sogar viele Inkarnationen erstrecken soll, weiter geht. Dabei steht die Entscheidung, lernen, sich weiter entwickeln zu wollen, im Mittelpunkt. Immer wenn ich das Wort Entscheidung höre oder lese, spüre ich diesen gewaltigen Druck, der auf mich ausgeübt wird. Ich fühle mich wie in einer Wurstfarbik vorwärts gedrängt, vorwärts, vorwärts, von einer Form in die andere gepreßt, von der reinen Wurstmaterie in die vollendete Form der Wurst an sich. Was als Arbeit am Detail, als präzise Abänderung negativer Verhaltensmuster begonnen hat, nimmt immer mehr die Form einer kollektiven Umerziehungsmaßnahme an. Esoterik, ursprünglich geheim gehaltene Lehren der Transformation einer Elite, die das Experiment der Transformation auf sich zu nehmen bereit war, als Pilger Haus und Hof, Familie und gesellschaftlichen Status aufgab, als Privatgelehrte auf die Annehmlichkeiten einer normalen bürgerlichen Existenz verzichtete, als tollkühne Reisende jeder Sicherheit entsagte, als Heiler, Priester und Medien sich ganz der Inspiration überließ, um ein Kanal für das höhere Wissen und göttliche Energien zu werden – nun ist esoterische Literatur an jedem Taschenbuchstand käuflich zu erwerben. Und die Botschaft an die Masse von Menschen, die mit einer herkömmlichen Religion nichts mehr anfangen können, heißt: Ändere Dich!

Die Botschaft »Ändere Dich!« beinhaltet zwei weitere Botschaften. Die erste lautet: »Du kannst Dich ändern, wenn Du willst – und ein bestimmtes Buch kaufst (und liest), ein bestimmtes Kursangebot per Scheck im voraus bezahlst (und besuchst), die Chance eines unentgeltlichen Einführungsabends wahrnimmst (und anschließend der Sekte, die sich natürlich nicht Sekte nennt, beitrittst, wobei du möglichst gleich einen Vertrag unterschreibst). Die zweite Botschaft, noch fataler in ihrer Auswirkung, lautet: »So wie Du bist, bist du nicht gut genug.«

Die Verhaltenstherapie hat den Menschen als ein Bündel von Konditionierungen dargestellt. Gleichzeitig hat sie eine Theorie des Lernens entworfen, die es möglich macht, aus Fehlern Nutzen zu ziehen und Muster der Konditionierung nicht endlos zu wiederholen, sondern Veränderungen im Verhalten durch gezielte Interventionen zu bewirken. Spätere Bewegungen der Humanistischen Psychologie haben sich an einem Potential orientiert, das in jedem Menschen darauf wartet, gefunden und genutzt zu werden. Nun aber haben sich immer mehr Verheißungsideologien herausgebildet, die Menschen mit radikalen und fundamentalen Veränderungsversprechen anlocken. Alles soll anders werden und das sofort. Dies spricht ein tiefes Bedürfnis an, denn – wer möchte nicht erwachen und ein ganz anderer sein, nämlich der Beste?

Mit dem verhaltenstherapeutischen Optimismus der Machbarkeit, der für jedes Lernen eine wichtige, unabdingbare Voraussetzung ist, verbindet sich zunehmend die naive Schwarzweißzeichnung eines dualistischen Weltbildes, in dem es nur Gute und Böse gibt. Jedes Lernen geht in Richtung des Guten, denn verständlicherweise ist es vorzuziehen, auf der Seite der Guten, der Richtigen und der Auserwählten zu sein, und sich nicht auf der Schattenseite, im Minuspol der Bösen, Falschen und Verdammten zu befinden. Ein solches Lernen vollzieht sich also nicht im neutralen wertefreien Raum, sondern schon abgestimmt, abgerichtet auf eine vorbestimmte Werteskala. Das ist kaum mehr Lernen. Das ist Dressur und Konditionierung der raffinierteren Art. Ich wähne mich frei, will noch freier werden und ziehe noch mehr die Fesseln meiner Falle zu.

Die Aufforderung, immer aus allem mehr zu lernen, und das Heilsversprechen, über sich hinauszuwachsen zu ungeahnter und nie gekannter Größe – diese beiden Faktoren zusammengemischt ergeben erst jenen fatalen Kleister, mit dem viele neue Strategien der Führung und Verführung arbeiten.

Die Allmachtstrance, die dazu einlädt, sich als Schöpfer der eigenen Existenzbedingungen zu wähnen, ist mehr als eine hypertrophe Variante des American Dream. Die ganz alltägliche Trance der Lebensangst, der kindlichen Ohnmacht, des hilflosen Ausgesetztseins und der Schwäche, aus der wiederum Selbstablehnung und Verachtung resultieren, wird leicht zur Grundlage eines Machertums, das um jeden Preis Transformation anstrebt, nur um einem abgewerteten, deshalb demütigenden, einem entleerten und somit reizlosen Schicksal zu entkommen.

Trance und Selbsterkenntnis

Die Psychologie als Lehre von den seelischen Verhältnissen und Bewegungen war immer schon darauf angewiesen, Zugang zu einem Unbewußten zu finden, das Informationen über die Psyche speichert. Man kann weitergehen und sogar sagen, daß ein Großteil dessen, was wir Psyche nennen, unbewußt ist und deshalb eine Gleichsetzung von Psyche und Unbewußtem nahelegt. Natürlich ist uns auch einiges bewußt geworden, oder wir haben in unserem Bewußtsein bestimmte Ideen und Vorstellungen darüber, was unsere Seele ist, wozu sie dient, wie sie reagiert und wiederum auf das Wachbewußtsein einwirkt, aber das Abtauchen in die Abgründe der eigenen Seele kommt eigentlich einer Trance gleich, weil das normale, kausal-lineare, logische Wachbewußtsein auf diese Tiefe und Weite nicht geeicht ist.

Die Psychologie hat sich also immer wieder Trance-Techniken zunutze gemacht, um mehr Kenntnis über das zu erhalten, was in der Seele verborgen ist. Natürlich gilt dies auch für eine Selbstbehandlung durch Selbstanalyse, die zu einer erweiterten Selbsterkenntnis führen kann. Die Techniken der Autosuggestion werden dort eingesetzt, wo es um die Aktivierung von Selbstheilungskräften, von Selbstwertgefühl und positiv aufgeladenem Selbstbewußtsein geht.

Nachdem es bei Sigmund Freud um die Erforschung des persönlichen Unbewußten und der Triebdynamik ging und C.G. Jung sich auf das kollektive Unbewußte konzentrierte, wo er die unerlösten Schattenseiten einer Bewußtseinsentwicklung der Menschheit aufspürte, so lassen sich heute zwei große Trends im psychotherapeutischen Einsatz von Trancen unterscheiden. Sie schließen sich jedoch keineswegs aus, auch wenn sie von zwei entgegengesetzten Polen kommen.

In einer körperorientierten Psychotherapie ist der Körper der Träger einer ungeahnten

Fülle von Informationen, von denen die wenigsten bewußt sind, weil dies für das alltägliche Funktionieren auch nicht notwendig ist. Wenn ich aber, aus Neugier oder auch aus Not, mehr über mich wissen will, so eröffnet mir der Körper einen Zugang zu meinem Unbewußten. Es ist erstaunlich, wieviel durch Bewegung und Berührung (kinästhetische Trancen) an Informationen freigegeben wird. Wo ist dies alles gespeichert? Es wäre ja noch verständlich, wenn eine bestimmte Haltung auf frühere Verhaltensweisen und Konditionierungen hinweisen oder ein Körperteil sich an frühere Verletzungen oder Traumata »erinnern« würde und Informationen darüber dem Bewußtsein zuspielte, sobald dieses sein Interesse anmeldet. Aber selbst da, wo es uns schon fast selbstverständlich geworden ist, widerlegt die Theorie von der »Körpererinnerung« die gängige Vorstellung, das Gedächtnis wäre im Gehirn, ordentlich in Regalen verstaut wie in einer Bibliothek.

Noch vor zwei Jahrzehnten stand der sogenannte »Charakterpanzer« im Vordergrund des Interesses, insbesondere in einer Psychotherapie, die den Einsichten Wilhelm Reichs folgte. Da wurden bestimmte Verspannungen, die die Körpererscheinung prägen, auf Blockierungen der Lebensenergie zurückgeführt, und diese wiederum auf traumatische Ereignisse, die einen solchen Stau veranlaßten. Hier waren die Muskeln die Hauptprotagonisten. In anderen Schulen (wie ich sie ausführlich in meinem Buch »Ganzheit des Lebens« beschrieben habe) sind es die Organe oder bestimmte Körperflüssigkeiten wie die im Rückenknochenmark, die Aufschluß über vergangenes Erleben und Erleiden geben. Durch Trance können solche prägenden Erlebnisse abgerufen werden. Durch eine Körperarbeit, die die Psyche miteinbezieht, können eventuell auch Störungen behoben werden. Vielleicht sind die Wirkungen von Geistheilung, Handauflegen und Gesundbeten durch dieses neue Verständnis des Körpers als informationsbewahrendes, informationsverarbeitendes System zu erklären.

Heute spricht man immer mehr von Zellgedächtnis und Erinnerung des Gewebes – als hätte der Körper bis in seine Zellen hinein ein Bewußtsein, ein Unbewußtsein, das angezapft und bewußt gemacht werden kann. Trance wird hier also eingesetzt, um Erfahrungen dieser Art zu machen. Was denkt sich die Zelle, was erinnert das Gewebe, was weiß der Knochen, welche Informationen überträgt das Blut? Solche Fragen werden in diesem Kontext gestellt. Nicht immer ist eine umständliche Trance-Induktion nötig. Allein solche Fragen lösen einen inneren Suchprozeß aus, der von einem leichten Trance-Zustand begleitet ist.

Nun geht das Arbeiten mit dem Körperbewußtsein noch weiter und fragt das heutige Bewußtsein nach vergangenen Körpererfahrungen ab.

»Was hast Du als Fötus im Leib deiner Mutter erlebt, als bei Beginn des Geburtsprozesses das Fruchtwasser abgelassen und es verdammt eng und ausweglos um dich herum wurde, weil sich der Muttermund ja noch nicht geöffnet hatte?« Dies wäre eine Frage nach dem Erleben einer bestimmten perinatalen Phase, die gleich einem Urmuster des Verhaltens die Vorlage für alle anderen Verhaltensmuster wurde. Diese perinatalen Matrizen wurden von Stanislav Grof gefunden, der vor dem Verbot von LSD mittels der Droge seine Patienten in die Körpererinnerung von Geburtsprozessen führte und auf Grund jahrelanger Dokumentationen vier prägende Grundmuster in den archetypischen Bildern seiner Patienten entdeckte, die er als perinatale Matrizen identifizierte.

»Was dachte das Ei deiner Mutter kurz vor der Empfängnis, als es der Samenfaden deines Vaters unter all den Millionen anderer Samenfäden schaffte, Einlaß zu finden?« Ungefähr so lauten die Fragen in der Whole-Self-Psychologie, die von Jon Turner entwickelt wurde. Und es macht einen Unterschied, was die Zellen dachten – sogar noch vor der eigentlichen Empfängnis. Denn immer mehr zeigt es sich, daß Materie bei näherem Hinsehen und Erforschen keine feste Form hat, sondern sich als ein Tanz der Energie, eine Symphonie von Schwingungen und Bewegungsmustern erweist. Schwingungen sind in höchstem Maße beeinflußbar, sogar die der noch so festen »toten« Materie, und um so mehr die einer organischen Materie, die lebt. Materie ist beeinflußbar und unterliegt den Gesetzen des Geistes, der sie formt. Materie ist plastisch, formbar, den Prägungen durch Urmuster unterworfen.

Auf der Suche nach prägenden Urmustern wird sogar der Standort des jetzigen Lebens verlassen und eine Reise in mögliche frühere Leben unternommen, wenn es dem Klienten oder einem selbst hilft, mit dem jetzigen Leben besser zurecht zu kommen. Die Reinkarnationstherapie beschäftigt sich mit Phänomenen (insbesondere unbegründete oder übertriebene Ängste, Schuldgefühle usw.), die aus dem gegenwärtigen Leben heraus nicht erklärbar sind und die eventuell auf prägende Erlebnisse eines anderen Lebensverlaufs hindeuten. Oft kommt es vor, daß allein das Trance-Erlebnis der Rückführung, das Durchleben der vergangenen Auslöser-Situation das Phänomen auflöst.

Hierher gehört auch das Prinzip des Karma, das besagt, daß vergangenes Handeln, etwa im Sinne einer Verschuldung durch unrechtes Tun, das jetzige Dasein beeinflußt, solange das schlechte Karma nicht abgetragen und gelöscht wurde. Hier reicht es nicht aus, die Verfehlung zu erkennen und sich im Glanz der Selbsterkenntnis zu sonnen, sondern es ist nötig, Sühne zu leisten – übrigens ein Prinzip, das sich auch durchaus im christlichen Gedankengut findet (siehe Erbsünde, die erst durch das Opfer des Gottsohnes getilgt wird). Wenn das bewußte Erforschen meiner Seele mich nicht weiterbringt, kann ich also in Trance jene karmatischen Bedingungen herausfinden, die sich in mein jetziges Leben immer wieder einblenden, ohne daß ich wüßte, wie ich dazu gekommen bin. Heiligenlegenden erzählen oft von Träumen, in denen ein bestimmter Auftrag übermittelt wird. In Trance kann ich auf ähnliche Weise ermitteln, was ich hier auf Erden eigentlich zu tun habe. Es empfiehlt sich jedoch bei diesen Themen am Rande oder jenseits des common sense nicht unbedingt, den forschen Alleingang einzuschlagen, sondern einen integren Helfer und Begleiter für diese Trancearbeit zu suchen.

Als Gegenstand einer letzten Betrachtung auf der Suche nach mehr Wissen über uns selbst kommt die Entscheidung in Frage, die uns in das Leben gebracht hat. Wenn es wahr ist – und diese Wahrheit soll bei dieser Trance-Reise als Ausgangspunkt und experimentelle Hypothese dienen –, daß jedem Leben und auch einer ganzen Reihe von Lebensfolgen eine Entscheidung dafür vorausgeht, dann mag es von Interesse sein, welche Entscheidung dies gewesen sein kann und welches Urmuster, das vor allen anderen existierte, prägend war. So gelangen wir zu den Matrizen der Urmuster selbst. Ist es von Belang, für welches Urmuster ich mich entschieden habe, noch bevor ich begann, meine Reise durch viele Leben anzutreten?
Und verändert sich meine Entscheidung durch meine Selbsterkenntnis?
Welchen Nutzen haben ich von einer Selbsterkenntnis, die über mein jetziges Selbst hinaus geht und sich in den Weiten von Möglichkeiten verliert, die außerhalb meines Bewußtseinshorizonts liegen?

Diese Frage stellt sich nicht nur in Bezug auf mein persönliches Schicksal, so oft sich auch in den verschiedensten Variationen hier auf Erden nach einem vorgefaßten Plan, Theaterstück oder Drehbuch abspielen mag. Diese

Frage stellt sich auch in Bezug auf den Sinn des Menschseins, so wie wir es kennen, nach dem Sinn der menschlichen Existenz, der menschlichen Bedingtheit, der conditio humana. Sicher helfen auch hier Trance-Zustände, eine höhere und seltenere Form der Inspiration zu erreichen. Trance hat dann die Funktion, mich mit einem Wissen in Kontakt zu bringen, das über die Ebenen des direkten Erlebens hinausgeht und sich einem Wissen hinter dem Wissen auf einer Ebene oberhalb oder unterhalb aller denkbaren bekannten Ebenen anzunähern. Doch wie nahe auch die letzte Lösung des Rätsels erscheint – sie bleibt eine unendliche Annäherung.

Trance, Transzendenz und das Erwachen

Eine Legende erzählt, daß der Buddha kurz nach seiner Erleuchtung auf der Straße einem Mann begegnet, der von dessen Ausstrahlung geblendet ist. Fasziniert und erschüttert bleibt er stehen und fragt Buddha: »Freund, was bist du? Bist du ein himmlisches Wesen oder ein Gott?« »Nein«, sagt der Buddha. »Dann bist du vielleicht eine Art Magier oder Zauberer?« Wieder antwortet der Buddha mit Nein. »Bist du ein Mensch?« »Nein.« »Nun, mein Freund, was bist du dann?« Der Buddha antwortet: »Ich bin erwacht«.

In Asien löste der Buddhismus mit seinen differenzierten Meditationspraktiken des Erwachens ältere Traditionen ab, die ihre Wurzeln im Schamanismus haben und ähnliche Phänomene der Magie und des Aberglaubens, aber auch des kompetenten Umgangs mit natürlichen und übernatürlichen Kräften hervorgebracht haben wie die vorchristlichen Kulturen des Abendlandes. Genauso wie bei uns haben sich auch dort bis heute viele Bräuche erhalten, die als sogenannter Volksglauben aufbewahrt sind. Dazu gehört auch eine gewisse Naturverbundenheit, eine Achtung vor den Kräften und Geistern des Ortes ebenso wie vor den Energien, die in der Natur wirksam sind – etwas, was den späteren aufgeklärten Philosophien verlorenging. Eine Synthese fruchtbarer Ansätze ist jedoch durchaus möglich, hier wie dort. Dazu ist es wichtig zu wissen, was genau das Erwachen Buddhas bedeutet. Erwachen steht im Gegensatz zu Schlaf und Traum und wird als Metapher benutzt, um anzudeuten, daß ein radikaler Bewußtseinswandel stattgefunden hat. Dabei wird das Erwachen im Gegensatz zu Schlaf und Traum als höheres, erhöhtes, als eigentliches Bewußtsein dargestellt. Es hat also eine Entwicklung stattgefunden, die vom einen zum anderen führte. Auch hier ist eine Besserung auf der Skala der hierarchischen Werte zu vermerken – wenn es eine solche gäbe. Aber es gibt sie nicht, es gibt keine Staffelung von mehr oder weniger bewußt, sondern es gibt nur den Sprung in das, was im Westen als Transzendenz und im Osten als Erleuchtung bezeichnet wird, wobei Erleuchtung und Transzendenz auf keinen Fall gleichgesetzt werden können.

Und doch gibt es eine Gemeinsamkeit, nämlich in Bezug auf das Verhältnis alles dessen, was dem Sprung vorherging.

> Transzendenz ist ein Überschreiten, ein Prozeß, der jedoch irreversibel ist, denn wenn er einmal stattgefunden hat, so hat er sich unauslöschlich dem Bewußtsein als ein Zustand des Überschrittenhabens eingeprägt. Das ist eine Lernerfahrung jenseits aller Lerninhalte, denn sie lehrt, daß alles Lernen im Grunde nichts nützt, solange nicht die Bedingungen der Wahrnehmung und des Lernens miteinbezogen werden. Die Wahrnehmung ebenso wie das Lernen geschieht immer schon aus einem bestimmten Interesse heraus, nämlich um dieses zu befriedigen. Die Wahrheit, die angenommen und gelernt wird, ist immer schon vorgeprägt von Erwartungshaltungen und Motiven. Wenn ich einmal hinter die Leinwand geschaut habe, auf der die Lernprogramme aufgelistet sind, dann wird mir das Lernen selbst fadenscheinig vorkommen und auch alle Ziele, die ich durch Lernen erreichen kann. Durch dieses Erlebnis des Dahinterschauens wird sich eine einseitige Spannung abbauen, die sich gleich einer überspannten Feder in meinem Dasein eingerichtet hat und mich immer auf das, was ich noch nicht gelernt habe, ausrichten ließ. Gleichzeitig wird sich eine Entspannung in mir ausbreiten, die mich weich und weit werden läßt. Das ist der Einstieg in das, was unter Meditation verstanden werden kann.

Trance und spirituelle Entwicklung

Sobald das ursprüngliche Gleichgewicht der Angemessenheit gestört worden und die Welt in zwei Hälften, in Gut und Böse, Nützlich und Unnütz, Selbst und Fremde zerfallen ist, verliert Trance ihre Unschuld und setzt sich Ziele, macht sich nützlich, erhält ihre Funktionen. Trance wird zum Mittel und Zweck, und der Zweck ist Magie, ist Handeln. Trance hilft auch, nützliche Erfahrungen zu machen, die einem verengten Wachbewußtsein vielleicht nicht zugänglich wären, Trance hilft beim Erinnern und Lernen, bei Suggestion und Manipulation. Hier bedarf es einer ethischen Einstellung, die zwischen weißer und schwarzer Magie unterscheidet. Aber auch die weiße Magie, die sich zum Wohle aller einsetzen möchte, ist und bleibt Magie. Sei es Selbstverzauberung oder Wiederverzauberung der Welt (die so oft als Ausgleich zu der rationalistischen Entzauberung eingefordert wird) – es geht immer um Zauber, um Tricks, um Machenschaften, die das Bewußtsein in den Fesseln der Funktionalität halten. Buddhas Erwachen hingegen ist Befreiung und Rückkehr zu einer Unschuld, die nie mehr dieselbe sein wird wie im archaischen Bewußtsein der lückenlosen, ungeschiedenen Weltverbundenheit. Der nächste Schritt ist der des »Ent-Lernens«, des Seinlassens, des Annehmens – der Welt und auch und vor allem unserer selbst.

Nachwort
Trance – Versöhnung mit dem Unbewußten

Das Ich, der Kern unseres so hoch eingeschätzten Wachbewußtseins, das den Maßstab für Normalität bestimmt und die Normen eines allgemeinen Konsensus darüber festsetzt, dieses Ich, das sich als Wir so ungeheuer ernst nimmt und meint, den Lauf der Dinge durch seinen Willen, seine Kontrolle und sein Wissen bestimmen zu können, dieses Ich ist nur eine Insel im Meer des Unbewußten. Nein, es ist nicht einmal eine Insel, kein Festland, es ist ein kleines Boot auf hoher See, und nicht einmal das im eigentlichen Sinn, sondern nur der Steuermann, der das Boot zu lenken versucht. Wäre es für einen Steuermann richtig, das Meer zu verachten, auf dem er fährt? Wäre es angemessen, auf die Mittel, die die Reise ermöglichen, herabzuschauen, und sich darüber erhaben zu dünken? Wäre es von Vorteil, die unmittelbare Umgebung zu hassen und sich zu gut dafür zu sein, die Reisebedingungen einzuschätzen?

Die Figur, die im Hintergrund enthalten ist, tritt aus diesem heraus, aber sie verläßt ihn nicht. Das Ichbewußtsein tritt heraus aus der ununterschiedenen Fülle des Unbewußten und macht einen Unterschied. Aber noch ist das Ich so ängstlich, daß es bei jeder Bewegung des Geistes fürchtet, die Anstrengung des Heraustretens und Unterscheidens wäre umsonst gewesen, der Unterschied wieder aufgelöst. Das Ich muß sich abgrenzen, um sich nicht zu verlieren. Das Ich ist von Angst so sehr überflutet, daß es starr wird und sich in einem viel größeren Sinn abgrenzen muß, als es unbedingt nötig wäre. Das Ich verachtet seine Herkunft, wie der Sohn, der auszog, etwas Besseres zu werden. Die Zeit für eine Versöhnung steht an.

Durch Achtung, im wahren Doppelsinn des Wortes, gelingt es jedoch viel besser, sich mit den Bedingungen des Lebens vertraut zu machen. Der bewußte Einsatz von Trance und Autosuggestion kann dazu beitragen, uns diese Achtung zu lehren und zu einer wahren Ökologie des Geistes° zu führen.

° Unter diesem Titel hat Gregory Bateson ein Buch veröffentlicht.

Glossar

Hier werden einige Begriffe zum besseren Verständnis erläutert. Sie sind nicht, wie üblich, alphabetisch geordnet, da sich ein Begriff aus dem anderen ergibt.

»Andere Wirklichkeit«
ist das Reich des Unsichtbaren, Ungewöhnlichen und Außerordentlichen, das uns vor allem in den Märchen begegnet. So fällt Goldmarie durch den Brunnenschacht und kommt in der »Unteren Welt«, dem Reich der Frau Holle, an. In der Ethnologie wird die »Andere Wirklichkeit« auch als »nicht-alltägliche« oder »außer-ordentliche« Wirklichkeit bezeichnet, in der Psychologie entspricht sie dem Unbewußten und dem Bereich des Es.

Besessenheit
ist ein Zustand, in dem der Mensch nicht mehr er selbst ist, sondern von geistigen Kräften so sehr besetzt wird, daß er als völlig andere Person erscheinen kann. Götter, Geister und Dämonen zeigen sich innerhalb eines rituell abgegrenzten, sozial anerkannten und religiös definierten Rahmens als jener wirksame Teil einer Wirklichkeit, der zum Leben gehört, wenngleich er normalerweise unsichtbar bleibt. Felicitas Goodman weist darauf hin, daß Besessenheit ein Phänomen ist, das sich erst mit dem Aufkommen des Ackerbaus und einer zunehmenden menschlichen Kontrolle über den normalen Alltag ausbildet und in Kulte ebenso wie Riten eingebunden wird. Kulturanthropologisch eingeordnet geht Besessenheit einher mit der dualistischen Unterscheidung zwischen Innen und Außen, nützlich und unnütz, zugehörig und fremd, gut und böse innerhalb eines gesellschaftlichen Wertesystems. In vielen Kulturen ist Besessenheit ein wünschenswerter Zustand, da die Götter den Menschen heimsuchen. Im Alten Testament können solche Heimsuchungen ebenfalls noch göttlicher Herkunft sein und somit als Zustand der Gnade und der Auszeichnung gewertet werden. Im Christentum jedoch findet eine Entwicklung statt, die wegführt von der mystischen Ergriffenheit, der Begeisterung und dem charismatischen Gotterfülltsein durch den Heiligen Geist (Enthusiasmus) und durch die Betonung der menschlichen Willensfreiheit nur den Teufel für eine solche Fremdbestimmung des Menschen verantwortlich macht. In der Mystik ebenso wie in den charismatischen Sekten wird deshalb, sollte der nicht-alltägliche Zustand der Entrückung und der Ergriffenheit eintreten, weniger von Besessenheit als von Ekstase gesprochen.

Ekstase
wird zum Beispiel sehr anschaulich in den Schriften der Mystikerin Theresa von Avila beschrieben. Es handelt sich dabei um einen Zustand der Trance, der leicht und licht macht und eher nach oben zu führen scheint, als daß er ein Abtauchen ins Dunkle zur Folge hätte. Die Entrückung scheint sich allerdings plötzlich und geradezu gewalttätig abzuspielen, so daß Theresa von »raptus« spricht, was einer Entführung gleichkäme und fast wie eine Vergewaltigung über den Willen der betroffenen Person hinweggeht. Die »Nachtfahrt der Seele«, mit der viele Mystiker, zum Beispiel Meister Eckhart, das Abfallen ins Dunkle, Abgründige bildhaft beschreiben, scheint der Aufwärtsbewegung der »Himmelfahrt« als Gegenbewegung zu entsprechen. So wie Berg und Tal zusammengehören, so scheint sich auch in der Ekstase Hoch und Tief abzuwechseln.

Trance
ist ein bestimmter Zustand, in dem ich mit meinem Unbewußten in unmittelbarem Kontakt stehe.

Ob ich dabei das volle Ichbewußtsein bewahre oder dieses ausgeschaltet ist, kommt auf die Art der Trance an, in der ich mich befinde. Was das Unbewußte ist, kann niemand eigentlich sagen, da es eine Abstraktion darstellt. Für Sigmund Freud beispielsweise ist das Unbewußte der Sündenpfuhl eines triebhaften Innenlebens, das jedoch in einer repressiven Gesellschaft verdrängt werden muß. Wenn in Trance also der Kontakt zum Unbewußten hergestellt wird, ist anzunehmen, daß sich auch alle jene Sünden präsentieren, die bislang erfolgreich verdrängt wurden. Freud stützte seine ganze Theorie auf die Verdrängung der Sexualität, da seine Patienten sexuelle Phantasien in einem enormen Ausmaß hatten. Für andere Menschen ist das Unbewußte jener verborgene Schatz, der ungeheure Ressourcen von Selbstheilungskräften und Kreativität birgt. Es ist eine Quelle der Inspiration. Wahrscheinlich wird sich diese Erwartung in Trance ebenso bestätigen. Selbst wenn ich das Unbewußte mit dem Geistigen oder Göttlichen in mir gleichsetze, werde ich in Trance diesem Aspekt begegnen. Deshalb benutzen viele geistige Bewegungen und Sekten Trance in ihren Gottesdiensten.

Trance-Zustände

können sich sehr unterschiedlich gestalten. Bei der Erforschung der klinischen Hypnose wurde festgestellt, daß hypnotische Induktionen nicht nur Zustände der Entspannung wie zum Beispiel beim Autogenen Training hervorrufen können, sondern unter Umständen auch Panik, unkontrollierte Erregung und Aktivität (Agitation), Hysterie, Konvulsionen und eine anormale Muskelspannung auslösen. Auch das Hoch und Tief der Mystiker mit ihren Himmelfahrten oder Abstürzen in die Nacht lassen sich durch unterschiedliche Zustände der Trance erklären. Alle diese Zustände scheinen sich sowohl in einer organischen Kurve gegenseitig zu bedingen als auch in einem zeitlichen Nacheinander abzuwechseln. Meist folgt auf eine Phase der Inspiration eine Phase der Inkubation, die zunehmend mit Unruhe verbunden ist. Darauf folgen Zustände der Ballung, Anspannung, Reibung, die als Bewegungslosigkeit und Lähmung erlebt werden können, die in Wirklichkeit aber einen Zustand erhöhter Bewegtheit darstellen. Sie führen bis zu extremen Explosiv-Zuständen, die den Menschen zu zerreißen drohen. Sie werden von einem Toben und Rasen begleitet, das in völliger körperlicher Erschöpfung und mit einer Art Zusammenbruch endet. (So wird es in den Fällen der »Tanzwut« beschrieben.) In diesem Trance-Zustand verliert der Mensch die Kontrolle über seine Bewegungen, so daß sich das Unbewußte ungehindert ausleben kann. Das Ausleben (von den Kirchenvätern als »Austanzen« bezeichnet und verboten) hat kathartische Wirkung, es reinigt und befreit. Als Folge extremer Belastung tritt oft auch Bewußtseinsverlust ein, wobei der Körper in einen komaähnlichen Zustand verfallen kann. Dieser Extremzustand der Anspannung leitet gleich einem Fieber die Wende ein, die Krise, die Heilung bringt. Wird der organische Ablauf der Zustände zugelassen, folgt auf die Krise, – die oft mit einem Gedächtnisverlust verbunden ist – die regenerierende Entspannung, in der der Organismus zu seinem Recht kommt. In diesen Phasen wiederum kann sich der Körper neu aufbauen und Abwehrstoffe bilden.

Trance-Medium

ist ein Mensch, der sich anderen Menschen zur Verfügung stellt, um in Trance bestimmte Botschaften zu empfangen und zu vermitteln. Ein Medium ist ein Vermittler. Die Vermittlung kann zwischen allen möglichen Ebenen und Schichten stattfinden. Ein Medium kann sogenannte niedere astrale Welten im Jenseits kontaktieren und lästige Spukgeister heraufbeschwören, es kann aber auch Verstorbene und ihre Botschaften an die Hinterbliebenen vermitteln. Das Medium stellt den Kontakt her, ist aber zumindest nicht direkt für die Botschaft verantwortlich, es hat keinen direkten Einfluß auf die Art der Wesenheit, die angerufen und erreicht wird. Indirekt ist das Medium allerdings doch involviert in die Qualität seiner Botschaften. Nach dem esoterischen Grundsatz »Gleiches zieht Gleiches an« wird ein weniger entwickeltes Medium sich wahrscheinlich nur in den Niederungen des »Spuks« herumtreiben und von Gespenstern benutzt werden. Hat aber ein Medium ein hohes spirituelles Niveau und ist von Mitgefühl motiviert, statt von Sensationslüsternheit und selbstverliebtem Machtanspruch, wenn es vor allem die eigenen Gefühle beherrscht anstatt von ihnen beherrscht zu werden, dann wird es auch im Jenseits höhere Wesen anziehen, die ihre Weisheit den Suchenden und Fragenden gern zur Verfügung stellen.

Besessenheitskulte

Der Besessene wird zum Medium und umgekehrt. In einigen Kulturen sind solche Medien hoch angesehen. In der westlichen, christlich geprägten Kultur ist Besessenheit immer eine Besetzung durch teuflische und dämonische Kräfte. Sie ist somit niemals heilend, inspirierend und schon gar keine Verbesserung des Lebensniveaus. Filme wie »Der Exorzist« weckten großes Interesse an dem Phänomen der Besessenheit. Leider war das Interesse jedoch weniger an möglichen positiven Auswirkungen einer Besessenheit orientiert, sondern hielt an einem fatalen Lebensgefühl der Fremdbestimmung und Ohnmacht fest.

Dämonen

sind Wesen ohne Körper, die jedoch Geist und Bewußtseins besitzen. »Daimon« war zunächst die Bezeichnung, die Sokrates und sein Schüler Platon der Seele im Menschen gaben. Der Daimon im Menschen war Ausgangsort und Voraussetzung für die Selbstbestimmung des Menschen, der sich bislang den Göttern ausgesetzt fühlte. Mit dem Daimon kam auch die Selbstverantwortung ins Leben. Dämonen sind somit negative Aspekte des ursprünglichen Daimons. Wir können tiefenpsychologisch auch sagen: Dämonen sind negative Aspekte der Seele, die von der seelischen Ganzheit abgetrennt, ausgegrenzt und verdrängt wurden. Solche Splitteraspekte finden wir auch in den gefallenen Engeln, zum Beispiel in der Gestalt des Luzifer, der ursprünglich ein Lichtbringer war. Menschen sind für das Dämonische anfällig, wenn sie allzuviel abspalten, ausgrenzen und verdrängen müssen. Im therapeutischen Umgang mit Trance kommt immer wieder die Sprache auf Dämonen. Trance kann als Katharsis (Reinigung) und Integration (Ganzwerdung durch bewußtes Annehmen der eigenen Schattenseite) heilend wirken. Es ist jedoch unbedingt anzuraten, sich in einem solchen Fall der Besessenheit an einen professionellen Begleiter zu wenden und den Prozeß nicht allein durchstehen zu wollen.

Hypnose
ist die Methode, mit der ein Mensch einen anderen in Trance versetzt. Im therapeutischen Kontext geschieht dies freiwillig, setzt also die bewußte Einwilligung des Patienten voraus. In der modernen Hypno-Therapie ist es üblich, eine Art Überweisungsauftrag zu formulieren, in dem auch das Ziel und der Zweck der Hypnose festgelegt wird. Die Ausrichtung des Vorgehens erhält so seine offizielle Form und entspricht dem Überweisungsauftrag eines Arztes an einen anderen oder an einen Psychotherapeuten. Hier gibt der Patient offiziell sein Interesse an Veränderung kund und formuliert auch, worin die Veränderung bestehen soll. Dieses »zeremonielle« Vorgehen gibt der Therapie einen Rahmen und wirkt beruhigend, die Heilabsicht wird verstärkt und strukturiert. (Ein solches Abkommen zwischen Therapeut und Patient wird auch immer mehr sogar dann eingesetzt, wenn keine Hypnose angewandt wird. Es wirkt klärend und bewirkt damit schon einen Großteil von Lösung und Heilung.) Dabei stellt sich immer wieder die Frage, ob jemand »magisch« beeinflußt werden kann, ohne seine Einwilligung dazu gegeben zu haben. Ist es möglich, einen anderen Menschen gegen seinen Willen zu hypnotisieren?

Natürlich gibt es Menschen, die besonders suggestiv wirken, und andere, die besonders suggestibel sind. Letztere weisen sich, so hat man festgestellt, durch eine dissoziierte Persönlichkeitsstruktur aus, die von Zersplitterung, Abspaltungen und Verdrängungen geprägt ist. Solches finden wir etwa im Fall einer Schizophrenie oder in der multiplen Persönlichkeit vor. Diese wiederum entwickelt sich oft durch frühkindliche Traumata, die nicht verarbeitet werden konnten, zum Beispiel durch Mißbrauch.

Suggestiv wirken insbesondere Menschen mit Charisma. Große Führerpersönlichkeiten müssen Charisma haben, um die Massen bewegen zu können. Charisma ist weder schlecht noch gut, sondern eine Kraft – die Kraft der Ausstrahlung, die auf der unbewußten Ebene wirkt und nicht logisch erklärt werden kann. Sie wirkt körperlich und ist von der Körpersprache abhängig. Ein charismatischer Mensch strahlt aus, daß er eins mit sich ist – genau das Gegenteil von der disoziierten Persönlichkeit. Durch diese Einheit verfügt er auch über enorme Energie, die er nicht dazu verwenden muß, sich ständig zusammenhalten zu müssen. Das beste Mittel gegen die Angst, Opfer fremder Suggestionen zu werden, ist, die eigene Persönlichkeit in ihrem Zusammenhalt zu stärken. Das heißt: Bewußtwerdung und Annahme meiner selbst. Dazu gehört auch ein direkter Kontakt zu meinem Körper als Verkörperung der Persönlichkeit und eine liebende Pflege desselben.

Selbsthypnose
ist das Mittel, mich selbst in Trance zu versetzen. Es ist ein bewußter und freiwilliger Akt, der einige Übung erfordert. Jedes Medium, das sich durch Selbsthypnose in Trance versetzt (wie es etwa Edgar Cayce tat), hat seine ausgeklügelten Methoden entwickelt. Für welche Praktiken Sie sich entscheiden, hängt davon, was für ein Typ Sie sind, wie Sie am leichtesten ansprechbar sind, welche Sinneskanäle bei Ihnen am leichtesten den Kontakt zum Unbewußten herstellen. Zur Selbsthypnose gehören Techniken der Konzentration und Entspannung, wie Sie sie in der Meditation, im Yoga oder anderen spirituellen Schulungen lernen. Sogar Brainjogging, Silva-Mind-Control und andere Mentaltechniken zur Verbesserung der Leistungsfähigkeit gehören dazu, ebenso das weitverbreitete und anerkannte Autogene Training. Durch solche Techniken lernen Sie, sich selbst in eine leichte Trance zu versetzen, was in vielen Alltagssituationen sehr nützlich sein kann. Natürlich kann es durchaus sein, daß Sie auch mal in eine tiefere Trance geraten. Solche »Ausrutscher« können schon vorkommen, denn das Unbewußte ist nicht ordentlich in Schubladen aufgeteilt. Es kann durchaus sein, daß Sie eigentlich nur tief entspannen wollen und dabei eine leuchtende Zukunftsvision haben. Es kann auch vorkommen, daß Sie zum Zahnarzt gehen und durch Selbsthypnose Ihre Angst vor Schmerz bewältigen wollen. Dabei kommen sie in einen euphorischen Zustand der Lebensbejahung, wie Sie ihn nie vorher erlebt haben. Sie können aber auch mit unbekannten Bereichen konfrontiert werden, die Ihnen mehr Angst einjagen als der Zahnarzt. Aber wenn sie eine bewußte Persönlichkeitsstruktur haben und diese auch pflegen, wenn Sie sich selbst als solche wert schätzen und bedingungslos annehmen, sind Sie gegen ihre eigenen Abspaltungen gefeit. Sie wissen ja: Es gehört alles dazu, und es gehört alles zu Ihnen, sonst wäre es Ihnen nicht begegnet.

Autosuggestion
unterscheidet sich insofern von Selbsthypnose, als Sie zwar die suggestiven Kräfte benutzen, um in einen veränderten Bewußtseinszustand zu kommen, dies aber nicht unbedingt bewußt tun. Im Gegenteil: Je weniger Sie bewußt wissen, desto wirkungsvoller kann die Suggestion wirken. Sie wirkt auf das Unbewußte, und das Unbewußte will nicht wissen, sondern beeindruckt werden. Bestes Beispiel ist der Placebo-Effekt: wenn Sie wissen, daß es sich bei einer bestimmte Pille

um ein Placebo handelt, wird Sie kaum dieselbe Wirkung entfalten, als wenn Sie es nicht wissen. Das Wissen hebt in diesem Fall die Wirkung auf, denn mein Unbewußtes sagt enttäuscht: Was, nur Placebo? Das reicht nicht, um mich zu beeindrucken! Da brauche ich stärkere Mittel! Das stärkere Mittel ist immer das, das nicht den bewußten Willen anspricht und keine vom Ichbewußtsein gesteuerte Entscheidung einleitet. Es wendet sich direkt an das Unbewußte. Das Ich sollte in Urlaub gehen, mal ausspannen, Ferien machen. Das hat es verdient, bei all der Kontrolle, die es Tag für Tag ausübt!

Das Ich im Urlaub ist übrigens ein anschauliches Bild, das Autosuggestion erlaubt und fördert, mit voller Einwilligung des Ich, das nicht übergangen und ausgeschaltet wird, sondern sich ausruht. Es überläßt dem Unbewußten den Kompetenzbereich der Autosuggestion, weil es einsieht, daß manchmal Delegation mehr bringt als Anstrengung im falschen Lebensbereich. Häufig wird der Placebo-Effekt wie ein Defekt dargestellt! Einer Therapie oder Technik wird unterstellt, daß sie »nur« auf der Ebene eines Placebos wirke, also »nicht wirklich«. Die Wirklichkeit wird aber von uns geschaffen und entsteht in unserem eigenen Hirn – und nur zu oft ohne Mitwirkung der bewußten Willenskräfte und des logischen Verstandes. Die Kräfte der Suggestion sind ungeheuer kreativ und machtvoll. Mit dem Placebo-Effekt wurde wahrscheinlich schon mehr geheilt als durch sogenannte reale Interventionen.

Monoideismus und Monotonie

sind klassische Techniken der Trance-Induktion.

Monoideismus: eine einzige Idee wird wiederholt gedacht, in Form eines Satzes oder eines Symbols.

Monotonie: z. B. ein Ton wird wiederholt, ohne das Spektrum anderer Töne auszuschöpfen.

Halluzinieren

bezeichnet üblicherweise ein Symptom, das mit bestimmten Krankheitsbildern auftreten kann.
Es kann jedoch auch umgedeutet werden zu einer Fähigkeit. Es ist die Fähigkeit des Menschen, sich in seiner Phantasie etwas vorzustellen, was er so in der gegebenen Realität nicht wahrnehmen kann, weil es nicht existiert. Es existiert nur in seiner Phantasie. Doch auch diese phantastische Existenz kann sich schon heilend auswirken, wenn das, was ich mir da zusammenphantasiere, mir guttut. Kontrolliertes Halluzinieren ist im NLP eine Trance-Technik, mit der ich mich mittels meiner Phantasie in Situationen versetze, indem ich sie mir vorstelle. Kontrolliertes Halluzinieren ist keine Begabung oder Gnade, kein Geschenk, das vom Himmel fällt. Es muß gelernt und geübt werden, um Meisterschaft darin zu erringen. Das Mittel ist die menschliche Vorstellungskraft, die eine Art Denken darstellt beziehungsweise das Denken als komplexen Prozeß überhaupt erst möglich macht. Imagination und Visualisation sind also Arten des Denkens, die im therapeutischen Umgang mit Trance gefordert wird. Dies allerdings stellt einen gewissen Anspruch dar, da der Klient über ein gewisses Maß an Konzentration verfügen muß, um die Vorstellungskraft einsetzen zu können. Viele Trance-Techniken eignen sich also nur für bestimmte Menschen. Sie müssen nicht intellektuell oder gebildet sein, aber sie müssen sich konzentrieren können, bei der Sache bleiben und sich diese kontrolliert ins Bewußtsein rufen können. Verfügt ein Mensch nicht über diese Mittel, sollte er bei Problemen lieber fremde Hilfe suchen und den Anspruch, sich durch Autosuggestion selbst heilen zu wollen, nicht überstrapazieren. Das Inanspruchnehmen fremder Hilfe bedeutet einfach, auf eine andere mächtige Trance-Induktion auszuweichen, nämlich auf den Kontakt mit anderen Menschen.

Rapport und Transfer

sind die Arten des Kontakts zwischen Hypnotiseur und Hypnotisand, die am besten greifen und tatsächlich Trance ermöglichen. Rapport ist ein altmodisches Wort, das aus den Zeiten spiritistischer Sitzungen stammt und heute nicht mehr verwendet wird. Transfer hingegen stammt aus der Sprache der Psychoanalyse, hat aber nichts mit Hypnose zu tun. Übrigens: Auch Sigmund Freud arbeitete am Anfang mit Hypnose, doch entwickelte er dann eine eigene Technik, von der er glaubte, daß sie den Patienten mehr Freiheit lasse. So entstand die Technik des Freien Assoziierens, wobei der Patient auf der berühmten Couch liegt und der Analytiker mit gezücktem Bleistift daneben sitzt. Freud war sich klar geworden, daß bei der Hypnose seine eigene Erwartungshaltung auf den Patienten einwirkte und aus dessen Unbewußten das zutage beziehungsweise zu Bewußtsein brachte, was Freud sich schon mehr oder weniger gedacht hatte. So wechselte er die Art des Zugangs zum Unbewußten und ersetzte die klassische Hypnose mit schwingendem Pendel und farbig bewegtem Licht durch seine Technik des assoziativen Formulierens von Gedankenfetzen, inneren Bildern, Gefühlen. Er meinte wohl, daß Sprache verhindern würde, daß der Patient in eine zu tiefe Trance gleitet, die ihn wiederum den Suggestivkräften der eigenen Erwartungshaltung aussetzen würde. Hier irrte Freud jedoch: bei jeder gelungenen Kommunikation sind die Suggestivkräfte wirksam. Die Erwartungshaltung prägt immer schon das, was ich wahrnehmen kann, weil ich es wahrnehmen will.

Bei den Analytikern gilt das strenge Gebot der Abstinenz. Da die Analyse als Technik nur dann Erfolg hat, wenn der Patient allein im Mittelpunkt des Geschehens steht und seine frühkindlichen Beziehungsmuster hemmungslos auf den Analytiker projizieren soll, so daß sie ins Bewußtsein kommen können und dadurch verarbeitet werden, ist es wichtig, daß sich der Analytiker aus dieser Beziehungstrance heraushält. Neuere Ansätze in der Psychotherapie halten diese Abstinenz allerdings für unmöglich, denn, wie Bateson schon sagt: »Ich kann nicht anders als kommunizieren.« Um so mehr gilt dies für eine Vorgehensweise, die so sehr auf Kontakt aufbaut. Der Transfer selbst ist die Trance. Die Hypno-Therapeuten sprechen deshalb von dem Modell der PeneTrance. Hier ist ein Art des sokratischen Fragens gemeint, die sich durch besondere nachdrückliche und kontinuierliche Hartnäckigkeit auszeichnet, jedoch auch wieder eine Weichheit besitzt, die dem Patienten erlaubt, in innere Suchprozesse einzusteigen, durch die er sich selbst abfragt. Ist er aber einmal im Zustand dieser penetrant gründlichen Selbstabfrage, so ist er auch schon in Trance. Hier wird also der Transfer des Psychoanalytikers durch den Eigenkontakt in der Hypno-Therapie und im NLP (der Begriff stammt von Thies Stahl) ersetzt.

Resonanz
Ursprünglich ein Begriff aus der Akustik, der Phänomene des Anklingens, Mitschwingens und Widerhallens bezeichnet. Übertragen hat er die Bedeutung von Feedback und Reaktion auf eine Botschaft, die ankommt, also Anklang findet, und auf diese Weise etwas bewirkt, etwas in Bewegung setzt, in Schwingung versetzt. Im holistischen Weltbild, in der Quantenmedizin und in der system-orientierten Psychotherapie spricht man von Resonanz, wenn man eine bestimmte Art von tiefem Verständnis als Mitfühlen meint. Dabei führt der Begriff der Resonanz aus dem zweidimensionalen Denken linearer Kausalzusammenhänge über in neue Dimensionen, in denen es um Schwingungsfelder und Verknüpfung einzelner Teile in einem Netzwerk geht. Resonanz ist eine Art von Kontakt, der sich nicht nur auf einen einzelnen und vereinzelten Teil bezieht, sondern auf das Ganze. Auch bei jeder Einzelberührung gerät nämlich das Ganze in Schwingung. Der Wald, in den man sprichwörtlich hineinruft, gibt mit seinem Widerhall eben nicht genau dasselbe wieder zurück, sondern wirkt als Resonanzboden. Was zurück kommt hat eine sogenannte Feedbackschlaufe durchlaufen und stellt nun etwas Neues dar. Eine solche Art von Verständnis, wie sie Resonanz bezeichnet, ist also mehr als das übliche Verstehen auf rational-logischer Basis. Es ist ein leibhaftiges Mitschwingen, wie es in der Psychotherapie auch durch den Begriff Empathie bezeichnet wurde. Der Therapeut kann sich gar nicht abkoppeln, wenn er wirklich verstehen will – er geht also in dieselbe Stimmung wie der Patient; ebenso wirkt die Stimmung und Schwingung des Therapeuten (und auch seine Erwartungshaltungen) auf den Patienten zurück.

Die Hypno-Therapie nach Milton Erickson
Der Amerikaner Milton Erickson (nicht zu verwechseln mit dem ebenfalls amerikanischen Entwicklungspsychologen Erik Erikson) ist der Begründer der Hypno-Therapie, obwohl er selbst nie ein Buch über seine Arbeit geschrieben und auch keine Theorie dazu entwickelt hat. Er selbst war ein äußerst erfolgreicher Psychotherapeut, der auf ungewöhnlich leichte, spielerische Weise schwerste Probleme und Konflikte löste, auch seine eigenen. Als er in seiner Jugend an Kinderlähmung erkrankte und ihm der Arzt ein frühes Ende prognostizierte, schwor er sich, der medizinischen Diagnose seinen eigenen Lebenswillen entgegenzusetzen, und besiegte das drohende Schicksal. Offensichtlich hatte er eine Strategie der Selbstheilung gefunden. Patienten, Kollegen und Schüler berichten von einer völlig unspektakulären Vorgehensweise, die sich meist auf das Erzählen merkwürdig verschachtelter Geschichten belief. Diese Art der Hypnotisierung war eine ganz andere als die der klinischen Hypnose, die mit Pendel und suggestiver Stimme arbeitete. Als Milton Erickson als alter Mann starb, entstanden verschiedene Schulen der Psychotherapie, die sich Hypnose und Trance-Zustände in einer ganz neuen Weise zunutze machen.

Klinische Hypnose versus Hypno-Therapie nach Milton Erickson und der systemische Ansatz
Die Milton Erickson Gesellschaft (M.E.G.) bietet in Europa Ausbildungen an und bemüht sich um eine Theorie, die der Praxis des genialen Pragmatikers gerecht wird. Die Ansätze aus der Systemtheorie, wie sie unter anderem Gregory Bateson in seiner »Ökologie des Geistes« dargestellt hat, sind dabei von größter Wichtigkeit. Die Grundaussage, daß in einem System alles mit allem irgendwie verbunden ist und alles sich beeinflußt, wobei die Wechselwirkungen von komplexer und unvorhersehbarer Art sind, erhält eine neue Bedeutung, wenn es darum geht, einen neuen Therapiestil zu entwerfen oder dessen Wirkungsweise zu erklären. Das Milton-Modell, wie dieser neue Stil genannt wird, zeichnet sich durch seinen besonderen Umgang mit komplexen Inhalten aus; statt die Probleme des Patienten diagnostizieren und definieren, erklären und ihren Ursprung nachvollziehen zu wol-

len, geht es hier nur darum, Veränderung zu bewirken. Dies geschieht jedoch nicht in der herkömmlichen Weise, wie etwa in der Verhaltenstherapie, die direkt bei dem Problem selbst ansetzt, sondern in einer vielschichtigen Art auf allen möglichen Ebenen zu kommunizieren. Man spricht von »multi-level communication«. Diese Kommunikation schließt Witze, Geschichten, spielerische Interventionen, Experimente und Alltagsrituale ein. Da alles mit allem zusammenhängt, wird sich eine positive Veränderung positiv auf das gesamte System auswirken. Das System kann in der Komplexität einer Persönlichkeit bestehen, kann sich aber auch auf eine Familie, ein Team oder auf die gesellschaftliche Struktur beziehen. Das System kann sogar die Umwelt mit einbeziehen und insofern wirklich zu einer Ökologie werden, die im Kopf beginnt. Hier wäre dann die Schnittstelle zum Schamanismus gegeben.

Schamanismus und Psychotherapie

Der Schamanismus als archaische Religion wurde bislang oft abwertend als primitiver Vorläufer der sogenannten Hochreligionen angesehen. In einer Zeit, da komplexe Zusammenhänge immer mehr eine Ökologie des Geistes unabdingbar machen, werden Formen des religiösen Umgangs mit der Welt einschließlich der Umwelt wieder neu entdeckt. Eine solche Form ist der Animismus, dessen geistige Führer Schamanen sind. Im Animismus ist die ganze Welt beseelt, daher der Name, der sich von anima, Seele, ableitet. Auch nicht-menschliche Formen spielen in dem großen System der Natur und des Lebens mit. Was auch immer an Veränderung geschieht, betrifft alle, den Menschen eingeschlossen. Der Mensch steht nicht mehr in der Mitte, sondern ist mittendrin. Er existiert nicht unabhängig von allem und allen anderen, er ist aber auch nicht völlig abhängig. »Zusammenhängigkeit« (»Interdependence«) ist ein neuer Begriff, der sowohl dem systemischen Ansatz als auch einem neuen Verständnis von Schamanismus gerecht wird. Systemisch orientierte Psychotherapien tun sich leicht, Elemente aus dem Schamanismus zu übernehmen und sie spielerisch zum Einsatz zu bringen. Die Reise ins eigene Unbewußte, um zum Beispiel das »Krafttier« zu kontaktieren, wird sogar mit Kindern unternommen. Aber auch Erwachsene sprechen auf diese Entdeckungsfahrten an und können dabei etwas lernen, was sie vielleicht vorher nicht für möglich gehalten hätten. Der Begriff von Wirklichkeit erweitert sich dabei ständig. Trance wird in Zukunft nicht mehr das Kuriosum sein, das Spinnern vorbehalten bleibt, sondern vielmehr zu einem allgemein anerkannten Fahrzeug des lernbegierigen offenen Geistes werden.

Freaks und Freak-Shows

waren im viktorianischen Zeitalter die großen Sensationen. Angefangen von körperlichen Behinderungen wie etwa die des berühmten Elefantenmenschen über Riesen, Zwerge und andere Verwachsungen erweckte alles, was nicht der Norm entsprach, das öffentliche Interesse. In der Hippie-Bewegung wurden Freaks diejenigen genannt, die am Rande der Gesellschaft ihren ungewöhnlichen, oft asozialen Neigungen (Drogenerfahrungen) nachgingen.

Konvulsionen

sind krampfartige Zustände, die einen kathartischen (reinigenden, befreienden) Effekt haben. Konvulsive Trancen waren vor allem im 19. Jahrhundert in Mode, als Trance-Sitzungen einen äußerst dramatischen, geradezu hysterischen Verlauf nahmen.

Verflüssigung

wird in der Trance-Arbeit gern als Metapher der Aufweichung von Begrenzung und Fixierung gebraucht, da das Unbewußte dem Element Wasser zugeordnet ist.

Das NeuroLinguistische Programmieren (NLP)

hat sich in der Psychotherapie, in der Wirtschaft und der Pädagogik sehr schnell einen Platz erobert. Es bedeutet im weitesten Sinn ein Lernen auf der Ebene neuronaler Bahnung, genau dort, wo auch Konditionierungen als unbewußtes Lernen das Verhalten und die Haltung eines Menschen, seine Einstellungen, Glaubenssätze, Weltanschauungen prägen. Auch hier stand Milton Erickson Pate, zusammen mit der Familientherapeutin Virginia Satir und dem Begründer der Gestalt-Therapie, Fritz Perls. Es war ein Modell, das damals zwei junge Studenten der Informatik (Bandler und Grindler) »modellieren« wollten, um sich Zugang zu erfolgreichen Strategien zu verschaffen. In der Informatik geht es um die Vermittlung von Information, die sich auf der Ebene der menschlichen Bewußtseinsbildung als Lernen auswirkt. In der Ökologie des Geistes geht es vornehmlich darum, Erfahrungen als ständiges Lernen und Umlernen zu nutzen. Eine erfolgreiche Intervention, sei es in der Psychotherapie, in der Pädagogik, im Management, wird sich damit auseinandersetzen müssen, wie ein Mensch oder ein Team aus seinen Erfahrungen lernen kann, um das Gelernte für sich selbst optimal nutzen zu können. Fehler sind dabei nichts anderes als hilfreiches Feedback, es herrscht eine optimistische Grundeinstellung, die das Lernen als Grundimpuls der Bewußtwerdung in den Vordergrund stellt. Trance ist gerade im Zusammenhang mit Prozessen der Prägung, der Konditionierung und damit auch des konstruktiven, zielgerichteten Lernens, des aufgeschlossenen Dazulernens und Umlernens von entscheidender Bedeutung.

Die De-Hypno-Therapie

schließlich ist der interessante Versuch, die schon existierende und florierende neue Schule der Hypno-Therapie umzubenennen und ihr eine spirituelle Perspektive zu geben. Anhänger des geistigen Führers Rajneesh Bhagwan gründeten im indischen Poona eine freie Universität, die neue Ansätze in der Humanistischen Psychotherapie und der Körperpsychotherapie vermittelten sollte. Trance-Induktionen und Trance-Techniken aller Art gehörten zum Rüstzeug neuer Berufe, die hier als eine Synthese zwischen Ost und West kreiert wurden. Die De-Hypno-Therapie geht entsprechend der östlichen Weltanschauung davon aus, daß im Grunde alles nur Schein ist und daß das wahre Sein sich erst durch Meditation auf der Ebene des Wesens und des Wesentlichen offenbart. Jede normale Zielorientierung, alles Streben nach materieller Erfüllung, aller Ehrgeiz, der sich abhetzt auf der Suche nach Erfolg und Produktivität ist letzlich nur Futter für die Dämonen der Verblendung. Die Welt ist Schein und Wirklichkeit ein Traum. Wir alle sind in Trance, wir gleiten von einer Trance in die andere, wahres Bewußtsein entsteht nur in kurzen Momenten des Aufwachens und kann durch Meditation genährt werden. Trance wird jedoch nicht bekämpft, sondern auch hier als Mittel zum Zweck eingesetzt. Je mehr ich mir meiner alltäglichen Verstrickung bewußt werde, desto mehr erkenne ich die Wege der Trance und wohin sie mich führt. Schließlich bewege ich mich souverän in der Landschaft meines eigenen Seelenlebens, ohne das Ganze allzu ernst zu nehmen. Im Übergang zur spirituellen Erfahrung kann ich mich bewußt distanzieren und das Leben in seiner Fülle genießen, ohne der Magie im einzelnen zu verfallen.

Entzauberung der Welt

ist ein Begriff des Religionssoziologen Max Weber (1864–1920) der die Entwertung und Auflösung religiöser Traditionen im Zuge der Aufklärung und des Rationalismus bezeichnet. Weber warnte vor den Konsequenzen eines mechanistischen und nationalisierten Weltbildes ohne sinnstiftende Verbindlichkeit – Morris Berman greift das Thema wieder auf mit einem Plädoyer für die »Wiederverzauberung der Welt« (Titel seines gleichnamigen Buches). Diese Wiederverzauberung käme einer zweiten Aufklärung gleich.

Literatur

Ackermann, Diane: A Natural History of the Senses, New York 1990

Alman, Peter und Lambrou, Peter T.: Selbsthypnose, Heidelberg 1995

Erickson, Milton H. und Rossi, Ernest L.: Hypnotherapie. Aufbau, Beispiele, Forschungen, München 1981

Gebser, Jean: Ursprung und Gegenwart, Frankfurt 1973

Goodman, Felicitas: Ekstase, Besessenheit, Dämonen. Die geheimnisvolle Seite der Religion, Gütersloh 1991

Goodman, Felicitas: Trance – der uralte Weg zum religiösen Erleben. Rituelle Körperhaltungen und ekstatische Erlebnisse, Gütersloh 1992

Goodman, Felicitas: Die andere Wirklichkeit, München 1995

Grinder, John und Bandler, Richard: Therapie in Trance. Hypnose – Kommunikation mit dem Unbewußten, Stuttgart 1984

Hoffman, Kay: Tanz, Trance, Transformation, Inning 1991

Hoffman, Kay: Play Ecstasy, Südergellersen 1992

Hoffman, Kay: Tanz und Trance in Therapie und Selbsterfahrung, München 1993

Hoffman, Kay: Ganzheit des Lebens. Systeme, Prozesse, Inning 1995

Hoffman, Kay: Das Jenseits ist jetzt. Zeitmanagement aus spiritueller Sicht, Sulzberg 1995

Hoffman, Kay: Starke Gefühle, München 1996

Hoffman, Kay: Traumzeiten, Inning 1996

Hoffman, Kay, Haberzettl, Martin und Schneider, Maria: BodyMindManagement, Paderborn 1996

Houston, Jean und Masters, Robert: Phantasiereisen zu neuen Stufen des Bewußtseins. Ein Führer durch unsere inneren Räume, München 1984

James, Tad und Woodsmall, Wyatt: Timeline. NLP Konzepte, Paderborn 1992

Kalweit, Holger: Urheiler, Medizinleute und Schamanen. Lehren aus der archaischen Lebenstherapie, München 1987

Kibed, Matthias Varga von: Ganz im Gegenteil ... Querdenken als Quelle der Veränderung, München 1996

Lankton, Steve: Practical Magic. A Translation of Basic Neuro-Linguistic Practise into Clinical Psychotherapy.

Ngakpa, Chögyam: Reise in den inneren Raum. Ein Handbuch tibetischer Meditationstechniken, Paderborn 1990

Rossi, Ernest Lawrence: Gesammelte Schriften von Milton H. Erickson. Vom Wesen der Hypnose, Heidelberg 1995

Rossi, Ernest Lawrence: The Symptom Path to Enlightenment. The New Dynamics of Self-Organization in Hypnotherapy, California 1996

Rückerl, Thomas: NLP in Stichworten. Ein Überblick für Einsteiger und Fortgeschrittene, Paderborn 1994

Shazer, Steve de: Muster familientherapeutischer Kurzzeit-Therapie, Paderborn 1992

Spiegel, Herbert und Spiegel, David: Trance und Treatment. Clinical Uses of Hypnosis, New York 1978

Stevens, O. John: Die Kunst der Wahrnehmung. Übungen der Gestalttherapie, München 1975

Stocking, Jerry: Wahrnehmen, was ist. Selbstentwicklung mit NLP, Freiburg 1995

Uccusic, Paul: Der Schamane in uns. Schamanismus als neue Selbsterfahrung, Hilfe und Heilung, Genf 1991

Wolinsky, Stephen: Die dunkle Seite des Kindes. Der nächste Schritt, Freiburg 1995

Zeig, Jeffrey K.: Die Weisheit des Unbewußten. Hypnotherapeutische Lektionen bei Milton H. Erickson, Heidelberg 1995

Autorenseite

© Ulli Olvedi

Kay Hoffman, 1949 geboren, aufgewachsen zwischen den Kulturen Amerikas und Europas, studierte zunächst Musik, insbesondere Komposition, dann Philosophie mit dem Schwerpunkt Semantik, um schließlich in Italien zu landen und dort als Textildesignerin zu arbeiten. Zurück in Deutschland widmete sie sich ihrer Liebe zum Tanz und machte einen Beruf daraus, indem sie als Gruppenleiterin Menschen zu ihrer individuellen Beweglichkeit führte. So wurde sie vertraut mit den verschiedensten Arten von Trance-Zuständen, die sich als sehr geeignete Mittel in Therapie und Selbsterfahrung erwiesen. Reisen nach Brasilien, Kuba, Westafrika und Marokko bereicherten ihre Erforschung von Trance im Bereich der afrikanischen Trancetanz-Kulte, die Beschäftigung mit Schamanismus, Spiritismus und Medialität einerseits, mit modernen Therapiemethoden nach Milton Erickson andererseits. Seit 1980 ist sie als Autorin, Referentin und Trainerin an Instituten für Psychotherapie und Management tätig und bekannt durch ihre Mitarbeit an vielen Konferenzen zum Thema Trance.

Im Rahmen der Erwachsenenbildung führt sie berufsbegleitende Fortbildungen durch, die das Erleben von Trance und den integrativen konstruktiven Einsatz von Trance-Techniken im modernen Alltag zum Inhalt haben. Bei Interesse wenden Sie sie bitte an:

Kay Hoffman
Freischützstraße 110/803
81927 München
Telefon 089/952336
Fax 089/952446

Klaus Würthner
Das Arbeitsbuch zu den Runen
199 Seiten mit Abbildungen, Festeinband

In diesem Arbeitsbuch zu den Runen werden die beiden gebräuchlichsten Runenreihen in ihren Eigenheiten vorgestellt. Eine exoterische Runenreihe, die auf das älteste uns bekannte Runenalphabet (Futhark) zurückgeht, und eine esoterische Runenreihe, die aus dem Armanen-Alphabet und dem jüngeren Futhark hervorgegangen ist. Vor dem Hintergrund von Sagen und Geschichten aus der nordisch-germanischen Mythologie wird jede einzelne Rune lebendig. Das Arbeitsbuch bietet auch vielfältige praktische Anwendungsmöglichkeiten: Zum einen werden detailliert Runenmeditationen beschrieben und zum anderen wird ein Legesystem des Runenorakels mit ausführlichen Interpretationen vorgestellt. Mit einem kommentierten Register zur nordisch-germanischen Mythologie.

Karin Hunkel
Das Arbeitsbuch zur richtigen Farbentscheidung
als Quelle von Schönheit, Harmonie und Gesundheit
175 Seiten mit Abbildungen, Festeinband

Farben haben die Fähigkeit, uns zu beeinflussen, und die Kraft, uns zu heilen. In ihrer Wirkung sind sie ebenso komplex wie in den Möglichkeiten ihrer Anwendung. Farben erreichen uns auf allen Ebenen. Das Besondere an ihnen ist ihre Alltäglichkeit, und ein Zugang zu nahezu allen Lebensbereichen wird mit ihnen möglich. Jeder Mensch hat seine »eigenen«, für ihn »richtigen« Farben. Die Analyse dieser Farben, die dieses Arbeitsbuch bietet, betrifft nicht nur das Äußere, sondern ist auch imstande, einen Menschen über seine Farben auf den Weg zu sich selbst zu führen.

Erich Bauer
Beruf und Berufung
Ein astrologisches Arbeitsbuch
312 Seiten mit Abbildungen, Festeinband

Dieses Arbeitsbuch führt systematisch in die Themen Beruf, Berufswahl und Berufsberatung auf der Grundlage des Geburtshoroskops ein. Berufssuchende bekommen Rat und Hilfe bezüglich ihrer Neigungen, Wünsche und Aufgaben. Für jede astrologische Kombination werden viele Tätigkeiten und mehrere Berufe angeführt. Berufstätigen bietet das Buch Möglichkeiten, ihre Talente und Neigungen tiefer zu erfahren. Berufs- und Personalberatern werden zusätzliche Informationen aus astrologischer Sicht geboten und dem astrologischen Fachmann bietet es einen großen Schatz an berufsspezifischen Deutungen.

Klausbernd Vollmar
Das Arbeitsbuch zum Enneagramm
240 Seiten mit Abbildungen, Festeinband

Ein systematisches Grundlagen- und Nachschlagewerk zum Enneagramm – einem Symbol und Welterklärungsmodell –, das von tiefer Menschenkenntnis geprägt ist. Es ist das erste Buch, das die Typenlehre mit dem Prozeßmodell des Enneagramms verbindet. Dieses Arbeitsbuch stellt die unterschiedlichen Aspekte des Enneagramms auf das tägliche Leben bezogen dar, gibt einen Überblick über die verschiedenen Anwendungsmöglichkeiten, beschreibt seine einzelnen Punkte und Typen ausführlich, schlägt Bewußtseinsübungen vor und zeigt, wie das Enneagramm kreativ zur Bewußtseinserweiterung genutzt werden kann.

Klausbernd Vollmar
Das Arbeitsbuch zur Traumdeutung
192 Seiten mit Abbildungen, Festeinband

Dieses Arbeitsbuch führt einfühlsam, praktisch und umfassend in die unterschiedlichen Aspekte der Traumdeutung ein. Es geht von der Idee aus, daß Träume uns ein viel zu selten beachtetes kreatives Potential erschließen. Der Autor erklärt, wie wir sie für unser Alltagsleben und für unseren eigenen Entwicklungsprozeß fruchtbar machen können, und gibt Einblicke in die historischen und theoretischen Hintergründe der Traumdeutung. So vermittelt dieses Traumdeutungsbuch dem Anfänger wie auch dem Fortgeschrittenen sinnvolle Wege, einen selbständigen Zugang zu seinem Nachtbewußtsein zu finden, und plädiert für eine Kultur des Einschlafens und Aufwachens.

Hajo Banzhaf
Das Arbeitsbuch zum Tarot
187 Seiten mit Abb., Festeinband, auch als Set mit Rider-Waite-Deck

Dieses Buch ist gleichermaßen ein Lehrbuch zum Tarot, das Anfängern ohne theoretische Vorkenntnisse den praktischen Einstieg ermöglicht, wie auch ein Arbeitsbuch und Nachschlagewerk für den Fortgeschrittenen. Dem Fragenden werden gangbare Wege aufgezeigt; ihm wird – anhand acht verschiedener Legesysteme – deutlich gemacht, wie er sich im Hinblick auf das Fragethema bisher verhalten hat, was er statt dessen tun soll und womit er dabei rechnen darf und muß. Für den Fortgeschrittenen sind vor allem die Alltagsbetrachtungen von Interesse, mit denen die 78 Karten in den verschiedenen Erfahrungsbereichen beschrieben werden. Darüber hinaus schaffen die jeweiligen mythologischen Bilder, die astrologischen Zuordnungen und I Ging-Entsprechungen einen größeren Gesichtskreis und erweitern das Wissen um die astrologischen Zusammenhänge.

Nicolaus Klein
Das Arbeitsbuch zur Astrologie
160 Seiten mit Abb. und 6 Beispielhorosk. zum Ausklappen, Festeinband

In dieser umfassenden Anleitung wird eine eingängige Methode zur selbständigen Deutung von Horoskopen vorgestellt. Da viele astrologische Interpretationen daran kranken, daß sie eher einer beliebigen Aneinanderreihung von Einzelaussagen gleichen, die keine organischen Zusammenhänge erkennen lassen – während jedes Horoskop doch eigentlich eine organische, runde Einheit bildet –, soll dargelegt werden, wie Deutungselemente und Einzelbausteine der Astrologie miteinander zu verknüpfen sind, damit sich eine strukturierte Analyse entwickelt. Die ausführliche Darstellung dieser Deutungselemente bildet die Grundlage zu einer sinnvollen Vorgehensweise der Interpretation und zeigt, wie sich bei richtiger Horoskopanalyse ein Schritt aus dem anderen entwickelt. Deutungsbeispiele anhand von Horoskopen bekannter Persönlichkeiten veranschaulichen diese Methode, die astrologisches Teilwissen zu einem nutzbringenden Ganzen vereint.

R. L. Wing
Das Arbeitsbuch zum I Ging
174 Seiten mit 71 Kalligraphien, 8 chinesischen Holzschnitten und zahlreichen Schautafeln, Festeinband

Dieses praktische Arbeitsbuch öffnet dem westlichen Leser das Verständnis für das I Ging, das individuell auf Probleme und Lebenssituationen antwortet und vermutlich das älteste Buch der Menschheit ist. Als Orakel zu einem konkreten Problem befragt, gibt es in erstaunlicher Weise Denkanstöße für Lösungen, kann aber auch durch persönliche Eintragungen im Verlauf der Befragung als Tagebuch und Dialogpartner hilfreich sein. So wird das »Arbeitsbuch zum I Ging«, in den Worten des Autors, zu einem »Führer durch das Experimentierfeld des Lebens«. Der Leser selbst ist der Forscher und die Versuche, die er anstellt und in diesem Buch aufzeichnen kann, werden ihm letztlich ein höheres Verständnis des Kosmos und seines Selbst ermöglichen.